FILOSOFÍA EN
LA CALLE
Eduardo Infante

街头哲学

人间清醒的底层逻辑与顶层认知

〔西班牙〕爱德华多·芬特 /著
曹韦 段志灵 杨明 /译

浙江人民出版社

图书在版编目（CIP）数据

街头哲学：人间清醒的底层逻辑与顶层认知 /（西）爱德华多·芬特著；曹韦，段志灵，杨明译. — 杭州：浙江人民出版社，2023.4
 ISBN 978-7-213-10899-0

Ⅰ. ①街… Ⅱ. ①爱… ②曹… ③段… ④杨… Ⅲ. ①哲学－研究 Ⅳ. ①B0

中国版本图书馆CIP数据核字（2022）第239695号

浙江省版权局
著作权合同登记章
图字：11-2020-137号

FILOSOFÍA EN LA CALLE Copyright © Eduardo Infante.
This edition is published by arrangement with EDITORIAL PLANETA S.A,
through PEONY LITERARY AGENCY Translation copyright © 2023,
by ZHEJIANG PEOPLE'S PUBLISHING HOUSE. All rights reserved.

街头哲学：人间清醒的底层逻辑与顶层认知
JIETOU ZHEXUE: RENJIAN QINGXING DE DICENG LUOJI YU DINGCENG RENZHI

[西班牙] 爱德华多·芬特 著 曹 韦 段志灵 杨 明 译

出版发行 浙江人民出版社（杭州市体育场路347号 邮编：310006）
　　　　　市场部电话：(0571) 85061682　85176516
责任编辑：潘海林
特约编辑：涂继文
营销编辑：陈雯怡　赵　娜　陈芊如
责任校对：王欢燕
责任印务：幸天骄
封面设计：天津北极光设计工作室
电脑制版：北京之江文化传媒有限公司
印　　刷：杭州丰源印刷有限公司
开　　本：880毫米×1230毫米　1/32　　印　张：11
字　　数：227千字　　　　　　　　　　插　页：1
版　　次：2023年4月第1版　　　　　　　印　次：2023年4月第1次印刷
书　　号：ISBN 978-7-213-10899-0
定　　价：68.00元

如发现印装质量问题，影响阅读，请与市场部联系调换。

哲学有用吗？当有人刻薄且略带讽刺地问你这个问题时，你可一定要义正词严地回答他："哲学不为国家和宗教服务，它关注的是别的东西，它不听命于任何既定的权力。"

哲学的作用在于使人悲哀，如果某一种哲学从未使人感到悲哀或苦恼，那它就不是哲学。哲学能使人明智，令愚笨变得可耻；哲学会将思想升华为一种进取的、能动的和坚定的东西，还能造就一些自由的人，让他们不会把文化的主旨与国家、道德或宗教的利益混为一谈。愚昧和卑劣很强大，倘若没有哲学防止它们为所欲为，禁止它们随心所欲地做出各种愚蠢与卑鄙之事，那么情形将会比现在更糟。

——［法］吉尔·德勒兹《尼采与哲学》

"悦"读指南

你手中这本书可以诱发你对生活深层次的哲学思考。

早在2000多年前古希腊城邦的广场上,哲学就开始指导人们的思想。这本书更是有意重新连接哲学与思想之间的关系,复现一座虚拟的、古希腊时的广场,让读者通过它,来讨论当下我们遇到的事情。

本书的每一章都会先提出一个问题,而后作者会通过哲学告诉你在生活中遇到这些问题时如何去解答。书中给出的答案是多元的,因为它是一本哲学书,而非数学教材,它的意义就在于启发思考,而非佐证唯一的答案。也许你正是因为找到了异于己见的答案,才开始激烈地思考,才会去选择,去支持对立的一方,才认真判断到底哪一个答案对目前的自己来说最妥当。

不管你是哪个年龄段的读者,只要你热爱思考,就能和我们一起认识哲学。正如希腊哲学家伊壁鸠鲁所言:"任何人,不论在哪个年纪,都不应该被动地进行哲学思考,因为关心灵魂的健康永远不会太早或太晚。"

序 言
从窗户逃出洞窟的女孩

哲学不仅是一门学校的课程,更是一门生活的艺术,一门在动荡时期为幸福而苦行的艺术。

——卡洛斯·加西亚·古阿勒 古希腊哲学家

大约20年前的一天,当时我正给高中二年级的一个班上课,讲亚里士多德的形而上学思想。课上孩子们都把课本翻开放在桌上,认真地在笔记本上记录我的板书,只有坐在教室最后排临街窗边的一名女生例外,她不但没有打开课本,还凝视着窗外,根本没有听我讲课。

我放下手中的粉笔,朝她走了过去。

"窗户外有什么东西那么吸引你?难道比下周考试的内容还重要吗?"我用略带讽刺的口吻问她。

"生活。"她回答道。

虽然只是两个字，却像一枚炸弹一般落在我的身上，它的威力足以摧毁一切。这两个字提醒我，在不知不觉中，我已经把自己的教室变成了一个洞穴。柏拉图讲过一个著名的寓言——一群人被囚禁在一个洞穴里，打他们出生那天起，每天所能看到的就只有洞穴的墙壁。与此同时，洞穴里还有一些人负责把物体的影子投射到墙上，而墙上这些影子就是囚犯们对世界唯一的认识，因为他们从未接触过真实的世界。后来，他们中的一人获得了自由，被允许去往外面真实的世界。于是，他明白了洞穴就是一场巨大的骗局，他们在里面所认识的世界和现实世界没有丝毫联系。这位获得自由的囚犯，就像哲学家一样，不仅自己逃了出来，他还认为自己应该深入洞穴救出被囚禁的同伴。

我环顾了一下教室，黑板上写满了奇怪的单词，就像洞穴墙壁上的影子，而学生们就如同狱中的囚犯，被绑在课桌上，在一个学期里，他们只能被迫看着我在黑板上写满与他们的生活并无关系的东西。

美国哲学家迈克尔·桑德尔获得阿斯图里亚斯女亲王社会科学奖，在颁奖典礼上给我们讲了一个年轻人的故事——雷吉纳尔多出生在里约热内卢的贫民窟，他靠从该市富人区的垃圾箱里捡拾贵重物品为生。一次他捡到了一本破烂的书，这本书中记录了柏拉图对话录中有关苏格拉底思想的观点。雷吉纳尔多虽然是一个文盲，却还是想尽力读懂它。这一切被垃圾箱旁房子的主人看到了，他便问这个年轻人在干什么。房主是一位退休的哲学教师，看到雷吉纳尔多如此感兴趣，就教给了他很多哲学知识，并让他利用哲学去做事和生活。雷吉纳尔多很快就喜欢上了哲学大师苏格拉底，这也使今天的他领导贫民窟发动斗争。

  我也是因为这本书爱上哲学的。苏格拉底不管作为一位大师、一位哲学家，抑或只是一个普通人，都让人敬仰。哲学发源于古希腊城邦的集市之中，而非教室。苏格拉底教导我们，认知哲学真正的意义就是要在公共广场上辩论什么是对的，什么是错的，什么是真理，什么是幸福。桑德尔也告诫我们："哲学不仅是课堂上固化的理论知识，也应是公共广场之上公民讨论共同利益的思想引擎（哲学不仅属于课堂，还应属于可以让公民讨论共同利益的公共广场）。"

  不幸的是，从我教书伊始，就忘了哲学是需要实践的。作为老师，我们面临着把教室变成洞穴的危险，在这洞穴中，我们无法感知学生的问题和焦虑。更有一些哲学课本似乎就是为了让人感到无聊才编写出来的，其真正的意图好像就是要阻止学生思考。有些老师认为，只要让学生记住整本书的哲学术语，考试中一字不漏地写出正确答案就是最有效的教学方法。相反，让学生用所学的知识去质疑生活中的真理并且不断地批判它，则是无用的。人们印象中的哲学书总是在说一些晦涩难懂且故弄玄虚的话，好像故意让人无法理解书中蕴含的丰富内涵，学校的教学大纲也只讲某一部分的内容，对另一部分内容从不涉及。但奇怪的是，课堂上没有讲到的内容和作者，却总是最具颠覆性和危险性的。

Philosophy 街头哲学

学校哲学课的教学计划给人的感觉便是：哲学只关注形而上学的问题，不但难理解，更和普罗大众的日常生活相距甚远。那我们同样也可以说，哲学是西方贵族的专属学科，因为只有他们才有足够的时间去争论他人无暇顾及的问题。但是，曾几何时哲学也并不总是说些让人听不懂的话，它也在用简单明了的方式告诉大家如何面对生活中那些烦琐和棘手的事情。

大师苏格拉底曾在街头和他的邻居们一起学习哲学，法国哲学家米歇尔·翁弗雷也对我们说：哲学曾经非常受欢迎，被理解为一种思考生活和践行理念的艺术。基于同样的观点，美国哲学家玛莎·努斯鲍姆断言，古希腊和古罗马人认为哲学是解决人类生活中各种棘手难题的利器，所以当时的人们并没有把哲学看成一种精英式的思维范式，而是把它当作战胜不幸的生活方式。当时的哲学家们关注人类的各种问题，如爱与欲、愤怒与侵略、对死亡的恐惧……然而，不知道从哪天开始，哲学不再属于大众，被那些"精英"所独有，他们只用自己能看懂和读懂的语言来书写哲学。这种独特的语言后来被一整套哲学术语和奇怪的生僻词取代了，而且只有他们能看懂。就这样，哲学成了今天中学里的必修课，课上老师们一遍又一遍地讲解着课本上那些不知所云的内容，学生们被要求必须认真学习，但没人知道这些知识到底有什么用。

那名女生说出这两个字后的第二天，我们合上了课本，擦除了黑板上的字迹，走出了教室，到公园里继续上哲学课。我问学生们什么是真正让他们忧虑的事情，他们的回答出乎意料——爱情、生死、害怕失败、不公正、时间的流逝、谎言、性、上帝、自杀、幸福、毒品、政治、男权主义、暴力等都是困扰他们的问题。于是我们一起寻找，选择那些能为他们的问题提供答案的哲学家，并对这些答案进行思辨。

这就是街头哲学，它告诉了我们所有人这门伟大学科的意义，即哲学一直渴望改变人们的生活。

如上就是本书所要谈及的问题。

从公园里的那节课开始，后来的日子里，每当我给新的班级上课时，总会想起那个从窗户逃出洞穴的女孩。为了记住她，我打开教室的窗户让学生们认识真实的世界，我使用社交软件已经很多年了，因为社交网络是一个新的公共广场，在这里，哲学可以被带到街头，大家可以一起讨论，恢复这门学科不应失去的实践作用。

20世纪70年代，一名摄影师在雷诺工厂前拍下了法国哲学家米歇尔·福柯的照片，他手拿喇叭，与那些因同事皮埃尔·奥弗尼散发传单被杀害进行罢工的工人进行哲学的对话，支持他们。福柯告诉过我们，哲学也必须关注新生事物。今天，我们的手机也可以产生和福柯在1972年使用的那个喇叭一样的作用。这本书是一个窗口，让你再次走上街头认知哲学。它是为那个把我从山洞里救出来的女孩写的，也是为所有想要思考生活和践行理念的人写的。

目 录 Contents

序　言　从窗户逃出洞窟的女孩　　　　　　　　　　　Ⅰ

第一章　要把一切都告诉你的另一半吗?　　　　　　　001

第二章　必须永远服从权威吗?　　　　　　　　　　　012

第三章　你介意伴侣看你的手机吗?　　　　　　　　　020

第四章　为什么会有霸凌?　　　　　　　　　　　　　028

第五章　在考试中能作弊而你却不作,那你是傻瓜吗?　040

第六章　自杀可以解决某些问题吗?　　　　　　　　　050

第七章　祈祷有用吗?　　　　　　　　　　　　　　　061

第八章	花园中的哲学	074
第九章	做怪胎和做普通人哪个更好？	080
第十章	你能要求别人替你做出选择吗？	093
第十一章	如果不能进入心仪的专业继续深造，你该怎么办？	107
第十二章	为什么你的课本中没有如下字眼：女性、同性恋和移民？	118
第十三章	如何忘却分手的痛苦？	126
第十四章	如何面对亲人的亡故？	138
第十五章	为什么我们惧怕死亡？	146
第十六章	要买多少东西才能幸福？	156
第十七章	为什么有人不幸福，我会成为其中一个吗？	167
第十八章	该信赖搜索引擎吗？	181
第十九章	你会在下次选举中投票吗？	197
第二十章	男人应成为女权主义者吗？	210
第二十一章	如何知道你感受到的就是爱呢？	223
第二十二章	偷窃有错吗？	233
第二十三章	说"我也是"和说"我爱你"一样吗？	241
第二十四章	要是怀孕了，你会堕胎吗？	253

第二十五章　OT选秀比赛的演唱会算得上艺术吗？　　263

第二十六章　患阿斯伯格综合征的同学考试时间比你的长，
　　　　　　这样公平吗？　　274

第二十七章　你应成为素食主义者吗？　　283

第二十八章　你会在自己孩子的脑中植入家长监控装置吗？　　292

第二十九章　有理讲理的艺术　　302

结　语　洞窟之外的生活　　332

第一章
要把一切都告诉你的另一半吗?

> 康德、伊丽莎白·安斯康姆、杰里米·边沁、约翰·斯图亚特·密尔、菲利帕·福特、朱迪思·贾维斯·汤姆森、迈克尔·桑德尔

仲夏夜的一次聚会上,激情让你迷失,酒精让你冲动不已,而后你和一个陌生人发生了一夜情。翌日清早,爱人发来的手机短信把你吵醒,文字间充满了绵绵爱意:"我很爱你,很想你……"

但是,此刻你该怎么回复这条信息呢?告诉他昨晚发生的一切还是缄口不言?难道不说出实情就是撒谎?难道撒谎就是不道德的?如果撒谎真的能够让大家相安无事,那么是否该让善意的谎言继续?如果此刻你晕头转向不知如何是好,找几位哲学家聊

聊也许是个不错的选择,他们一直在思考谎言的道德价值,你可以仔细听听他们每个人给你的忠告,然后做出选择,因为责任由你承担,结果也不例外。

"戴绿帽"与义务

让我们先来认识一下康德(1724—1804)吧,他被认为是有史以来最伟大的哲学家之一。要不是他的父母辛苦工作供他上学,他的宿命可能就是一个皮具匠人了。据说,康德的记忆力超群,在一次演讲中,他精准地描述了威斯敏斯特大桥的建筑结构。之后,当一名英国听众问他何时去过伦敦以及在哪里学过建筑时,康德的回答是,他所知道的关于这座桥的一切都是看书自学来的。

康德是一个极其循规蹈矩的人,以至于邻居们都能用他经过自家门口的时间来校准家里的时钟。有一次,他失踪了好几天,朋友们都以为他遭遇了什么不测。结果,他哪里也没去就待在自己家里,天天都在忘情地阅读让-雅克·卢梭的作品,卢梭是他最喜欢的作家之一。他说,他读卢梭的作品必须读两遍,因为读第一遍时,完全痴迷于这位瑞士哲学家的优美文风而忘记了细细思考作品的内容。

康德两度准备结婚,但都在最后一刻放弃了。他常说结婚是好事,但不结婚更好。

即便这样,直到今天仍有一个让人觉得奇怪的传统,那就是新婚夫妇总会到康德的墓前献花。

第一章 要把一切都告诉你的另一半吗？

他是启蒙运动的伟大捍卫者，对他来说启蒙运动意味着希望年轻人不再受神和权威的束缚，而要敢于为自己考虑。

如果你有机会问一下哥尼斯堡（今俄罗斯加里宁格勒）大学的这位老教授，他一定会这样回答你：

你必须履行你的职责，也就是说，你必须做正确的事情，即使后果会影响你和爱人之间的幸福。当然，你也可以逃避责任，但请不要试图说服我，你不履行道德义务是正确的。因为，这不过是自欺欺人，谋求心理安慰罢了。

说到这里，你肯定会问康德，在这样的"戴绿帽"事件中，你的责任到底是什么？是应该告诉他真相，还是选择沉默让大家相安无事呢？

康德提出了一个公式来建立原则和规范，这些原则和规范应该指导我们的行为，使这个世界变得更美好。他将其称为"绝对命令"，即一种无条件的、不受情况限制的道德律令。要了解个人的道德义务是什么，关键在于发现其共性：如果你试图做的事情，在相同情况下对其他人也都是一种责任，那么你自己就会明白该做些什么了。为了发现你的道德义务是什么，你不需要参考任何道德或宗教准则，而应该运用理性。

下次，你因为道德原因需要做出决定的时候，必须肯定地说："我希望在相同情况下，每个人都会以我将要采取的方式行事。"这样，我们就会有目标，而不会过于受制于别人。例如，说谎永远是不道德的，因为没有人（在他们的正确思想中）希望自己被别人欺骗。康德认为，作为人我们必须接受某些绝对命令，而作为有理性的人，我们应该遵守那些命令。我们必须按照既指导我们的行动，又指导他人的行动的规则行事。

现在请把绝对命令用到给你女朋友"戴绿帽"这件事上，并请你回答如下问题：你希望你的伴侣对你不忠吗？你希望她对你隐瞒自己的不忠吗？你认为一个大家都在说谎的世界会更好吗？如果你的回答是否定的，那么你应该做的就是邀请你的伴侣喝一杯，真诚地面对对方，告诉她发生的一切。你完全没必要惊慌失措：绝对命令并不要求你讲述不忠的所有细节。但如果你想成为一个好人，你就必须做你该做的，即便两人都会非常难过，甚至感情因此受损。但至少你可以重新审视自己，重新获得尊严，因为你是一个有理性的、自主的人。

你的"绿帽"和一桩发生在你家门口的谋杀

等等！不要简单地对你的伴侣用绝对命令。康德说我们永远不应该说谎，这也许是个伪命题。如果这是你真正应该做的，肯定会有时间让你承认你的不忠。康德伦理思想的批评者们总记得有一个例子，在这个例子中，使用绝对命令变得非常困难。想象一下，你的一个好朋友敲你家的门，希望你把他藏起来，因为一个无情的杀手正在追杀他。你是一个道德高尚的人，这时你肯定会让你的朋友躲在家中的某个房间里。到这里，我们按照绝对命令行事都是没有问题的。

突然又有人敲门，你开门后看到的正是那个无情的杀手，他扛着一把巨大的斧头，像杰克·尼科尔森在《闪灵》（斯坦利·库布里克导演，1980年）中扮演的那样，问你的朋友是否在你家。你该说实话吗？到底怎么做才合适？根据绝对命令你又该怎么做？

如果这看起来牵强，那么我请你看看《无耻混蛋》（昆汀·塔伦蒂诺导演，2009年）的片头桥段。一位法国乡村的农民在接待搜查他家的汉斯·兰达上校（也被称为"犹太猎人"）和他率领的德国士兵，之前他将一家犹太人藏在了自家的地下室里。汉斯上校坐在餐厅，点燃烟斗，对农民说："我的任务就是让我的部下到你家来进行彻底搜查，这样我就可以把你们家从我的名单上正式划除。如果一切正常，那便万事大吉，但我相信你家肯定有'猫腻'。除非你告诉我确有犹太人在你家，那么搜查就没有必要了。补充一句，凡是提供情报，给我们的工作提供便利的人，是不会受到惩罚的，相反，还会有奖励。"

如果绝对命令迫使我们没有例外，我们必须得说，我们有义务向"犹太猎人"和"斧头杀手"说实话。

造成这种困境的原因在于，按照我们的常识，在这种情况下，正确的做法是应该运用绝对的命令。在康德看来，即使在这种极端情况下，我们也必须说实话。依道德行事在任何情况下都是有效的，即便有各种后果，我们也必须履行它。如果我说真话，我的朋友死了，责任不在我，而在凶手。我已经履行了我的道德义务，便不必为他的死而感到自责。

相反，如果我对凶手撒谎，而他躲起来，等着我的朋友离开我家时，凶手用斧头狠狠地砍他，那么他的死肯定会让我良心难安。

撒谎也不永远都是一件错事

哲学家伊丽莎白·安斯康姆（1919—2001）同意康德的观点，即存在普遍的道德规范。她一生都在践行自己的观点，做她认为正确的事情，而不管后果如何。因广岛原子弹事件，1956年，她公开反对母校牛津大学授予美国前总统哈里·杜鲁门荣誉博士称号。她写道：杜鲁门本质上就是一个杀人犯，因为他在第二次世界大战中做出了如此惨绝人寰的决定。对伊丽莎白而言，"当人们决定杀害无辜的人来达到目的时，就构成了谋杀"。这位剑桥大学的教授同意康德的观点，即有些事情绝对不可以做，尽管其后果和战争的结束一样积极。尽管如此，伊丽莎白却并不同意康德坚持认为说真话、不撒谎是绝对的道德准则之一。就像下面这个实验：一个人一天中只能说真话，哪怕撒个善意的谎言也不行。这样一天下来，他很可能就变成一个麻木不仁、粗鲁无礼的人了。对于伊丽莎白来说，"不说谎"的规则并不是绝对命令，因为它不具有普遍性。因此，在决定是否承认你的不忠前，你必须再思考一下。

但是，伊丽莎白认为，你不应该先问自己该做什么，而应该问自己该怎么界定一个好人，又是做了什么事情让其成为好人，并试着找出你认为是好人的人。一旦找到了，那就问问自己在他身上看到了哪些好人的品德，然后考量一下。好比现在的你，如果为了隐瞒不忠而撒谎是否就不是一个好人了？

伟大的苏格拉底（前469—前399）是正义、善良和美德的伟大捍卫者，但他并不认为从不撒谎是件好事。一次，苏格拉底在

第一章 要把一切都告诉你的另一半吗？

和尤苏戴莫斯进行对话时，他问对方："欺骗是不对的吗？"对方回答说："当然。"之后，这位哲学大师给他举了一个例子：想象一下，你有一个朋友很沮丧，甚至试图自杀。如果我们把他的刀藏起来防止他自杀，难道这不是一种欺骗吗？在这种情况下，怎样做才是正确的：欺骗还是不欺骗？苏格拉底不是在为谎言辩护，而是在为做出必要的推理进行辩护。生活中，大多数人都很盲目，理所当然地认为我们对"对"与"错"的看法总是正确的。但是，如果我们想成为一个好人，那就必须花时间对正义进行思辨。依苏格拉底之见，善良并不意味着只拥有美丽的外表和强健的体魄，躯壳之下的灵魂对一个人才更有意义。所以，如果你想变得更好，不要只在意外表，因为正义才能让灵魂升华。苏格拉底会看着你的双眼，带着狡黠的微笑问你：你不了解正义，何谈实践正义？你不懂医学又怎能成为一名医生？你若是乐盲又何谈演奏乐器呢？

苏格拉底坚信，在成为好人前，你必须花时间认识正义到底意味着什么。如果这位哲学大师知道现代有人想从课程体系中剔除道德教育，他一定会惊呼不已。一个正义的社会，其公民必须首先是讲正义的人，而公民若要成为这样的人就要依道德行事。苏格拉底认为，公民不该被一系列的规范禁锢，而应该学会推理，根据情况巧用规范。因此，要让年轻人有思辨的精神，而不囿于固化的思考模式。在不忠的问题上，苏格拉底不会认为你是一个坏人，但他会认为你是一个无知的人。你在解决道德问题上"算法"出错，无异于数学考试中因题目算错而成绩不及格。对正义的无知导致你做出了错误的选择：你选择了短暂的快乐，放弃了爱人间的承诺。现在木已成舟，你该思考倘若一个正义的人也犯了如你一般的错误后会怎么做。正义本身是最有益于灵魂自身的，因为干不正义的事总是弊大于利。至于你是否要承认你的不忠，你必须问问自己：换作一个正义的人，他会怎么做？会选择承认错误还是撒谎逃避责任呢？上面我们提到的因抑郁而有自杀倾向的人，如果他的朋友是一个正义的人，就一定会撒谎把枪藏起来，因为他要救自己朋友的命。那么在你出轨这件事上，你又在寻找什么？说谎话维系爱情，还是哪怕爱情不再也要吐露实情？

不忠与幸福

现在让我们来看看功利主义之父杰里米·边沁（1748—1832）会对你说些什么吧。这位英国哲学家想必会告诉你，不要听从康德的建议，除非你想让问题变得更糟。

但是，在你读这位英国哲学家给你的解决办法之前，请让我给你讲一则哲学史上最血腥的逸事。

边沁是伦敦大学学院的创始人之一，至今仍参加该校的学术委员会会议。大家不禁会说："这怎么可能啊？"原因其实很简单，他在死前曾立下遗嘱，要求将其尸体进行防腐处理，并着以正装展示在他创办的伦敦大学学院的主楼回廊上。该学院的章程规定，边沁的遗体必须出席学术委员会会议，即便他已不再有发言权。如果你身处伦敦，想去瞻仰他的遗容，可要记住由于头颅在防腐时无法完全保持容貌，现今头部改以蜡像取代。除因腐败

第一章 要把一切都告诉你的另一半吗？

导致头颅被换外，还有一种说法是，该校的学生总是把他的头颅偷出来藏在校园里或者拿来当球踢，从而导致头颅受损。

现在我们言归正传，继续来谈谈你不忠这件事。这位"木乃伊"哲学家会让你遵循一条简单的规则，主张让你自己去探寻如何正确处理你的不忠，即他所提出的"效用主义"：如果你想做好事，那你必须通过行动增强受牵涉人的幸福感。因此，你必须考虑两个条件：第一，每个人的幸福权重必须一致。也就是说，你自己或你所爱的人获得的幸福数值应与他人无异。第二，幸福是通过行为为受牵涉人增加快乐或减轻痛苦。为了让问题变得更容易懂，边沁设计了一套算法来计算一个行为的幸福程度，进而量化它的道德值。该算法将"持续时间""强度"等作为定量指标，因为他认为，快乐无法通过定性描述表征差异。

友谊或美德带给你的快乐虽有程度上的差异，但在本质上完全相同。那么，如果用"效用主义"来处理你手上的这个"烫手山芋"，事情就简单多了。你必须选择沉默，就像今日伦敦大学学院主楼回廊上的边沁一样。你就当这事翻篇儿了，努力让自己和其他人都开心。如果你向爱人坦白，那就会出现一系列的"蝴蝶效应"，你会痛苦不已，你的爱人更会以泪洗面，就连情人节买礼物的商店也得少几分收入。说谎本身并不是件坏事，而是它造成的结果对其进行了"好"或"坏"的界定。为了对以上观点进行佐证，边沁会邀请你去看看电影《再见，列宁》（沃尔夫冈·贝克尔导演，2003年）。在柏林墙倒塌的前几天，一个为自己的共产主义思想感到骄傲的女人陷入了昏迷。当她醒来时，医生嘱咐她儿子阿莱克斯道:"你母亲需要静养,绝不能受到任何惊吓。"于是阿莱克斯尽全力屏蔽所有与柏林墙倒塌有关的消息,因为他想让自己母亲生活在这个爱的谎言中。

约翰·斯图亚特·密尔(1806—1873)同意边沁的观点,尽管他提出了一些优化意见。他认为,对幸福的算法进行某些修改非常有必要,不仅要考虑快乐的数量,更要考虑它的质量。如果你认为快乐都是一样的,那可不对,因为有些快乐的确程度更高。而且,在运用算法并做出决定时,你必须设法获得那些对人能力增长有贡献的快乐。一头猪可以如人一般,因享受美食而快乐,但它永远体会不到与朋友聊天时的快乐。因此,如果必须做出选择,斯图亚特·密尔赞成,哪怕做个牢骚满腹的人也好过一头拥有低级快乐的猪,宁做满面愁容的苏格拉底,也不做一个快乐的白痴。谈及不忠,密尔会怎么说?他一定会让你对伴侣隐瞒出轨之事,但会要求你对此事进行反思。

试着从现在开始控制你的口腹之欲,培养快乐,让你变得更好。下次你去镇上的时候,做运动、读书,找一个有趣的人聊天、写作、看一部好电影,把你的性欲限制在你的浴室里。

有轨电车与胖子

如果康德的绝对命令不适用于"门口的杀手"这一道德两难命题,那么必然会有人质疑功利主义者对幸福的看法。第一位产生怀疑的就是英国哲学家菲利帕·福特(1920—2010),他在1967年的一篇文章中提出:想象一辆失控的、没有刹车的有轨列

第一章 要把一切都告诉你的另一半吗？

车正驶向在轨道上工作的五名工人，此时，你既无法警告他们，更没法让车停下来，但你可以扳动道岔使车辆转向另一条岔道，那里只有一名工人。你会扳下它吗？在此道德两难问题中，似乎应该推崇效用原则，因为，此刻扳动道岔来保全多数人的性命才是道德的。

美国哲学家朱迪思·贾维斯·汤姆森（1929—2020）对这个两难问题提出了另一种演绎方式。现在你站在一座天桥上，看着列车驶向五名工人。作为有轨电车专家，你很快就意识到只有一个方法能阻挡列车，那就是把站在你旁边的可怜的胖子从天桥上推落。胖子会死，但至少可以挽救五名工人的生命。你会推他下去吗？在这种情况下，效用原则就站不住脚了。因为常识告诉我们，在这一情况下，牺牲胖子的生命来拯救五个人是不道德的。哲学家迈克尔·桑德尔（1953—）又提出了另一个例子来反对效用原则：假设你是一名外科移植医生，你有五位患者，每个患者都需要不同的器官，而每个人都将在没有该器官的情况下死亡。在隔壁病房里，有一个患者已经康复，但仍未苏醒，而他的器官都非常健康，正好可以用来移植救活另外五个人。你会杀了他来拯救这五个人的生命吗？这三个道德难题使你很难轻易地运用效用原则来解决。似乎没有证据表明，如果一个行为对大多数受牵涉人的影响是积极的，那么这个行为本身就是好的。就好比，你不能肯定地说向你的爱人撒谎就是正确的，仅仅因为这样做后你们之间的感情不会受损。

那么，到底该运用绝对命令还是效用原则？该承担责任还是守住幸福？现在是你做出选择的时候了！

第二章
必须永远服从权威吗？

托马斯·阿奎那、亨利·戴维·梭罗、托马斯·霍布斯

想象一下下面的场景，你的父母走进你的房间，告诉你他们需要和你谈谈。两人坐在你的床上，对你说他们有多爱你，你对他们有多重要，他们有多关心你的幸福。当你希望他们说具体的事情时，他们脱口而出，希望你不要再和你的伴侣联系了，因为他们觉得这份感情对你没有任何好处。再想象一下，你的老板把你叫到他的办公室，命令你欺骗你的一个客户，强行让他接受你们都知道是骗局的一款产品，你会被迫服从吗？

你妈妈可以命令你，但你的自我意识更具权威

托马斯·阿奎那（约1225—1274）是一位中世纪哲学家，他

或许可以帮你与父母或老板进行讨论。在短短20年的时间里，他创作了130部作品，思考了许多问题，其中就包括是否应该服从权威。他和家族也有过意见不合的时候，他的父母希望他毕业后能侄承叔业，成为卡西诺山本笃会修道院的院长。但他决定不尊重父母的意愿，坚持做了一名普通修士，放弃了他在教会等级制度中本已注定的地位。阿奎那的这一转变令其家族感到不悦，在去罗马的路途中，阿奎那被他的几个兄弟逮住，押送回圣齐奥瓦尼城堡，并在那里被监禁了两年。为了迫使他放弃自己的志向，他的兄弟们使出浑身解数想让其回心转意，甚至安排娼妓去诱惑他，但当这个可怜的娼妓试图褪去她的袍子逼其就范时，托马斯点着了一根柴火逼她离开。最终他的父母还是妥协了，允许他追随自己的意志。

我希望你的父母不要用同样的方法对你，把你也关在房间里，直到你"清醒过来"。

托马斯一定很胖而且很腼腆，因为他的同学给他起了个"哑巴牛"的绰号，并一直拿他做笑料。这样看来，校园霸凌并不是你这一代人特有的问题。面对欺凌者，托马斯并没有妥协，他的行为也告诉我们有时尼采的话不无道理："杀不死我的，会让我变得更坚强。"有一天，他的老师阿尔贝托·马格诺从地板上捡起几页纸读了起来，纸上的内容着实让他感到惊讶。

"这是哪位同学写的？"他问道。

托马斯的同学们可算是又有机会嘲笑他了。

"是哑巴牛写的！"他的同学指着他，并大叫着他的绰号。

阿尔贝托厉声呵斥让他们闭嘴，并教训他们说："你们叫托马斯'哑巴牛'，但是我可以预言，这头哑巴牛的智慧必将让世人震惊。"

他的预言也确实成真了。托马斯·阿奎那成了有史以来最杰出的思想家之一，他的思想至今仍在哲学课堂上被讲授。但那些侮辱他的人呢？早已落入茫茫人海了。

让我们还是回到你的问题上来吧。等父母离开你的房间，就你一人独处一室时，正好也是你认真思考自己面临的问题之时，并决定接下来要怎么做。

托马斯·阿奎那的哲学思想可以帮你做出一个决定。他会让你审视在这样一个遍地规矩不说，偶尔还互相矛盾的世界该如何生活。一种权威要求你做的可能正是被另一种权威禁止的。在你这件事上，经过冷静地分析你就会发现，一边是父母强加给你的要求，另一边是自己内心中对这些事情的抗拒，因为理性告诉你这些事是不公平的。你应该遵循哪一个：权威还是理性？托马斯认为，理性认为不公平的规矩是无法胁迫你的，并且你也有理由不服从这些规矩。

你的道德义务让你做出良心的拒绝，反对你父母的决定，即便这样做可能给你带来灾难性的后果。不过，虽然凭良心办事的人绝不会惧怕任何惩罚，但请你不要把凭良心办事与应势而为混为一谈。如果一个朋友借钱给你，你可不能告诉他你不会还钱，因为在你看来还钱是有违良心的。但如果你认为父母要决定你爱谁或将来学习的专业是不公平的，那么你可以正当地拒绝，而且

第二章 必须永远服从权威吗？

托马斯·阿奎那将作为你忠实的盟友支持你这么做。

如果父母惩罚你，那么你除了可以用托马斯的思想来说服他们外，还可以给他们讲讲这则逸事。用西班牙哲学家米格尔·德·乌纳穆诺20世纪30年代反抗当时西班牙暴政时说的话来告诉他们说："你们会战胜我们，但永远无法让我们臣服。"说了这些话之后，你很可能会被狠狠地揍一顿，但那天晚上你会昂首挺胸，心安理得地安然入眠。

不服从不仅有趣，而且公平

如果你最终决定做个不服从权威的人，美国哲学家亨利·戴维·梭罗（1817—1862）会非常支持你。这位思想家出生在马萨诸塞州的一个小村庄——康科德，一生中大多数的时间都在那里度过。当问及他去哪里旅游过时，他自嘲道："康科德这里我可是转遍了。"但这并没有阻碍他的革命思想与其一同声名远扬，并影响了如圣雄甘地、马丁·路德·金等领导过重大革命的伟人。梭罗是一个爱自由、不服管的人。他是位不服从的公民，他的名言是"最少管事的政府是最好的政府"。他的好朋友拉尔夫·沃尔多·爱默生说，他总会去拆穿一些谎言，揭露一些丑行。他会毫不费力地拒绝某件事，但真要让他同意一件事可比这难多了。他是一位伟大的生态学家，早于生态运动出现前很多年，他就已经开始关注此事。他把保护印第安人及其保留地作为一项道德义务，一生坚持废奴主张。他主张"懒惰"的生活方式。在哈佛大学毕业演讲时，面对台下的清教徒观众，他说道：

"我们必须破除陈规,将工作时间改为工作一天休息六天。原因是,即便你不被工作累死,也会被上帝送去地狱受炙烤。"从小他就喜欢让别人知道他的想法,并"乐"于去挑衅那些奴颜媚骨的人士,并告诉他们该对什么发表意见,该如何去生活。他毕生酷爱阅读,视三个人为自己的英雄:诗人沃尔特·惠特曼,一位饱受争议的诗人;印第安向导乔·波利斯,他能在树林中自由穿梭;约翰·布朗,美国第一支武力反抗奴隶制的军队的总司令。

梭罗虽然成绩优异,但他是哈佛校史上唯一一名没有获得学位的学生。原因是,他拒绝大学因为在一张只是多了自己名字的纸头上盖章而收费。他觉得上学期间已经给学校付了足够多的学费,还讽刺地说:"还是让羊做只完整的羊吧。"(当时的大学文凭都是羊皮做的)这则故事不仅突出了这位哲学家对头衔和荣誉的淡漠,也向我们展示了他对自然和动物的深切尊重。

梭罗的另一则逸事也很好地说明了他的主要哲学思想之一:公民不服从。一天,一名税务官员上门催梭罗交税,但被他拒绝了。原因有二:其一,他不希望自己的钱被征来支付一场不公正且非法的战争的开销,而许多年轻人因这场战争死亡;其二,他认为拒绝交税是反对奴隶制政府的一种办法。他们威胁要把他关进监狱,但他平静地回答说:"当一个政府不公正时,哪个正义的人又能逃脱牢狱之灾呢?"之后,他们说只要他愿意付保释金,就可以不用蹲监狱,但还是被他严词拒绝了。结果,他只在监狱里度过了一晚,因为他的姑姑最终还是支付了保释金,这让梭罗觉得很扫兴。在一次会议上,他承认当时自己一刻也没有体验到

第二章 必须永远服从权威吗?

被监禁的感觉。在他看来,把他关起来的墙是对石头和水泥的巨大浪费。注意!如果你的父母惩罚你不让你出去,接下来的事情很可能会对你有好处。梭罗确信狱卒们认为他不想被关起来。当他看到几名狱卒使劲关上牢门,仿佛这样就可以把他的思想禁锢起来时,他大笑起来。他认为,由于国家无法触及他的灵魂,所以才决定惩罚他的身体。在那一刻,他失去了对国家权力的所有尊重,反倒开始同情它了。

如果你问梭罗什么时候不服从权威是正当的,他会告诉你,如果法律是不公正的,你便有正当不服从的道德义务。请遵循这条忠告:你必须先是人,而后才是公民。(在你的例子中,道理相同,你首先是个男人,而后才是别人的儿子)理想不是培养人对法律的尊重,而是培养其对正义的推崇。你在生活中唯一要承担的责任就是每时每刻都做自己认为正确的事情。如果有人强迫你做违背良心之事,不管是你的父母、老师、校长或警察,那都是不对的!因此,你的生活必须如一个刹车器,阻止不公正的机器前进。请务必确保你的顺从行为不会成为你所谴责的恶行的帮凶。如果梭罗能通过通信应用程序给你发信息支持你的个人反叛,那他定会选择莎士比亚戏剧《约翰王》中的这一句:

你高贵的血统,让你与奴隶无缘,让你无法臣服于他人,更做不了温顺的仆人。

恐惧、狼和《清洗》

托马斯·霍布斯（1588—1679）完全不同意托马斯·阿奎那和梭罗的观点。这位英国哲学家会建议你停止反叛，听从那种经常把你从危险境地中拯救出来的本能，如：恐惧。霍布斯被称为"恐惧之子"（你可能会觉得给战争起个这样的名字会更合适）。他的这个绰号真可谓名副其实，因为正是由于恐怖导致了他的降生。英国人害怕无敌舰队的到来，因此，所有人都认为，当西班牙帝国的军队到达海岸时，鲜血会像瀑布一样流淌，大火会把一切化为灰烬。想象一下，美国向我们的国家宣战，所有新闻都告诉我们，几天后，有史以来最大的军队将带着嗜血和复仇的渴望踏上我们的土地。英国人对菲利普二世舰队的到来也有类似的感受。霍布斯的母亲当时正在孕期，但还未到预产期。她极度恐慌以至于提前分娩，早产下一个孩子，他将捍卫人类一些最悲观的观点。事实上，正是霍布斯使得拉丁作家普拉特的名言家喻户晓："人与人之间恰如狼对狼。"这是那些认为人性本恶的人总挂在嘴边的话。

如果你问霍布斯是否可以不服从权威，他会告诉你必须视权威为上，即使它强迫你做一些你认为不公平的事情。如果不存在权威，我们所有人都将处在一种互相为敌的永久战争状态，霍布斯将此称为"自然状态"。电影《人类清除计划》（詹姆斯·德莫纳克导演，2013年）就是霍布斯所设想的在没有任何权威状态下的一个生动例子。这部电影向我们描绘了一个未来社会，在这个社会里，一年中的某一天，所有的罪行，包括谋杀，都是被允许的。在所谓的清洗日,国家停止履行其职能,任何人在法律面前都无须为其罪行负责。暴力的浪潮是极其残酷的,唯一幸存的法律是最强者的法律。可悲的是,我们根本无须去电影中寻找霍布斯所描述的"自然状态"的例子,我们的生活中就有真实的案例。2017年,因巴西圣埃斯皮里图州的警察罢工,导致87人死于暴力事件。为了避免这种恐怖状态,"恐惧之子"相信,权威必须拥有可以肆意使用的绝对权力,且对它具有绝对支配权,这一权威的性质是公正的抑或残酷的都不重要,因为即使是最坏的暴政也比人与人之间互相敌对的恐怖战争状态要好。没有人会否认你的父母限制了你的自由,然而,他们也给了你安全感。这是两种相互矛盾的价值观,即更自由则更不安全,反之亦然。那你是应该选择安全还是自由呢?

第三章
你介意伴侣看你的手机吗?

约翰·斯图亚特·密尔、伊曼纽尔·列维纳斯

你有另一半吗?你们相爱很久了吗?你们之间存在信任吗?你百分之百对他(她)放心吗?他(她)向你提出过要看你手机上的信息和照片吗?如果他(她)真这样做,你会答应吗?你会把你的社交账号的密码给他(她)吗?

如果你是一个女孩,请你设想如下场景:你和你男朋友在一家意大利餐厅吃比萨,你们一边吃一边平静地谈论着这一周的生活,手上沾满了番茄酱和马苏里拉奶酪。这段关系已经持续了一年多,你觉得很舒服,感觉和别人分享生活很开心。你起身去了趟卫生间,待你回来时,正巧看到你男朋友在翻看你的手机。你问他为什么这样做,他回答说这有什么大不了的,既然是情侣,

那就应该相互信任，毫无秘密。

他有权利这么做吗？你为什么要向他证明你的信任？有一个伴侣就意味着放弃你的个人自由吗？你的自由从哪里开始，他的自由又到哪里结束？还有什么比自由更有价值吗？

我爱自由的你，但你不属于我

如果要问有没有哲学家思考过自由的重要性，那应该是约翰·斯图亚特·密尔。这位思想家有一个痛苦的童年——他的父亲想把他培养成一个天才，禁止他和其他孩子交往和玩耍，还给他安排了严格的私人课程，逼着他和优秀的长者交谈，其中包括医生、音乐家、科学家、哲学家，等等。最终，他的父亲把他变成了一个神童——6岁时，他就创作了一部关于罗马的故事；7岁时，他就能直接用希腊语阅读柏拉图的对话录；12岁时，他已经精通数学和科学了。

但密尔父亲设计的严格的教育计划成为密尔捍卫自由高于一切的原因之一。

若要比谁学识高，那你肯定会嫉妒密尔。但如果你继续读下去，或许被嫉妒的人是你——密尔在20岁时患上了重度抑郁症，这让他感到孤独与绝望，而他获得的学识无一能帮他解决这一难题。当女权主义哲学家哈丽特·泰勒（1807—1858）出现在他的生活中时，爱给了他希望。他们结婚了，一起努力捍卫所有被压迫者的自由。他们为妇女辩护，反对压迫她们的男权制度；他们为妇女平权、为废除奴隶制以及为工人争取权利而斗争。

讲完这个故事后，现在让我们看看手边的这个案例：你的手机、你的伴侣和你。密尔清楚地表达了自己的观点，为了让一个社会的成员（你的伴侣就是其中之一）达到最高的幸福水平，必须尊重每个个体成员最大的自由。在任何形式的集体中，只要不妨碍他人的自由，每个人就都应该是自由的。所以，你应该拒绝你的伴侣偷看你的手机，不仅由于这一行为侵害了你的自由，还因为它对你们的关系造成了不可挽回的伤害。

你应该和你的伴侣谈谈，让他明白，你们在一起越自由，才会越幸福越相爱，关系才会越持久。如果他试图为他的行为辩护，声称他这样做是为了你，因为他爱你，他要保护你，等等。你千万不要陷入情感绑架的陷阱，你一定要保持冷静。就你自己而言，自由是绝对的。在你的思想、身体和财产上，你是唯一的主宰。除非手机是你俩一起买的，否则，未经你同意，你的伴侣无权使用它。密尔提出了"伤害原则"，这是一个用来界定他人何时有权限制你的自由的公式，可以总结为：任何对个人自由的限制都必须只在对另一个人或整个社会造成明显伤害的情况下行使。如果不存在这种状况，任何人都无权干涉他人的自由。这一原则背后的原因是，每个人对事情是否有利的判断总是主观的。（为了证明这一点，想想你母亲会让你穿什么衣服参加聚会，而你最终又会选择哪一件呢？）

让我们把"伤害原则"应用到下面的例子中。假设我的邻居决定把雷吉顿音乐调到最大音量，而让我无法集中精力来写你此刻正在阅读的这页。没错，这是在他家，是用他自己的音响在放

第三章　你介意伴侣看你的手机吗？

歌，但他有权利这样做吗？我们不能说我的邻居这样做是个人行为，因为事件的后果影响到了我。在没有得到我同意的情况下，他播放的歌曲《雷吉顿夏日混音集》可能会给我造成不可逆的伤害。"伤害原则"决定了我的邻居没有权利把我们这栋楼的天井变成一个夜店。因此，我可以报警，这样国家就可以保护我的自由，使我不用听他播放的自认为好听的音乐。

如果同样把"伤害原则"用在你身上，你就会明白你的伴侣根本无权偷看你的手机。那么，如果他不是背着你，而是征得你的同意要看你的手机，又会发生什么？想象一下，如果有一天，你的伴侣和你说，你们已经交往一段时间了，互相之间应该有起码的信任，而让他看你的手机可以证明你信任他，这时你该怎么做？密尔会告诉你要提醒你的伴侣，你们每个人拥有的自由越多，你们的关系就会越丰盈。相反，如果他试图控制你，到头来将会两败俱伤。如果你的伴侣坚持认为让他看你的手机就表示你爱他，那你大可邀请他仔细阅读西班牙思想家，同时也是诗人，奥古斯丁·加西亚·卡尔沃（1926—2012）的诗句：

> 我爱你的自由，
> 如山涧跳跃的溪水，
> 但你不属于我。
> 我爱你的伟岸，
> 如春日里巍峨的山崖。
> 但你不属于我。

我爱你的优秀,
如优选的面粉烤制的面包,
但你不属于我。
我爱你的高大,
如笔直挺拔的白桦,
但你不属于我。
我爱你的洁白,
如盛开的橙花,
但你不属于我。
你不属于我,
不属于神祇,不属于任何人,
甚至也不属于你自己!

学会抚摸

哲学家伊曼纽尔·列维纳斯（1906—1995）反思了我们与他人的关系。他生命中具有重大意义的事件迫使他与"他者"相遇，更确切地说是"冲突"。

伊曼纽尔·列维纳斯出身于立陶宛的一个犹太家庭。高中毕业后，他想开家书店，但是家人看他聪明好学，便想送他去法国，跟最好的哲学老师学习。列维纳斯在法国生活得非常幸福，以至于他决定加入法国国籍。若干年后，生活开始向他微笑，他获得了各种奖项，开始出版自己的作品，事业上也小有成就，还结了婚，生了个女儿。后来第二次世界大战爆发，他在事业正蒸

第三章 你介意伴侣看你的手机吗?

蒸日上时被派往盟军担任俄语和德语翻译,但他运气不好,被敌人抓走,关进了汉诺威的一个集中营里。

集中营里的经历颠覆了他对人性和哲学的认知,从那时起,他的思想一直在斗争,他想知道为什么同样为人,纳粹会做出这等恶行。对列维纳斯来说,集中营就是一个工厂,在这里,最理性的组织和流水线般的工作被用来开展一项非理性的任务,即消灭"他者"。

谁是他者?在你的例子中,这个问题很好回答。这个"他者"有名有姓,而且趁你去卫生间时,刚偷看了你的手机。但另一个问题就比较难回答了——"他者是什么?"换句话说,"成为他者意味着什么?"此刻,列维纳斯会告诉你,"他者"是不适合你的人,是与你不同的人,是你无法理解或同化的人,是你无法控制的人。"他者"的存在令人不安,时常还会产生冲突。为什么会这样?原因在于我们拒绝接受对方的不同,并试图摧毁这种不同。为了使对方符合我们的期望,我们不自主地做了某些必要的事情,打算放弃它的独特性,希望它成为我们自身的延续。

精彩的电影《逍遥骑士》(丹尼斯·霍珀导演,1969年)向我们讲述了两个年轻的嬉皮士骑着哈雷摩托从洛杉矶前往新奥尔良旅行的故事。

在荒原狼乐队的《天生狂野》音乐中,两名留着长发的嬉皮士车手骑着摩托自由地穿越美国南部和西南部。在旅程中,他们遇到了一名酗酒的律师——杰克·尼科尔森惟妙惟肖地呈现了这个人物形象。他们怂恿律师一起上路。抵挡不住内心的骚动，律师最终同意了。三人来到一个保守的小镇，在那里受尽了居民的白眼。他们都是和善而友好的人，从未打算惹麻烦，但他们的存在本身就会扰乱当地人的生活。在一个难忘的桥段中，不受欢迎的三人露宿荒野，在火旁取暖。

一个车手边抽着烟边说："所有人都害怕我们，你们看到了吧。我们住不了二流酒店，更别说二流的汽车旅馆了。他们认为我们会掐死他们，他们害怕我们。"

"他们害怕的不是你们，而是你们所代表的东西。"律师回答说。

"我们代表的只是人人都需要有个个性的发型。"

"不，对他们而言，你们代表的是自由。"

"自由有什么错，大家不都爱自由吗？"

"没错，所有人都希望拥有自由，但谈论它和实现它是两码事。真正的自由是很难的，特别是当你被放到市场上买卖时。所以，别告诉人们你是不自由的，他们会以杀戮和作恶来证明你是错的。他们整天都在为个人自由而战，而当他们看到一个自由的人时，却害怕得屁滚尿流。"

这部电影的结局非常恐怖。一些村民最终开枪打死了这两名摩托车手，因为无法忍受他们的长发。

我们为什么要这样做？可以这样理解，当另一个人出现在我们的生活中时，他会让我们非常困惑，以至于我们想方设法要去理解他，或者说，让他符合我们的预设、我们的想法、我们的世

第三章 你介意伴侣看你的手机吗？

界。我们假装他就是我们所需要的，而想要理解他意味着就要控制他，如果做不到，那就只能毁掉。你看，这不就是你的伴侣对你所做的事嘛。当他要求你分享社交账号密码时，他并不是要做一项伴侣间培养信心的测试，而是试图吸噬你，吞并你，摧毁你的独特性。这个"非常爱你"的人想要你适应他的世界、他的想法以及他制定的规矩。这就像移民到达我们的海岸时，我们通常会要求他们适应一样。也就是说，摧毁使他们成为另一个人的东西，而使其成为我们中的一员。列维纳斯会建议你向你的伴侣解释，可以有其他的方式和对方交往，而不会伤到他。为了让你男朋友更明白这一点，你可以用"爱抚"这个比喻解释给他听。为了爱抚，我们需要保持一定的距离，以防止强占。

试着比较这两幅画：第一幅画中，一个小女孩紧紧地抱着她的狗，都快要把它勒死了。第二幅画中，一只手沿着狗的背部轻轻地抚摸它。第一幅画表示占有、征服和强占，而在第二幅画中，虽有接触，却没有伤害和强迫。在爱抚中，从未有想要控制和强迫别人适应自己的世界的欲望。爱抚并不强迫另一个人放弃他所拥有的东西，而是承认它。总之，告诉你的伴侣远离你的手机，学会更好地爱抚你。

第四章
为什么会有霸凌?

汉娜·阿伦特、黑格尔、尼科洛·马基雅弗利、让-雅克·卢梭

2013年4月11日,西班牙14岁的少女卡拉无法忍受两名同学对她的一系列骚扰,跳海自杀了。根据司法判决书,2012年底卡拉开始与同学出现问题,主要因为有些女生取笑她患有轻微斜视,还有流言说她是同性恋。为此,她受到来自生活以及社交媒体的种种侮辱。2013年初,针对她的侮辱开始升级,几名女生在大多数同学漠不关心的情况下,下课总取笑她,甚至怂恿其他人也这样做,还叫她"拉拉"。至少有两次,在卡拉去卫生间时,她们跟着进去。

为了不被侮辱,卡拉只得把自己锁在厕所隔间,而这几个女孩依旧不依不饶,隔着门向里面泼水。

第四章　为什么会有霸凌？

法官判处这两名未成年人四个月劳教，"旨在提高同理心、控制冲动和为自己的行为承担后果"。

我不知道你或你身边是否有人遭受过欺凌，如果有的话，我真的很难过。或许，你会问自己：为什么欺凌会发生在我身上？我做错了什么吗？也许你已经绝望到找不到答案，但这并非没有原因，因为人本恶仍然是哲学家们在历史上面临的棘手问题之一。

地狱中的哲学

如果必须选择人类所做出的最邪恶的行为，我们很可能会选择纳粹当权期间发生的大屠杀。第三帝国政府在第二次世界大战期间制定了一项消除欧洲犹太人口的计划。党卫军中校阿道夫·艾希曼是负责执行这一被称为"最终解决方案"计划的头目之一。艾希曼设计了一个大规模处决的系统：他协调了从欧洲各地驱逐犹太人的工作，并建造了毒气室。战争结束后，他在一名住在罗马的奥地利主教的帮助下，秘密逃到了阿根廷。在那里，他改变了自己的身份，在一家奔驰工厂担任经理，但最终被以色列的情报机构摩萨德发现。

1960年5月1日，一群以色列特工发起了后来被称为"加里波第行动"的行动——他们在艾希曼家附近绑架了他，把他带到一个安全屋审讯，直到他承认自己的真实身份，之后给他下药，并用假护照把他偷运出国。

一到耶路撒冷，艾希曼接受了以色列的审判，这件事也成为世界历史上最为著名的审判之一。

美国《纽约客》杂志请在德国出生的犹太哲学家汉娜·阿伦特（1906—1975）报道艾希曼审判。她写的报告成为关于邪恶起源的最发人深省的哲学作品之一。阿伦特前往耶路撒冷去见这个恶魔，因为她想了解一个人怎么会如此邪恶。像我们所有人一样，她以为她将面对一个反常的天才，一个把所有美德都变成邪恶的大坏蛋。但令人惊讶的是，她遇到的是一个普通人，头脑相当简单，说得不太好听一点，甚至可以说像个白痴。

阿伦特很难理解这样一个普通的小人物怎么会犯下如此可怕的罪行，他是怎么做到这一切的呢？后来哲学家找到了这个问题的答案：艾希曼从来不去想他正在做什么——这名党卫军中校的辩护包括一遍又一遍地重复他只是在履行职责，他只是在服从命令，他尊重德国的法律。事实上，在愚蠢的表现中，艾希曼竟然用康德伦理学来为他的罪行辩护。今天，在加里宁格勒大教堂外一角1924年建造的陵墓中，在康德的墓碑上写着这样的铭文：有两样东西让我的心灵充满了不断更新的惊奇和敬佩，无论我如何不断地反思它们——我头上的星空和我内心的道德。

艾希曼应该尊重的责任是康德所推崇的道德法则的责任，而不是德国国家法律的责任。

对阿伦特来说，这次审判的教训中的一条就是：放弃思想比人类天生拥有的所有坏本能造成的伤害更大。哲学家甚至为这种现象创造了一种表达方式："平庸的邪恶。"阿伦特这样说，并不是说邪恶造成的伤害不重要，而是说做这件事的主体是平庸的。要做一件好事，我们需要思考我们应该做什么，并区分正义和非正义；另一方面，要做一件坏事，我们只需要放弃思考，盲目地服从。阿伦特警告我们，艾希曼并不愚蠢，他只是形成了一种"无法思考"的能力，停止思考，不能设身处地为他人着想，是造成人类最大的暴行之一的原因。

艾希曼案件中最严重的问题在于有许多像他一样的人，他们不是变态或虐待狂，而是可怕的正常人。艾希曼之所以能够执行这场大屠杀，是因为他受到了社会的支持，这个社会允许他逃避对其行为后果负责。

汉娜·阿伦特会如何解释欺凌行为？欺凌存在的原因在于，我们创造了一个不用考虑自己行为后果的社会。例如，在我们的社会中，消费在剥削儿童的情况下生产的产品的人并不觉得有什么责任。当群体中的个人选择不反思欺凌的后果，当他们选择袖手旁观，仿佛这与他们无关，当他们认为不作为不是一种有道德后果的行为，欺凌就发生了。

那么解决欺凌的办法是什么呢？创造一个公共空间，让你和你的同龄人能够坐下来讨论正在发生的事情和你想要建立的社会模式，最重要的是如康德所说，而不是艾希曼歪曲的那个"敢于思考"。

无法避免的冲突

对于德国哲学家乔治·威廉·弗里德里希·黑格尔（1770—1831）来说，欺凌是不可避免的，因为冲突本身就是生命本质的一部分。我们不仅不能避免冲突，亦无法回避，因为它是推动人类历史发展的动因。人类涉世之初，矛盾、对抗和斗争便紧随其后，人类的历史就是人与人之间的战争史。倘若你拿出一本历史教科书，数数冲突与和平时期的次数，你觉得承载这些史实的天平会朝哪个方向倾斜？在《精神现象学》这部重要的经典哲学作品中，黑格尔将人类的历史比喻为一场伟大的远行，在这场远行中，人类必须通过斗争才能到达最终的目的地。

"主人和奴隶的辩证法"是这部作品中最著名的段落之一，它将我们的历史源起阐述为两种人类良知之间的对抗。黑格尔创造了一种历史隐喻来解释人与人之间的关系为什么会发生冲突。人类的出现是宇宙历史上的一个里程碑，一个生命第一次意识到自己的意义，也就是说，他知道自己在历史和宇宙中的特殊地位。在成为有意识的人时，人寻求一种只有另一个有意识的人才能给予他的"承认"，即每个个体都希望被对方视作主人，并服从自己的意志。如此这般，为获得承认而进行的斗争便展开了（他们斗争的原因并不像历史书告诉你们的那样是为了资源或土地）。在为获得"承认"的，两人的生死对决中，当其中一个人感到恐惧时，对决便结束了。害怕死亡的人投降，沦为奴隶，"承认"对方是他的主人。

在奴隶身上，恐惧总是会把被承认的愿望打败。相反，在主人身上，被承认的愿望则牢牢压制着对死亡的恐惧。黑格尔试图用这个历史隐喻来解释人与人之间的关系一直是一种支配关系，因此，欺凌并不是一种新的或奇怪的现象，之前就已经发生过。

在每一种人际关系中，我们总能看到两个对立的个体：一个是支配者即主人，另一个是受制者即奴隶。所有的统治都始于希望得到承认，老板为了成为一个老板，需要一个承认他是老板并服从他意愿的雇员。同样，老师需要学生的认可；教练需要球员的认可；警察需要公民的认可；牧师需要信徒的认可；政治领袖需要其追随者的认可；爱人需要情人的认可……而骚扰者同样需要被骚扰者的认可。在电影《疤面煞星》（布莱恩·德·帕尔玛导演，1983年）中有一个著名的场景，可以很好地表征黑格尔所指的这些辩证关系。该片讲述了托尼·蒙塔纳崛起的故事，主人公是一个古巴移民，他由于冷血和无情，成功地当上了犯罪集团的老大。

托尼独自在一家豪华餐厅吃饭，当周围的人都在看着他时，他在房间中间大喊大叫，打破了平静。

> 你们看什么？你们这群白痴，知道我为什么这么说吗？因为你们没有胆量去做想做的事。你们需要像我这样的人，只有我才能指着他们，对他们说："那是坏人。"那你们是什么人，是好人吗？还真不是……你们只是知道如何伪装，如何撒谎而已。我则不然，我只说真话，即便是在撒谎。所以你们快和坏人说再见，我保证，这是你们最后一次看到像我这样的坏人，让开，坏人要走了，你们最好都让开。

支配与被支配根植于我们的关系之中，是我们本质的一部分。例如，当我们分析夫妻关系时，会认为它是平等的纽带，还是一方试图强加给另一方的不可变的意志？在爱情中我们是双向而行，还是更希望对方全情投入？两个自由意识个体间的爱情，"弱者"总是将爱投入更多的那个，而"强者"则是爱得少且支配和操纵对方的那个。你越爱我，就越受我支配，相反则越自由。在爱情的游戏中，总有一方试图奴役，而另一方则最终默认这一规则。欺凌与之类似，在每一种骚扰中，同样有一个制服的意识和另一个允许自己被制服的意识，后者因囿于恐惧而不能自已。

如果你从"主人和奴隶的辩证法"来审视欺凌行为，你会看到欺凌者如何从受害者那里寻求认可。欺凌经常发生在人的青春期，这一阶段中，人们必须走上寻找自己身份的艰难道路，其特点就是不安全和模糊。欺凌者利用他的受害者来加速其身份认同，同时也为自己获取自信。但黑格尔警告说：对奴隶的承认是一个陷阱。来自奴隶的承认能有什么价值？这种不是来自自由人的承认，而是来自受制于人、被迫给予的承认，是没有任何意义的。试想，如果你强迫别人爱你，那么这种爱会有什么真正的价值呢？这就是为什么主人在这场斗争中同样被打败的原因。实际上主人和奴隶都没有得到承认。

"主人和奴隶的辩证法"还表明，后者所处的被征服的境地是与前者的力量不相称的结果。但如果情况逆转，被骚扰者将成为骚扰者。正如法籍罗马尼亚裔哲学家E. M.齐奥朗（1911—1995）向我们解释的那样："在任何情况下都必须站在被压迫者一边，即使他们是错的，但绝不能忽视他们与压迫者一样都是人这一本质属性。人际关系就是个体间的支配与被支配的关系。"

人性之恶

尼科洛·马基雅弗利（1469—1527）是生于佛罗伦萨的政治家和外交家，在他的经典论著中，他指导人们如何在残酷的野蛮政治世界中生存。马基雅弗利生活的意大利与乔治·R.R.马丁在他创作的奇幻小说系列《冰与火之歌》中描绘的宇宙像极了——国家分裂，正义只属于最强者，在联盟与背叛间，胜利与死亡交替而生。马基雅弗利作为政治家生活的时代，如果一个人不想提前退休，就必须密切关注自身安全和周遭发生的一切。他明白权力至上的道理，就像神圣教皇会宣布战争，教皇的儿子会用他们的军队恐吓公民，国王只要看到一点软弱的迹象，就会背信弃义，入侵邻国。

马基雅弗利退休后，更准确地说是因为他的元首落魄而迫使他退休，他开始潜心写书，将其政治生涯所见所闻凝练于书中。这本书就是《君主论》，史上关于如何在政治上取得成功的经典论著。拿破仑阅读法语译文后，爱不释手，反复阅读批注，就像直接在与马基雅弗利对话一般。其中一处批注中，拿破仑责备这位意大利作家犯了轻率的错误，把政治操纵的巨大秘密告诉了人民。但随后他意识到这其实并不构成真正的危险，因为绝大多数人都很愚蠢，即使读了这本书，他们也不会开窍，只会继续相信君主是为他们工作并为他们争取利益。他认为"世界是由傻瓜组成的，在这群本质上容易受骗的人中，你会发现很少有人怀疑，虽然他们什么都不敢说"。

马基雅弗利对人持性恶论，于他而言，欺凌本就是人类反常本性的必然结果，他根据自身的经验，用如下十个特征定义人类。

- 人有好有坏，但坏人多于好人。
- 人拥有天生的恶意，虽可以控制，但不能从根本上治愈或医治。
- 人兼具人性和兽性的一面，其大部分行为可以用他们对动物本能的顺从来解释。人能做出伟大的善举，但也能做出让人不齿的恶行。
- 人是忘恩负义的、善变的、虚假的、懦弱的、贪婪的。
- 人是自私的，只为自己的利益着想。
- 人的外表和内心是完全割裂的。
- 如果你具有利用价值，别人就会把你当朋友，但当你没有任何利用价值可言时，他们就会背弃你。
- 人可以忘记父母的忌日，但能清楚地记得自己哪年哪月丢了什么贵重的物品。
- 人不仅傻而且坏。"人是如此简单，仅看重眼前的需要，所以骗子总是会遇到允许自己被欺骗的傻瓜"。
- 人注定要不断地重复同样的错误。

有了他对人类的群体画像，我们也就能理解为什么有如此多的欺凌案例发生了。

第四章 为什么会有霸凌？

我不是我，是这个社会

让-雅克·卢梭（1712—1778）对人性有不同的看法。对于电影制片人奥森·威尔斯来说，像卢梭这样的瑞士裔哲学家对人的看法与意大利思想家的看法相反是合乎逻辑的。在电影《第三人》（卡罗尔·里德导演，1949年）一个著名的桥段中，威尔斯扮演的角色说："在意大利，当波吉亚家族统治时，虽然到处充满恐怖、战争和屠杀，但那也是米开朗琪罗、达·芬奇和文艺复兴的时代。在瑞士，情况正好相反。500年来人们相亲相爱、民主又和平，但结果是什么呢？还不就是布谷鸟钟而已。"

卢梭对布谷鸟钟可谓了解甚多，他可是日内瓦钟表匠的儿子，他对人类的形象持乐观态度，但他可不是天真的傻瓜。虽然奥森·威尔斯饰演的角色对瑞士人有偏见，卢梭的政治思想依然为领导1789年推翻法国国王路易十六的叛乱者提供了理论基础，那可是欧洲历史上最著名的革命之一。卢梭来到巴黎后，他因在法国知识分子中倡导教育使我们堕落的观点而出名。一个世纪后，爱尔兰作家萧伯纳（1856—1950）同样说道："我的教育本来非常好，是学校毁了它。"这与卢梭的观点不谋而合。由于为这样的颠覆性的思想辩护，卢梭被驱逐出法国，不得不在英国寻求庇护。

对这位日内瓦哲学家来说，在自然状态，即我们在被人类文明征服之前的状态，人类是善良、快乐和自由的。他的名作《社会契约论》第一章的开头这样写道："人是生而自由的，但到处生活在枷锁之中。自认为是主人的人，并不见得他就不是别人的奴隶。"在卢梭看来，人天生是好的，是社会最终使人堕落。在

《爱弥儿》这部专门分析我们的教育模式的论著中，他做了如下思考："出自造物主的事物都是好的，但当到人的手中时就都变坏了。"为什么文明的"进步"过程实则是一种退化的过程？我们是如何失去我们曾经生活的天堂的？有一天，在世界的一个地方，一个人想出了用栅栏围住一块土地的主意，并说："这是我的。"而后，嫉妒和私欲开始在其他人身上萌生。就这样，这个人无意识地创造出了文明。而后，随着私有财产的出现，社会不平等产生，成为我们社会其他弊病的根源。富人制定了法律来保护他们的财产不受穷人的威胁。从那时起，有权有势的人就用他们的"正义"来压迫和骚扰其余什么都没有的人。这就是我们文明"进步"的隐藏面目。

卢梭的"善良的野蛮人"的想法成了电影《上帝也疯狂》的灵感来源。影片一开始就讲述了与世隔绝的卡拉哈里沙漠中布什曼人部落的平静生活。

在卡拉哈里沙漠深处，有一些既没见过也不知道文明人的土著人。他们谦逊客气，从不惩罚与训诫孩子，而真正使这些原住民与世界上其他所有种族不同的特点是——他们没有所有权意识，生活在一个友爱的世界中。

他们一定是地球上最幸福的人。在那里没有犯罪，没有惩罚，没有暴力，没有法律，没有警察，没有法官，没有统治者，没有首领。他们相信，神灵只把好的和有用的东西放在世界上供他们享用。在他们的世界里，没有什么是坏的或不道德的。他们生活在完全孤立的环境中，没有意识到世界上还有其他的人。

第四章 为什么会有霸凌？

在一个安静祥和的日子里，一个飞行员从他的飞机上扔下了一个空可乐罐，一切都因此改变了。布什曼人认为这一定是神的礼物，认为其一定有无所不能之功用。正如卢梭所说的那样，冲突立即产生了，因为每个人都想拥有这个独特的"神奇之物"。为了得到它，嫉妒、自私和不平等首次出现在相亲相爱的布什曼人中。看到如此情形，部落中最勇敢的战士之一决定前往天涯海角，将这个威胁到部落族人幸福的"邪恶之物"归还给神灵。

在《爱弥儿》中，卢梭对我们的教育体系进行了无情的批判。在我们的文明社会中，教育泯灭了孩子的善良天性，就像可口可乐罐对布什曼人的影响一样。这位哲学家研究了儿童逐渐失去善良和纯真的过程。他认为，在教育过程中，儿童不是被教育，而是被训练；他们不断受到惩罚和羞辱；他们被迫竞争；他们好似囚犯一般被监视和评估。通过教育，成年人压迫儿童，唯一的理由是他们不如自己。因此，教育成为成人对儿童的暴政。

欺凌是我们所建立的灾难性教育体系的后果之一。学校教育的失败不是学生的错，而是教育模式的错。在一个迫使我们相互竞争并将我们的同伴视为对手的体系中，欺凌行为的发生不足为奇。在卢梭看来，能够改变我们所处的这个疯狂社会的唯一出路就是开展教育改革。我们必须建立一种教学法，将学生置于教学过程的中心，让他们自由地生活，充分考虑他们的需求、兴趣和作为个体的差异，将寻求他们的幸福和作为人的全面发展作为最终目标。

第五章
在考试中能作弊而你却不作,那你是傻瓜吗?

苏格拉底、塞拉西马柯、安提丰、
希庇阿斯、埃米利奥·莱多

今天不是你的幸运日,现在是早上8点15分,你马上要参加一场哲学学科的考试。因为你多姿多彩的社交生活需要你投入越来越多的时间,所以你根本无暇复习备考,于是你祈祷老师千万不要考亚里士多德的形而上学问题。

到了考场,老师开始分发试卷,你觉得这场景无异于武士砍掉敌人的头颅一般恐怖。当老师走到你面前时,卷面朝下递给了你。随后他下令开始答题,你用你紧张到出汗的手翻开卷子——"天啊!"

题目正是亚里士多德的形而上学,这下完了,死定了。你脑

第五章　在考试中能作弊而你却不作，那你是傻瓜吗？

子里一片空白，不知所措。过了一会儿，你看到老师坐了下来，读起了报纸。暖气的温煦和昨晚微醺后还未散去的酒劲，使老师没过几分钟便打起了瞌睡。此刻，你有绝好的机会，可以肆无忌惮地作弊。如果你不这样做，那你是傻瓜吗？

作弊还是不作弊，这是个问题

争论的焦点其实不在于你是否能作弊。我们知道，面对处于睡梦中的老师，哪个学生都可以轻松地在他眼皮底下作弊。这里的问题是你是否应该作弊。你可能会惊讶地发现，这种辩论在公元前五世纪雅典城的哲学家中非常盛行，其原因并不是当时的希腊学生比我们的学生更喜欢抄袭，而是在雅典的民主制度中，有两种非常不同的、相互冲突的公正观。一方是哲学家苏格拉底，他毕生致力于教育年轻人成为公正的人。对他来说，他的学生成为正直的公民比其他任何事都重要，以至于他教导他们宁可遭受不公，也切勿实施不公。另一边是智者派，他们是一群有学问的诡辩家，其中大部分是外国人，时而来到雅典，看似是在教导年轻人，但真正的目的并不是要让他们成为一个好公民，而是想要借此获得钱财和权力。诡辩家们是教授演说（公开演讲的艺术）和雄辩（通过演讲说服人的艺术）的云游讲学的巡回讲师。与苏格拉底不同，他们收费收徒。例如，诡辩家普罗迪克斯每节课向他的学生收取4德拉克马，要按今天的汇率计算，每节课的费用约为130欧元。

竟然有人能通过教别人如何说话和劝诫来赚钱？学会好好

说话有什么用？如果你想知道这些问题的答案，我建议你看一下《感谢你抽烟》（贾森·雷特曼导演，2005年）这部电影，因为它讲述的是一个现代的诡辩家——尼克·内勒的故事。他是烟草公司的新闻官，以出色的辩才为立命之本，并用此为"歪理"辩护。在本片为人熟知的一个场景中，尼克做客一档电视节目，谈论烟草的负面影响。主持人采访了一个15岁的男孩，他因吸烟而罹患癌症。虽然看似尼克在这场辩论中必输无疑，但他先发制人，这样说道：

> 烟草公司怎么能从这个年轻人的死亡中获利？虽然我不想说这么触霉头的话，但不管怎样，我们肯定是失去了一个客户。这虽不是我们烟草公司的初衷，但我们肯定希望这个男孩能活下去，还能继续吸烟。但我要告诉你们的是，与我们不同，反吸烟协会则是希望这个年轻人死去，这样他们的预算才能够增加，这难道不是在贩卖人类的痛苦吗

这样的言辞常会惹怒苏格拉底。这位老哲学家对这种不明真理，只求操纵和说服的言论总会非常生气。对苏格拉底来说，法律是神圣的，必须永远得到尊重。而诡辩家则认为公平的概念是相对的，我们认为的善和公平应被置于我们所处的社会语境中来解释。你试着去另一个国家，你的习惯就会随之改变。你若要改变习惯，就需要遵守与之相匹配的法律。而当你开始遵守另一

第五章 在考试中能作弊而你却不作,那你是傻瓜吗?

套法律时,你对公平的理解也必然不同。例如,在邻国斯巴达就有一条雅典人认为可恶的法律——当一个孩子出生时,他的母亲要用酒给他沐浴。如果他足够强壮,经得起这种酒浴,就可以进入下一个测试,在这个测试中,孩子的父亲要把他带到长老会面前让长老们检查。如果他是畸形的或矮小的,就会被抛弃,并被带到一个指定的峡谷,从那里被扔下去。但我们大可不必如此激进,在欧洲,此地不公平的事情在彼地就成了公平的事。例如在西班牙,法律禁止18岁以下的人饮酒和买酒,但德国的法律却允许16岁以上的人购买和饮用啤酒、香槟或葡萄酒。

作弊是聪明人的做法

我们还是回到考试作弊这个问题上来吧,我猜想,你很有兴趣尽快解决你对作弊这一选择的道德困惑。让我们先来看看诡辩家们对违法的可能性怎么看。塞拉西马柯(前459—前400)出生于今天的土耳其,他从那里去了希腊,在希腊他为别人写演讲稿,教别人如何进行公开演讲,赚了不少钱。像当时所有的诡辩家一样,他通过这行最终成为雅典富有且出名的人物之一。塞拉西马柯肯定会告诉你,在付给他钱之后,就要务实,不要再偷偷摸摸,要正大光明地作弊。在这个世界上,诚实是没有好处的,因为讲公平的人总是没好下场,而不讲公平的人却总能落得好处,规则是强者为自己获利而制定的。考试的目的不是帮助你学习内容,而是让老师的生活更轻松。对教育来说,让你在试卷上机械地回答问题比根据你的需要和兴趣培养来得更容易且更实际。教师使用相同的测试来评估所有人，这既节省时间，又节省精力。在教与学的过程中，另一个需要考虑的问题是应该对谁进行评估，为什么不对老师进行评估？在老师设计的评估体系下，如果成绩不好，永远是学生的错。但是谁定的这种评估方法呢？有意思的是，从评估中受益的人正是有权决定评估方法的人。法律从来不是公平的，因为它总是有利于最强者。因此，如果你不作弊，你就是愚蠢的。

安提丰（前480—公元前411）也属于这一派系。这个诡辩家会告诉你，只有在你认为可能被抓现行的时候才应该遵守规则。你根本无须遵守人制定的法律，只要尊重自然法则就行。只有那个会让你获得快乐和减少痛苦的法则才是应该被尊重的。当这一法则与人创造的法律相冲突时，如若对后者的违背意味着痛苦大于快乐，那你就要做出变通。换句话说，如果你确信你不会被抓到，就可以大胆地作弊，因为考试不及格和不得不"重新思考"亚里士多德的形而上学是一种你应该用一切手段来避免的痛苦。不要以为安提丰这样想就是一个危险的罪犯。相反，他很有学问，像一位"心理学家"一样，劝慰了所有来找他的、心怀疾苦的人。

另一个会支持你作弊的诡辩家是埃利德·德·希庇阿斯（前443—前399），他是一位伟大的旅行家，游历过许多城市，特别是斯巴达和西西里。据说他的脾气很坏，但记忆力却超群。

希庇阿斯认为人具有一致性，从本质上讲，所有的人都是一样的。在不同的种族、财富、出身或社会地位的背后是相同的社会习俗，而法律却会在人与人之间制造不平等。

第五章　在考试中能作弊而你却不作,那你是傻瓜吗?

宁死也不作弊

苏格拉底宁死不作弊,所以想象一下,如果他看到你作弊,他会对你说什么?这位希腊哲学家被一个宗教狂热者指控为"不信奉城邦的神,而崇奉新神,还用他的思想败坏年轻人"。雅典的政治阶层利用这一指控作为教训他的机会,因为他不断地揭露和质疑他们。如果被判有罪,他将被施以毒刑处死。

在审判中,苏格拉底为自己的生活和思想做了辩护。他没有否定他的任何一种想法,并用带有讽刺的幽默回应了法官。经过他的辩护,组成法庭的501名公民中的大多数判定他有罪,但允许他提出替代性处罚。苏格拉底本可以通过要求放逐来拯救自己,他不但没有这样做,还机智地利用讽刺,提议雅典为他所做的事情付费,因为他通过阴险的言辞改善了这里的人们和城市。当他在监狱里等待判决时,他的门徒试图劝说他逃跑。苏格拉底断然拒绝,这与他教给他们的一切相一致,即一个好公民必须是公正的,在任何时候都要尊重法律。你永远不应该欺骗,即使是为了拯救你自己。他把剩下的时间用于他最喜欢的事情:与他的朋友对话。

根据他的爱徒柏拉图之语,我们将苏格拉底生命的最后时刻演绎如下。

苏格拉底(对他的刽子手说):"好吧,尊敬的先生,您清楚这所有的流程,我现在该怎么做呢?"

刽子手:"你只需要喝下毒药,然后走来走去,直到腿变得沉重,然后躺下等药性发作。"

苏格拉底:"难道不需要碰个杯吗?"

刽子手:"我只负责磨好足够致你死亡的毒芹。"

苏格拉底:"好吧,那我就为诸神干杯,希望他们在我通往极乐之途中能够庇佑我。"

他的话音刚落,便屏住呼吸平静而淡然地饮下了手中的毒酒。之前我们都没有哭,但当我们看到他将毒酒一饮而尽时,再也无法强忍泪水。眼看自己的朋友将被死神夺走,我难忍心中的悲痛,失声痛哭。阿波罗德鲁斯之前只是啜泣,此刻也失声痛哭起来,表情异常愤怒。除了苏格拉底外,在场的其他人都非常难过。

苏格拉底对我们说:"你们哭什么哭啊?如果我让我的妻子出去,那是为了不要听到她的哭声,好让我能够平静地死去。你们可都是男人,冷静点,都别哭了。"

听到他这么说,我们都羞愧得停止了哭泣。这时,苏格拉底停止了踱步,如刽子手之前告诉他的,平躺了下来。刽子手走上前去看了看他的腿,捏了捏他的脚,问他是否有知觉。苏格拉底说没有了。于是刽子手走上楼来,告诉我们苏格拉底的身体将会慢慢变得冰冷,以至僵硬,当寒凉浸润心脏时,他就离开我们了。当他感到腹中发凉时,说出了临终的最后遗言。

苏格拉底:"该死!我竟忘了向阿斯克勒庇俄斯献上一只公鸡。"

过了一会儿,他打了个寒战,眼睛便再也不动了。

第五章 在考试中能作弊而你却不作，那你是傻瓜吗？

之后克里顿帮他合上了嘴巴和双目。这就是我所认识的最好的、最神圣的、最公正的人的结局。

苏格拉底为什么临终时要说公鸡，意欲何为？这是因为在希腊人的信仰中，但凡病人痊愈时，总要向药神阿斯克勒庇俄斯敬献一只公鸡。对于像苏格拉底这样一个被腐败社会禁锢了自由思考的灵魂而言，死亡是唯一将其疗愈的"道"。如此，便不难理解他提及公鸡的内涵了。

作弊是蠢人之为

苏格拉底以身示范，教育他的学生要做放弃追求财富和渴望成功的人，他认为诡辩家是大错特错的。你在生活中真正应该追求的是快乐，而获得快乐的"密码"则是做一个公正的人。但公正和幸福之间的关系到底是什么？苏格拉底将正义理解为做正确事情的能力。人生来就拥有决定自己生活的可能，在成长的过程中，我们所做的决定都直接导致我们会成为什么样的人。我们的选择有可能是正确的，但也可能是错误的。对于那些做出正确选择的人，也就是那些选择做正确事情的人，幸福则会悄然而至。因此，如果你想获得幸福，就必须学会做出正确的选择，而要做出正确的选择，你就必须知道哪些是该做的，哪些是不该做的。

有时我们会犯错，选择看似正确的事情。实则不然，如果作弊在你看来是对的，那是因为你根本没搞清什么是正确的事。这就像色盲分不清颜色，有些人由于无知，会把有害的东西当作好东西一样。苏格拉底深信，只有有德行的人才能建立一个有德行的社会。为此，他在雅典四处奔走，与他的同胞就公正之题进行对话和辩论。他把自己比作一只牛虻，意在刺痛社会中沉睡的良知。如果苏格拉底发现你作弊或在你的同学面前为不作弊是蠢人之为而辩护时，他定会用自己惯用的讽刺口吻问你："你愿意生活在一个腐败的社会还是一个公正的社会？你认为社会腐败是因为我们的政治家腐败，还是相反，我们的政治家腐败是因为我们的社会腐败？作弊难道不是一种腐败行为吗？又是谁被这种行为败坏了呢？当你作弊时，你成了更好还是更坏的人呢？"

你抄袭我的内容能够展现最好的自己吗？你难道不能做得更好吗？你更想成为谁？更好的你，更好的我？还是更差的你，更差的我？苏格拉底会继续这样问下去，用一连串的问题来刺激你，用他的牛虻刺痛你，直到你别无选择，只能承认你真的不知道什么对你有好处，在作弊的问题上也更是一无所知。

让我们继续与苏格拉底一起反思腐败问题。在西班牙，每年都有新的腐败丑闻爆出，上至皇室、政党、工会，下至足球俱乐部、大型公司、银行，几乎所有的机构都与此有染。腐败似乎已成为我们国家的特质之一。为什么在西班牙腐败案例频发？这一切和你有关系吗？你能做些什么来防止它发生吗？

从词源来看，"腐败"一词来自拉丁语的corruptio，意思是撕碎、打破、打碎。腐败意指堕落、破坏、颠倒或损害的行为。据此释义，我们可以把腐败理解为道德上的堕落。在每一个腐败行为中，其行为人不仅破坏了自己的诚信、荣誉和尊严，而且还破坏

第五章 在考试中能作弊而你却不作，那你是傻瓜吗？

了与他人的关系，且这种关系不易修复。如上解释，撒谎可被理解为一种腐败，难怪哲学家弗里德里希·尼采（1844—1900）说过："让我难过的不是你对我撒谎，而是我将不再相信你。"作弊就是一个谎言，你用它欺骗了你自己，欺骗了你的同学和你的老师。

西班牙哲学家埃米利奥·莱多（1927—）同意苏格拉底的思想，认为腐败的人由于他的良心已被蒙蔽，根本不了解自己，不知道自己是谁，也不知道自己在做什么。撒谎和欺骗别人的人最终不会获得任何人的信任。你是否曾用"他是个骗子"这句话来指称一个不再值得你信任的人？

苏格拉底和莱多希望你以正义和真理为原则来生活，这样你就能"做一个体面的人"。

所有的腐败案件都反映出我们缺乏做一个体面的人的意识，我们的许多同胞非常在意自己的外表，每天都努力在外人面前保持良好的形象。他们也很讲究自己的个人卫生，倘若有人说他们身上有异味，定会让他们非常难堪。但对于自己的道德卫生，他们似乎并不在意，也就是说他们并不会因为自己不是个体面的人而为此担忧。但对苏格拉底来说，精神卫生才是一个人应该真正在意的，因为自己无法感知自己灵魂的"异味"，因为没有人会告诉你说，你是个骗子，你假话连篇。

这位老师对他所在城市的政治和道德腐败深感震惊。他认为，唯一可能的解决办法就是培养正派和诚实的青年。只有像你们这样为真理和正义挺身而出的年轻人，才能拯救雅典和西班牙。你们准备好了吗，又或许你们仍然想在这腐败中继续生活？

第六章
自杀可以解决某些问题吗?

阿尔贝·加缪、加布里埃尔·马塞尔、E.M.齐奥朗

在电影《死亡诗社》(彼得·威尔导演,1989年)中,年轻的学生尼尔梦想成为一名演员,但他专横的父亲却不允许他有这样的梦想。躲着家人,这个年轻人出演了莎士比亚的戏剧《仲夏夜之梦》的主角。演出当日,他的父亲来到剧院观看了表演。谢幕后,这名父亲不仅没有表扬自己的儿子演技过人,竟还威胁他退学,要把他送到军校。

尼尔注定不会成为一名演员,而只能是一名医生,因为他的父亲要他过这样的人生。面对自己的人生就这样武断地被别人决定,尼尔把他在剧中戴的王冠放在了卧室的窗户上,并决定用父亲的左轮手枪结束自己的生命。尽管这一切都是虚构的,但这一

第六章 自杀可以解决某些问题吗？

桥段让所有看过这部电影的人无不感到惊恐。当自杀不再是虚构的情节，而是发生在我们身边的真事时，那种颤抖和沉默是相当可怕的。我们沉默了，因为面对生活向我们提出的问题，似乎根本找不到答案。

上帝的沉默

法国哲学家阿尔贝·加缪（1913—1960）认为自杀是唯一真正严肃的哲学问题。加缪热衷于关注反对压迫、反对不公正、反对暴力和反对不平等问题。同时，他还非常热衷于足球。他的一句话经常被足球迷引用：因为足球，我才能对人的道德和义务有最确定的认识。

加缪喜欢足球是因为它是一项公平的运动。

这位哲学家出生在阿尔及利亚最贫穷的街区之一，他是第一次世界大战时期为法国服役牺牲士兵的孩子，因此获得了奖学金资助，从而得以入学。当这个在富人学校里学习的穷孩子开始参加足球赛时，他发现他与别人的差异在球场上消失了。比赛期间，无论你是富人还是穷人，黑人或是白人，都不重要，只有足球才是最重要的。

阿尔贝·加缪大约在他15岁的时候就宣布自己是无神论者。一次，在与朋友散步时，他目睹了一辆公交车撞死了一个小男孩。他看着小男孩的母亲在撕心裂肺地哭喊。这位未来的诺贝尔文学奖得主低头看了看死去的小男孩，然后抬头对他的朋友说："看，上帝没有应答。如果真有上帝，这样的悲剧就不该发生。

没有上帝会来帮助我们,也不会有希望之说,所有的憧憬都是没有意义的空想。没有什么来世可以弥补我们现在所经历的痛苦,无论我们喜欢与否,我们生活的这个世界就是当下我们唯一的世界。"

所有这一切都荒唐至极

对于这位阿尔及尔大学的足球门将来说,生活是荒谬、混乱和无意义的。我们来自一个虚无的世界,正走向另一个虚无的世界。生活和构成生活的每件事之间并没有必然的联系,更毫无目的可言。关于生命的意义这个命题,根本找不到答案。所有项目、计划和梦想终会因无法躲避的死亡的到来而画上句号。我们所有人都遭受着理想与现实之间的反差带来的巨大冲击,我们对事情抱有的希望和最终看到的结局总是那么不尽如人意。

宇宙总是表现出对我们个人目标的绝对漠视。事实上,它丝毫不关心你是痛苦还是快乐。这种对现实的冷漠就是加缪所说的"荒诞",为了阐释得更加清楚,他使用了古希腊神话中的西西弗斯举例。诗人荷马告诉我们,古代科林斯城的国王西西弗斯被众神责罚将一块巨石推上山坡。在到达顶峰的前一刻,石头会滚落下去,西西弗斯不得不从头开始重复同样的工作,一次又一次,没有尽头。对他的惩罚就是这样一次又一次地在重复一个令人沮丧并十分荒谬的过程。无论西西弗斯为完成任务付出了多少努力,石头最终还是要掉下去。

有一天,我在课堂上解释这个神话时,一个学生这样说道:

第六章 自杀可以解决某些问题吗？

"西西弗斯就像是我的父亲。我可怜的父亲每天早起去工厂工作，日复一日做着同样的工作以赚取工资。他用赚来的钱付房租，买食物，以便吃饱休息好后，第二天还能起来重复前一日的工作。"

就像科林斯的国王一样，我们也都是受惩罚者。无论我们对自己的事业多么上心，下多大的决心要把它做好，最终我们的石头也都会倒落，因为谁都难免要死。这就是等待我们所有人的厄运。

解决生活问题的三种方法和一座大山

此时，你可能认为生活荒谬至极，你对此无比悲观。如果是这样，加缪会告诉你，你有三种方式可以对抗这一荒谬，即信仰、自杀或成为悲剧英雄。

让我们先来探讨第一条救赎之路，也就是你可以在信仰中寻求安慰。有些人在所有事情上都试图寻求上帝的帮助，以应对生活的荒谬。如果你选择这条道路，那你就必须努力相信，你的生活即使看起来毫无意义，但它一定是一个更大计划的一部分，因为上帝就是要让平坦的生活变得弯弯曲曲。我们不理解的事情是神给我们的那些让我们成长并得以升入天堂的考验。对加缪来说，信仰不是一个有效的解决生活难题的方法，因为它使我们逃离了我们生活的世界。宗教本就是一种逃避，信仰让我们不必面对那些荒诞的生活问题。如果这个世界没有意义，那我就编造它。天堂和上帝是我们为了忍受困扰我们的可怕的荒谬而编造的一种自欺欺人的假象。

现在让我们看看第二条救赎之路，即你可以自杀。说到底，自杀不过是让死亡来得更早一些。但是，对加缪来说，自杀并不是一种解决办法，因为它本身就不是在解决问题，而是在否认问题。自杀是因为一个人没有勇气回答生活所提出的问题而选择的行为方式，就如同因为害怕不及格而不去参加考试，因为不知道答案而撕碎了填字游戏，战斗还未开始就已经倒戈了。自杀就是承认我们已经被生命的问题所压垮，承认我们没法回答"我为什么在这里"的问题。

那么还剩下什么呢？唯一的解决办法就是成为西西弗斯，一个悲剧英雄。要做到这一点，你必须有勇气接受生命是荒谬的，并且你注定要死去的事实。尽管如此，你还必须学会如何获得快乐。生命本没有意义，但你可以赋予它意义。悲剧英雄不会把希望寄托在上帝身上，也不在天堂里寻找幸福。西西弗斯充分意识到自己的处境，他对改变现状不抱希望，他不梦想更好的生活，不请求任何上帝的宽恕，不觉得自己有错，更不请求其他神灵的帮助。悲剧英雄并不奢望在来生成为一个幸福的人，只求今生通过努力让自己变得幸福。

你可能已经把西西弗斯想象成一个可怜虫，但加缪希望你能把他想成一个快乐的人。石头从山顶落下后，西西弗斯做出了最伟大的反叛行为。他否认上帝，重新背上石头，并决定在这种荒谬的存在中获得快乐。如果生活是我们无法避免的惩罚，那么没有比享受生活更伟大的叛逆行为了。你不是你最终命运的主人，但你是自己生活的主人。无论你要背负多么沉重的石头,请记住,要靠你带着悲剧英雄的喜悦去背负它,带着罗西尼举起他的重担时同样的喜悦。这位意大利作曲家在他成名过程中给我们留下了几句话,这些话就如同他的音乐一般久久在我们心中共鸣:"事实上,吃饭、爱情、唱歌和消化,这四幕组成了生活这部喜歌剧,它们就像香槟的泡沫一样,在它消失前还没有品尝过的人都是傻瓜。"当我们开始享受这种无意义的生活时,就惊奇地发现荒唐的事情都消失了。

最神圣的解决方法

加布里埃尔·马塞尔(1889—1973)不会选择第三种解决方案,而一定是第一种。对这位法国哲学家来说,我们完全没有必要像阿尔贝·加缪所说的那样去创造生命的意义,而应该去发现它。信仰不是愚蠢的幻觉,而是真正可以让你的生活充满意义和精彩的正道。

对加布里埃尔·马塞尔来说,生命必定是有意义的。生活就像一台戏,而你则是戏中的演员。当你问自己生命的意义时,就如同问自己在剧中要饰演什么角色,要做什么一样。你的生命的意义取决于这台戏的意义。如果"生活"有意义,那"你的生活"也必然有意义。同样,如果戏剧有情节,也就是有意义,那么所有的台词和表演也都会有意义。问题是,生活并不像是在扮演剧本中固有的角色,而更像是即兴表演,就像导演忘了告诉你所扮演的角色应该怎么演一样。生命的意义就是,尽管我们不知道剧本，但一样要能赋予自己在剧中的角色以意义，因为大幕拉开，聚光灯照向你，观众正等着你开始表演。

根据加布里埃尔·马塞尔的说法，要找到生命的意义，你必须审视自己的内心，进行内省。也就是说，在不放弃任何东西的情况下进行自我思考。生活就像一条我们走过的路，当我们有机会回头看看过往时，才会发现生活的意义和价值，从而更好地规划我们的未来。在这个寻找的过程中，会有问题不断出现，而正是这些问题会带你找到真我，告诉你为什么要如此生活以及什么才是你真正想要的。

生命不仅仅是你出生时被赋予的东西，也不仅仅是我们每天为生存所做的努力。生命是我们的经历，最重要的是对意义的不断探索。加布里埃尔·马塞尔在这个过程中发现的是——他是由另一个存在所创造的生命。

"我什么都不是，我自己什么都不能做，只要在那位万能之人的协助和推动下我才能成为我。"我们的存在只有通过一个超然的存在才能维持。我的存在是因为他的存在。加布里埃尔·马塞尔在找到上帝后，认为自己已经达到了寻找的终点，并认识到："只有你才真正了解我，可以评判我；怀疑你不会让我解放，而会让我毁灭。"

许多人无法找到生命的意义，因为他们把存在与拥有混为一谈。他们没有用自己的生命去发现自己是什么和为什么而活，而是努力去拥有一些东西，并最终成为一种东西。在我们的时代，我们如此习惯于生活在机器之中，以至于我们把自己也误认为是

第六章 自杀可以解决某些问题吗?

一台机器。这种想法通过查尔斯·卓别林在《大独裁者》(查尔斯·卓别林导演,1940年)中的讲话得以充分体现。从未在银幕上说过一句话的卓别林,当他第一次对着镜头说话时,他变得严肃起来,告诉我们法西斯主义的危险。在影片中,一个理发师必须把自己伪装成独裁者阿德诺德·亨克尔(这一角色是在有意模仿希特勒)以保住性命,这样做,他就不得不向愤怒的人群发表关于开始征服世界的演讲。然而,理发师却和大家讲了一段感人至深的话,而这些话中蕴含着加布里埃尔·马塞尔的人文主义思想。

我们急速发展,却禁锢了自己;科技创造了富足,却让我们陷入了困境。我们的知识使我们变得愤世嫉俗。我们的智慧让我们变得坚硬而冷漠。我们想得太多,感受得太少。比起科技,我们更需要人性;比起智慧,我们更需要仁慈和温柔。不要向那些在现实中鄙视你们、奴役你们、管制你们的人屈服。他们只会告诉你们该做什么、该想什么、该感觉什么,他们给你们洗脑,把你们当牲畜一样圈养并随意使唤。

不要屈服于这些没有人性的人,他们是机器人,毫无人性可言。你们不是机器,不是牛马,你们是人。你们的心中装着人类的爱,而不是仇恨。只有不爱的人才会恨,只有不爱的人才会这样没有人性。

我们就如同机械装置一般,最终通过所拥有的一系列功能来定义自己。比如我可以生产,我可以消费,我可以投票,等等。观察一下,你便会发现,大多数人在向别人介绍和定义自己时,总是通过提及自己的工作来实现其相应的目的。我是谁？老师、学生、医生……如果我们被放逐到一个荒岛上，会发生什么？你现在会如何回答同样的问题？你现在的身份又会是什么？我们不是东西或机器，我们是人。但是，当我们沉浸在"拥有"的世界中时，我们会忘记自己是谁，并作为个体而消失。

人活着不是为了生产东西并拥有它们。你的车、你的房子、你的手机、你的身体都不能代表你。你拥有身体，但这只能说明你是一个人。有多少人是他们身体的奴隶，为了拥有他们想要的身体而浪费着生命！所以不要再把这个世界看成是你可以拥有的东西的集合，甚至把和你一起生活的人也纳入其中，快开始做自己吧。活着不是为了"拥有"，而是为了"存在"。为此，你就要与他人共存，并一同生活，而不能把对方看成是一个物品，应该在平等的关系中与其相处且不寻求任何物质利益。活着就是发现有与你的生命相适应的另外一个人。当我们爱，忠于他人，并与他们分享对未来的希望时，生活才开始有意义。此外，如果你得到了信仰的礼物，你会发现生命就如同上帝，一个无法用科学描述或证明的存在，但你可以感受到它，并让你自己感到充实。

自杀可以被作为一种选择，但不是现在

哲学家E. M.齐奥朗一生都在为死亡焦虑。他虽然有一个非常快乐的童年，但到青春期后，对生活异常悲观。他对死亡的焦虑源自他的失眠。

我已经失眠好几周了。由此我意识到，睡眠好对生活的意义

第六章 自杀可以解决某些问题吗？

太重要了。每天早晨，闹钟响后，新的"冒险"便又开始。但失眠让人无法休息，它迫使你一天24小时都保持清醒，然而，只有当遗忘发生，生命才变为可能。

对这位罗马尼亚裔哲学家来说，有自杀倾向的人既不疯狂，也没有错。自杀是任何人都可以做出的一种自由选择。齐奥朗有一次遇到一个想要自杀的人，于是他和这个人一起转了一圈又一圈，一连转了好几个小时。最后，齐奥朗让他暂时还是先不要自杀了，用最终决定自杀前的时间再好好想想。

伴着自杀的可能生活是一个很有意思的想法，因为它让我们不断地重新思考生活，诸如我们的事业、关系、期盼、价值观……存在自杀的可能迫使我们利用好生命中的每一分钟，比如当我们在吃最喜欢的一道菜时，得知这可能是最后一次享用它了，就一定会细细品味它的滋味。

齐奥朗提出，自杀是我们生命的荣光时刻，是终结个人一生的最好安排。他反对自杀的唯一原因是：在你展现出你有多优秀，你能在多大程度上实现自己的价值之前，你不应该草草结束自己的生命。自杀者大都不是真正成熟的人，都不是成熟到可以完全接受死亡的人。一个人想要结束自己的生命是件很容易理解的事情。但为什么不选择在人生最辉煌、最利于自我发展的时刻呢？自杀是可怕的，因为它没有在本该进行的时候进行，它让命运"夭折"，而非给它加冕。我们应该像培育菜园一样去充盈生命的终点。对古人来说，自杀是一种教育方法，他们认为死亡会在他们身上发芽和开花。当人们自愿终结自我时，死亡便成了一个没有终点的结局。现代人缺乏对自杀的内在文化的认知和对死亡美学的考量。没有人死得其所，所有的人都是死于偶然，自杀的新手也必将是痛苦的杀手。

我们应该在人生的电影谢幕时选择自杀，但这并不是指台词已尽之时，而是一个宏大的结局来到之时。

齐奥朗会用自杀结束自己的生命吗？不，在这一点上，与他自己的想法完全不一致。他84岁时，因患阿尔茨海默病在巴黎的一家医院离世。在最后几次采访中，有一次他坦言："我从未工作过，宁愿做一个寄生虫也不愿工作，我宁愿承受贫困，也不愿意失去自由。"

第七章
祈祷有用吗?

托马斯·阿奎那、安瑟伦、色诺芬、休谟、帕斯卡、罗素、克尔恺郭尔、玛丽亚·桑布拉诺、理查德·道金斯

你是否曾为克服生活中的困难而祈求力量和光明?也许你曾偶尔请求上帝帮助你解决一个问题,又或许你经常向上帝祈祷。但也有可能,祈祷对你来说是浪费时间,你会认为信仰是一种典型的原始社会的迷信。事实是,许多人都在祈祷,如果你要成为他们中的一员,你必须首先确定上帝的存在。如果事实证明你要调用的神性只是人类的发明,那你的祈祷就无异于要求哈利·波特帮你处理问题。托马斯·阿奎那是基督教最杰出的神学家之一,他意识到基督教信仰有一些假设,其中最主要的是要相信上帝的存在。也就是说,在我们开始祈祷之前,应该确定有一位上

帝，以免浪费时间和消耗希望。

但是，有可能证明上帝存在吗？信仰真的能让我们过上更充实的生活吗？宗教会让我们成为更好还是更坏的人呢？天国会是一座海市蜃楼吗？信仰和理性又是否相容呢？

上帝如此完美，他一定存在

曾有哲学家试图证明上帝的存在，他们的推理因其引发的争论而载入史册。最具争议的论点是由一位11世纪的本笃会修士提出，他最后成了坎特伯雷大主教。安瑟伦（1033—1109）如所有杰出的哲学家一样，是一个热爱自由的人，他生活中的一些逸事可以很好地证明这一点。其中第一个故事是这样的：有一次，一位老师向他抱怨自己的学生不仅不好学，还很懒散（这种抱怨听起来很熟悉吧）。安瑟伦回答说："如果你在果园里种下一棵树，之后把它围起来，让它的枝条无法伸展，那么，一段时间过后，这棵树就会成为枝条歪歪扭扭的无用之树。这就是你对待学生的方式，威胁他们和打击并剥夺他们的自由。"

安瑟伦是最早反对奴隶制的人之一。一天，他发现一个孩子把一只鸟的腿给绑住了，又挑逗鸟让它飞走，由于他拉着绳子不放，所以鸟根本飞不起来。见状，安瑟伦上前剪断了绳子，说道："鸟儿逃走了，孩子哭了，神父开心了。"

让我们看看这位本笃会的修士是如何试图证明上帝存在的。这个论证在几个世纪后被康德称为本体论。每当我在课堂上解释本体论时，我的学生总觉得我是在从礼帽里掏出一只兔子，因为

第七章 祈祷有用吗？

他们意识到有一个机关，但不知道我是怎么做到的。

现在，你准备好看到兔子从礼帽里出来了吗？我用笛卡儿关于这个论证的版本来进行演绎，因为它最简单且最直接。有关上帝的概念其实就是一个有关完美存在的概念。如果上帝不存在，那他肯定是缺少一些重要的东西，以至于他不再完美而无法存在。因此，上帝需要存在，以达到完美。同样，当我们研究三角形的概念时，我们推断它的各角之和必然是180°，那么，当我们分析上帝的概念时，我们推断他也必然存在……我想，你现在应该明白这个论断有多大的争议性了吧。有哲学家认为它是有效的，也有哲学家认为这是一个极大的谬误。不管怎样，即使我接受这个论点，也不能证明存在的上帝与安瑟伦所信仰的那个上帝是同一个。为了求证它，我总是要求我的学生做如下练习。

你自己发明一个神。
你将完美纳入他的属性中。
你用本体论证来证明你的上帝存在。

当你完成这个练习时，你可能会得出与色诺芬（约前430—约前355）相同的结论。这位希腊哲学家在游历过很多地方，并了解了诸多文化后，写道：埃塞俄比亚人说他们的上帝个子不高，皮肤黝黑，色雷斯人则认为他们的上帝拥有金发碧眼。如果牛、马、狮子这些动物都有和人一样能画画、能创造艺术品的手，那马画出的上帝就一定有马的特征，而牛所描绘的上帝也一定与其相似。所有上帝的形象都与创作他的人在外部特征上有一种内生的联系。

上帝存在，因为你存在

托马斯·阿奎那不接受安瑟伦的论证，并提出上帝存在的五种证明，这些证明都是基于只有上帝的存在才能让我们感知宇宙中某些效果的论断。例如，他让我们思考这样一个事实，宇宙中没有任何东西是因为自身的原因而存在。他认为每个生命体都从另一个生命体那里得到自己的存在，而另一个生命体也是重复这一过程才得以存在，并最终形成一个生命体的链条，并且链条中的个体之间相互影响。例如，你的生命你自己并没法决定，因为是你的父母给了你生命，而你父母的生命又是你的祖父母、外祖父母所给予的，依此类推，当我们回到所有生命的起点时，会发现有一个"绝对必然的存在者"。这样看，如果宇宙存在，就必定会有一个创造者存在，就像一幅画必定是由一位画家创作出来的一样。你看，兔子又从礼帽里出来了。这些由托马斯·阿奎那设计的被称为"五路证明"论断的问题在于：它们是基于已经过时的宇宙和物理学的形象而提出的。

一个聪明的设计者、一架波音747飞机和一只人的眼睛

许多信徒以与托马斯·阿奎那相同的方式论证上帝的存在。他们认为，宇宙和生物的某些特征源于另一个更聪明的生命，这样解释比由自然选择这样的盲目过程来解释更好。宇宙一定是由

某人设计的。英国天体物理学家弗雷德·霍伊尔（1915—2001）计算了地球上存在生命的概率，结果约为1/1040000。换句话说，地球上的生命是偶然产生的，其概率相当于龙卷风卷起一堆废铁然后组合了一架波音747飞机一样。我们所知道的生命至少含有2000种不同的酶，而盲目的力量怎能将化学元素正确地组合起来以形成这些酶呢？

证明上帝存在的另一个例子是你的眼睛，如此复杂而奇妙的"相机"不可能是偶然之物。你的眼睛就像一个最高配版的望远镜，有镜头，可调焦，还有一个可变的光阑来控制光线的强弱。毫无疑问，这只眼睛似乎是经过设计的，因为即使是特斯拉最好的工程师也无法完成如此复杂的工作。但是，这个神奇的物件怎么会是通过一连串偶然的、随机的事件形成的呢？毫无疑问，一定有一位上帝负责创造眼睛和其他更精美的设计品。

苏格兰哲学家大卫·休谟（1711—1776）从未被这种论点所说服。《自然宗教对话录》这部作品给他带来了很多麻烦，在这本书中他这样说道：这个宇宙"看起来"是由上帝设计的，但我们不能推断它实际上就是上帝干预的结果，因此，也不能说就存在上帝。这种类型的论证建立在类比的基础之上，是将两个不同的事物进行比较，指出它们之间的一些相似之处，然后得出结论，即一个事物的某种特征在另一个事物中也一定存在。因为，如果两件事在一个或多个方面相似，那么它们之间也可能存在其他更多相似之处。

以下是通过类比推理的一个例子。

当我们给大猩猩注射肾上腺素时，它的心率会加快。

大猩猩的循环系统与人类的循环系统相似，因此，肾上腺素必会让人类的心率也增快。

在这个实验中，你看到了通过实证数据进行比较的两个例子。而休谟指出的问题是，能够用以观察所谓智者设计师的案例数量为零（我们见过很多大猩猩，尤其是在邻里聚会时，但截至目前，据我们所知，没有人见过上帝）。因此，这个论证是一个我们不应该接受的类比。

和上帝一起打扑克

法国哲学家和数学家布莱瑟·帕斯卡（1623—1662）是一台真正的赌博机器，因为他总能赢。

他对数学的巨大贡献是在早期概率论方面，他发明概率论是为了让自己在所有的游戏中都能获胜，而不是为了让高中生在考试中解决与生活脱节的荒谬问题。帕斯卡如此好赌，以至于他在对待上帝存在的问题上就像对待一场赌博一样。想象一下，你在一个赌场里正执行一项情报计划，一手拿着一杯干马提尼，另一只手拿着一个赌博筹码。在你面前的是一场法式轮盘赌，你所赌的不是红色和黑色，而是"上帝存在"和"上帝不存在"。帕斯卡的观点是，你没有办法先知道上帝是否存在，就像在马德里和巴塞罗那的比赛之前没有人知道谁会赢一样。直到你死，你也不会知道无神论者的球队赢了还是信徒的球队赢了。你有50%的机会赢得这场赌局，但这并不意味着你必须疯狂下注，因为如果你

第七章 祈祷有用吗？

仔细分析概率，你会意识到两者中的一个比另一个更有利。

如果你在"上帝存在"上打赌，而你没有猜对，那么在你死后，你并没有真正失去或赢得什么。说真的，你甚至都不会知道你已经输了。

如果你在"上帝存在"上下注，并且赢了，那你可就中了大奖了，因为你会去天堂终身享受，从此不受工作之扰且免于交税。

如果你赌"上帝不存在"并赢了，你也没有真正得到什么，因为你不会知道你赢了。请记住，如果有一件事是肯定的，那就是无神论者是没有天堂的。

如果你在"上帝不存在"上打赌并输了，你就会在地狱里受尽折磨，英国哲学家伯特兰·罗素（1872—1970）认为地狱是一个警察是德国人，汽车司机是法国人，而厨师是英国人的地方。

如果你把两根手指搭在脉搏上，应该得出的结论是，作为一个无神论者是不值得的。帕斯卡同意许多人的观点，即去做弥撒、施舍和遵守教会强加给我们的其他规则是一种拖累，但这是我们能做的最好的投资，因为几乎没有什么损失，而有很多收获。关键是，帕斯卡似乎不必等到他死后才知道他已经获胜。当他逝世的时候，人们发现了一张缝在他衣服上的羊皮纸，上面有一段被称为纪念文的文字。在这段文字中，他讲述了1654年的一个晚上他的一段关于宗教的经历。在这段经历中，他遇到了上帝，发现哲学家的上帝与信仰的上帝毫无关系，因为上帝不是通过理性，而是通过心灵来到的。上帝不能像数学定理一样被证明，因为上帝可以被感觉到。《旧约》中的上帝是权力之神，

《新约》中的上帝是爱之神,而哲学家们的上帝是一种通过运用理性而发现的理念。这位上帝出现在推理的最后,就像数学问题的最终结论。

和上帝喝杯茶

在电话的另一边,我们发现有一群哲学家认为不可能证明上帝的存在。在这些人中,无神论者的代表是哲学家、作家和数学家,诺贝尔文学奖获得者伯特兰·罗素,他穿着剑桥大学的蓝色裤子,非常引人注目。1952年,一家杂志和他约稿,让他阐述一下对上帝存在这个问题的看法和论据。罗素在那里提出了后来被称为"宇宙中的茶壶"的观点。当然,这篇文章当时没有发表,倘若你能读到它,你就会明白为什么了。

如果我提出在地球和火星之间有一个瓷质茶壶在椭圆轨道上绕太阳公转,如果我小心地补充说这个茶壶太小,甚至连最强大的望远镜都无法发现它,那么就没有人能够拒绝我的说法。但是,如果我说,既然我的断言不能被拒绝,那么向它提出怀疑对人类的理性来说就是反常理的,大众一定会认为我是在胡说八道。然而,如果这种茶壶的存在在古书中得到肯定,并在每个星期日都被当作神圣的真理来教导大众并在学校里灌输给孩子们,那么对它的存在表现出犹豫就是一种不正常的表现,而怀疑者在启蒙时代会受到精神病医生的关注,在更早的时代中则会受到审判。

上帝是由宗教代代相传的集体精神分裂症的后果。对他的存在不应由无神论者来反驳,而应由信徒来证明其并非悖论。如果有人声称存在妖精和仙女,那他就必须拿出证据。他为了逃避责任告诉你说,必须由你证明他们不存在,并且让他明白是你在一派胡言。如果是这样,请你记住,提出问题的人才是那个应该证明其主张的人。

信奉上帝没有理由,所以我信

丹麦哲学家索伦·克尔恺郭尔(1813—1855)同意罗素的观点,认为没有理由相信上帝,对他来说,这恰恰是成为一个真正信徒的关键。

信仰是一种非理性的体验,它不能被理解,只能被经验化。信仰是一种激情,是一种永远伴随着怀疑的"向虚无空间的跳跃"。要拥有信仰,就必须要怀疑它。如果你能用感官把握上帝,或用理性证明他的存在,那你拥有的就不是信仰,而是证据。有信仰不是相信不朽,而是相信一些荒谬的东西。信仰把我们置于悬崖边上,然后让我们跳下去。在电影《印地安纳·琼斯和最后的十字军》(史蒂文·斯皮尔伯格导演,1989年)中,那位著名的虚构考古学家不得不接受一系列的考验,以获得圣杯并拯救他父亲的生命。其中的一个故事中有这样的场景:考古学家发现自己在一个悬崖前,有一本古书告诉他,若想跨越悬崖,在腾空一跃的时候,心中必须抱有信仰。他就这样照做了,当他抬起脚来,准备向空中跳跃时,他竟踩到了坚实的地面,之前的万丈悬崖处出现了一条救命的路。

对索伦·克尔恺郭尔来说，虽然没有理由拥有信仰，但信仰赋予生命以意义和重要性。信仰成为生活的一个理由，信徒在他们的生活中感受到充实和力量，这是那些不相信的人所无法共情的。正如克尔恺郭尔会告诉你的那样：你必须找到一个对你来说是真实的真理，一个你可以为之生死的想法。

法国电影《人与神》（泽维尔·布瓦导演，2010年）讲述了生活在马格里布山区一个小村庄的西多会修士与当地宗教兄弟和谐相处的故事。阿尔及利亚爆发内战，军队让他们逃亡，因为面对宗教激进主义团体的不断攻击，军队无法保证他们的安全。僧侣们决定重新对人民做出承诺并接受自己的命运。影片中的一个场景说明了克尔恺郭尔的信仰思想。村里的一个十几岁的女孩来到其中一个僧侣面前，问他有关爱情的问题。

年轻女孩问道："一个人怎么知道他是否真的在恋爱？"

老僧侣回答说："你内心的某些东西变得很兴奋，这种存在使一切都失去了控制，并让心跳加速，而且有一种吸引力，一种欲望……这是一件非常美丽的事情。所以你不必问太多的问题，爱情是自然而然的事情。在你平静的日子里，突然幸福来临，幸福的希望来临。很多事情也接踵而至。说到底，这是一种干扰，一种巨大的干扰，尤其是第一次恋爱的时候。"

"你有过恋爱的经历吗？"

"是的，好几次，直到有一天我遇到了另一种爱，一种更伟大的爱，以至于我接受了这份爱的召唤，就这样过了快60年了。"

第七章 祈祷有用吗？

信奉上帝的诗学缘由

西班牙哲学家玛丽亚·桑布拉诺（1904—1991）每天都在祈祷，因为对她来说，思想和信仰并非不相容。在桑布拉诺看来，人的某些方面是无法用科学道理解释的。如果我们想完全了解自己，就必须沉浸在自己的灵魂中。而要探析我们的灵魂深处则需要桑布拉诺所称的"诗意的理由"。不仅生物学或历史能解释人，诗歌也有同样的功能。一首诗可以与科学理论一样对我们进行定义，理性和诗歌并非不相容，因为人类并不只有一个维度。你有身体，有理性，也有精神世界。"神"是人类的必需品，它必须从宏观意义上被理解，而不是简化为某个特定宗教的神。如果你想实现自己，就必须发展包括精神层面在内的所有层面。人就如同一项只能用信仰来完成的工程。每个人都需要上帝，没有他，我们便无法完全实现自己。理性和信仰是相辅相成的。哲学将我们引向上帝，因为它让我们思考有关上帝的问题。在寻求这些问题的答案时，哲学实践引导我们每个人发现自己内心深处的上帝。

上帝的错觉

演化生物学家理查德·道金斯（1941—）在2006年发表了一篇题为《上帝的错觉》的文章，他在文章中公开自己是无神论者，辩护说相信上帝就像相信妖精一样不理性，并推断宗教是人类许多邪恶的根源①。在这部有争议的作品的序言中,道金斯希望你做一次真实的自己。

我确信有很多人是在某种宗教氛围中长大的,他们对宗教不满意,不相信宗教,或者对以宗教为名所做的恶行感到不安。那些隐约感到有冲动要放弃父母所信奉的宗教,并希望自己能放弃的人,他们根本不知道放弃其实也是一种选择。如果你是其中之一,这本书就是为你准备的,因为它让你意识到,成为无神论者是一个现实的,也是一个勇敢的、伟大的愿望。你可以成为一个快乐的、平衡的、在道德上和智力上都满意的无神论者。

当一个人患有妄想症时,我们称之为精神错乱。如果许多人都有妄想,那我们就称之为宗教了。道金斯把对上帝的信仰当作另一个科学假说,并对其进行分析。他提出的第一个观点是,上帝的不存在不应由无神论者来证明,而应由信徒来提供反驳的证据。如果你相信有仙女,那你就必须提供证据。有什么证据证明上帝的存在?没有。不可知论不能成为一种选择。设想一下,如果有人推断说,由于我们无法证明"牙仙"的存在与否,所以我们必须得出一个他可能存在也可能不存在的结论,那这不就是个人的选择吗?科学理论越来越排斥上帝假说论。比如,自然选择进化论表明,用造物主之说来解释地球上生命的起源是不理性的。

但是,宗教除了是一个伪命题外,还是如狂热主义、恐同

---

① 你也可以在纪录片《万恶之源》中仔细了解道金斯关于上帝和宗教的想法。

性恋主义、性别歧视、排斥科学等一系列"恶疾"的根源。在美国,《圣经》被用来为奴隶制辩护,理由是非洲人是诺亚诅咒的儿子含的后裔。《创世记》讲到含如何抓到他赤身裸体喝醉的父亲,并将此事告诉了他的姐妹。当诺亚发现时,他诅咒含和他的所有家族,并说他们将成为他另一个儿子的后代的奴隶。由于这个"美丽"的故事,欧洲人民觉得屠杀和奴役非洲人是合法的。

所以,请你不要再祈祷了,放弃这种共同的疯狂,开始真正做个快乐或者不快乐的人。

第八章
花园中的哲学

阿里斯蒂普斯、伊壁鸠鲁

终于到星期五了！这下你有整个周末来放松，想着怎么好好享受就行。把工作都抛在脑后吧，你肯定受够了这周各种操心的事和让人发狂的工作，那就穿上你最漂亮的衣服，调整好心情出门吧。

现在你唯一要做的事情就是让你的身体放松。你和朋友们来到了酒吧，里面的音乐你很喜欢，这让你全然忘记了烦恼，那就好好享受当下吧。你很激动，感觉很轻松，觉得有使不完的劲儿。你想让自己彻底放松，不想任何事情。于是你不停地喝酒，跳舞。

你这是在做什么？所有的快乐都是一样的吗？有些快乐会不适合我们吗？如果真是这样，你怎么知道哪些快乐对你有益，哪些又是"恶之花"呢？生活中有比快乐还重要的事吗？所有的痛

第八章 花园中的哲学

苦皆为坏事吗？如果你不清楚这些问题的答案，不知道你应该做什么，那就让我给你介绍一些哲学家，他们可以在这个问题上给你明智的建议。

妓院里的哲学

阿里斯蒂普斯（前435—前350）是苏格拉底这位师者之师的弟子之一。苏格拉底教导他，我们在生活中应该追求的是幸福，而阿里斯蒂普斯理解为通往幸福的最快途径是快乐。因此，他不仅将自己的生命投入对快乐的思考中，更为重要的是，他毕生都在追求和享受快乐。有些人一想到哲学家，就会与奇怪、严肃和无聊的人画等号，这是错误的想法。阿里斯蒂普斯是一位哲学家，但他也是一个爱唱歌、爱跳舞、爱品美酒佳肴，追求爱情的人。他的思想告诉我们，如果有什么值得我们为之而活，那就是享受这一生所带来的快乐。

阿里斯蒂普斯认为，不享受当下的快乐，却等着享受未来如"诱饵"般的更大的快乐是一种错误。一鸟在手胜过百鸟在林，因为未来总是不确定的。难道为了一个好工作的承诺，就要整个周末都待在家中学习吗？

谁能保证你想象的未来会成真吗？如果明天你的生活发生了根本性的改变呢？有些人突然间就被发现患有重病，你敢说你不会也有同样的境遇吗？想象一下，医生在给你做了一些检查后，告诉你说你的生命就剩几个月了，难道你还会待在家里学习吗？生命之短往往超出你的想象，死后我们将长眠不醒，切勿将你的生命浪费在让你痛苦的人或事上,让身体快乐起来吧,我的朋友!

阿里斯蒂普斯手里可攒不住钱,但凡手里有点钱,他马上就给自己买来珍馐美酒,还有其他的好东西。他经常出入有钱有势的人家里,与他们一起享受财富所带来的欢愉。一次宴会之后,一个暴君想把一个宫女送给他,让他去享受鱼水之欢。阿里斯蒂普斯向暴君表示,因为三个宫女他都很喜欢,所以请求把她们都带走。暴君同意了,但到家门口时,阿里斯蒂普斯却把她们都放走了。曾经有人问他从哲学中学到了什么,他回答说:"让我学会了能不带偏见地对待每一个人。"

最能反映他思想的一则逸事是这样的。有一次,他的一个门徒正巧碰到他进入一家妓院,这让他感到非常尴尬。如果你是这个门徒,当你发现你的哲学教授正在逛妓院,你会对他说什么?对于不道德的指责,阿里斯蒂普斯的回答是这样的:"进去不是错,错的是不知道怎么出来。"享受快乐并没有犯罪,人们用道德来谴责别人如何享受生活,这纯粹是虚伪的行为。快乐并没有错,错的是成为快乐的奴隶。就像饮酒一样,它本身并不坏,但如果你嗜酒成性,那就是另一回事了。人不应把任何东西看得比自由还重要,哪怕是一种让你觉得异常强烈且非常冲动地想要尝试的快乐。它在让你的身体和灵魂得到享受时,你首先要明白自己在做什么。只有当你能够控制快乐时,才会得到真正的快乐。如果赌博成瘾或酗酒成瘾,那是快乐支配和控制了你,应该果断放弃这种快乐。

如果阿里斯蒂普斯看过电影《猜火车》(丹尼·博伊尔导演,1996年),他一定会驳斥这部电影中的年轻的主人公们"享受"毒品

第八章 花园中的哲学

的方式。本片的开场可以算作是电影史上最著名的独白之一。当我们看到主人公从警察身边逃走时，他的画外音做出了如下意向性声明。

> 选择生活、工作、事业、家庭；选择一台大电视机、洗衣机、汽车、光盘播放器和电动开罐器；选择健康、低脂食品以及购买何种牙医保险。选择支付固定利息的抵押贷款；选择一套好看的样板间；选择与自己合得来的朋友；选择运动服和配套的行李箱；选择分期付款购买各种"所谓"面料的品牌西装；选择DIY，并在周日早上问自己，你到底是谁。选择坐在该死的沙发上，看着令人麻木、精神崩溃的访谈节目，同时用该死的垃圾食品塞满自己的嘴；作为老人，选择在养老院里悲惨地度过余生，成为那些你生下来用以接续香火的自私的、懒惰的子女们的负担；选择你的未来，你的生命。我之前为什么要这样做呢？于是我选择了不需要选择的生命。我选择了别的东西，理由是……没有理由。这都是因为海洛因让一切臣服于它。

阿里斯蒂普斯或许会拒绝这种体验快乐的方式，因为影片中主人公被海洛因所奴役，并必将走向自我毁灭的道路。而这正是毒品夺走了他们的自由。不要因为压力而吸食毒品，认为这样做就会被某个团体的成员所接受。你的自由是由你自己掌握的，失去了自由，你将永远无法享受你眼前精彩而美妙的生活。

花园中的哲学

如果伊壁鸠鲁（前341—前270）当时和你一起在卫生间里，他也会有一些重要的话要对你说。这位希腊哲学家的生活非常简单，一点也不奢华。他明白生活中真正应该追求的是平和与宁静。

对伊壁鸠鲁来说，幸福就是达到那种可以说"一切都好"的心境。这位出生于希腊萨莫斯岛的哲学家一生运气不佳，不仅家境贫困而且病痛不断。他也可能曾对生活感到愤怒，但教给我们一个人可以在生活的痛苦和折磨中获得快乐。他在雅典郊区一栋有小花园的房子里建立了一个朋友社区，这也使他的追随者们被称为"花园学校的学生"。

在他们的房子里，他们体验着乡村生活的宁静和朴素。大多数时候，伊壁鸠鲁派只吃面包、喝水。他们学会了知足常乐，因为他们相信快乐的最大来源并不藏匿在奢侈品中，而是在友谊中。没有什么能胜过与朋友交谈的快乐。那毒品带来的快乐呢？别担心，我们一会儿就会说到它。如果伊壁鸠鲁进入那个卫生间，他将给你上一堂真正有关快乐的课。他会解释说，虽然快乐是最珍贵的，也是你在生活中应该追求的目的，但并不是所有的快乐都是纯粹的，有些快乐会伴随着一定程度的痛苦。在你尝试毒品之前，你应该知道快乐分为两种，即动态和静态的快乐。前者是在我们设法满足欲望时体验到的，他是在满足我们需求时侵入我们体内的"刺痛"。性，虽有不同的形式，但它可以是佐证这一类型快乐的最具象的例子。第二种快乐是让我们得到那种

第八章 花园中的哲学

"自在"的感觉，就是让我们达到一种没有忧虑或痛苦的状态。如果你曾经患过偏头痛，就会同意伊壁鸠鲁的观点，即舒缓偏头痛会产生一种巨大的、无与伦比的愉悦感。同样，当我们成功地消除了一种折磨人的忧虑时，静态的快乐随之而来。没有什么能比举重若轻的感觉更美妙。当下次你再晚归，妈妈责备你不接电话让她很担心时，你可以告诉她，你这样做是为了给她带来静态的快乐，让她充满幸福。这样，她以前很担心你，现在就不会担心了，这不就是幸福嘛。如果一个好孩子能让其父母高兴，那不就是实至名归吗？

回到我们关心的问题上来，伊壁鸠鲁会建议你在做决定时先考虑静态快乐，因为它远比动态快乐要好。当你不得不做出选择时，请你记住你的目标是没有痛苦，而不是获得快乐。千万不要选择会在未来给你带来痛苦的即时快乐。千万不要吸食毒品，毒品的快感无论多么强烈，都不值得以牺牲身体的宁静、和谐和平衡为代价去享受。

如果你想成为伊壁鸠鲁的好弟子，你必须很好地计算你的快乐，而不是仅仅因为"你喜欢"就盲目地服从欲望。如果你有这样的行为，你将过着兽性大于人性的生活。只有当现在的快乐和未来的痛苦的总和为正数时，欲望才能得以被满足。走出那个卫生间吧，学会享受活着的乐趣，学会区分什么是有价值的，什么是没有价值的，培养高于一切的友谊吧，但不要和让你吸毒的人去培养这种友谊。

第九章
做怪胎和做普通人哪个更好？

第欧根尼、希帕提娅、笛卡儿、福柯

单词friki来自英文freak，如今已经是西班牙语的常用词了。我们用它来指那类古怪、另类、有别于常人的人，有着不寻常或不正常的行为、爱好或穿着方式的人。比方说，你喜欢漫画、韩国流行音乐和cosplay（角色扮演）。想象一下，今天是你的生日，你的朋友送了一件你最喜欢的动漫系列的服装。你穿上它，照了镜子，觉得自己太漂亮了，可一想到第二天你还要穿上平日的衣服去上学，又觉得很沮丧。清晨起床时，你看到喜欢的动漫服装正挂在椅子上，你内心想要穿上它去学校，但另一个声音告诉你得做一个理智的人，可不能穿成这样去上学。那么你会怎么做？是循规蹈矩，还是选择另类出众？是做一个正常的人，还是做

第九章 做怪胎和做普通人哪个更好？

真实的自己？要是被贴上"怪胎"的标签，值得吗？你愿意坦然接受"出糗"吗？

学会让自己有坏脾气

如果一个人不在乎人们对他的看法，那这个人就是第欧根尼（约前404—约前323）。继续读下去，你就会明白为什么有一种以他名字命名的综合征。与你所想的相反，第欧根尼并没有在他的房子里堆积大量的垃圾，主要是因为他根本没有家。天气好的时候他睡在户外，当不得不躲避恶劣天气时，他就藏进一个罐子内。以他的名字来命名这种综合征，是因为患有这种病的人除其他症状外，均表现出与这位哲学家相同的反社会行为。他们的行为并不遵循传统社会所接受的准则，对别人的看法也全然不在乎，不知道什么是羞耻。

第欧根尼会告诉你，如果你既想追求时尚，又无法逃避世俗的教条，那你将永远无法获得幸福。如果你努力要做一个正常人，希望被接受，一直很保守，那你的余生将很痛苦。要获得幸福就免不了被周围的人误解，所以，特立独行要比因循守旧更可取。与其遵循社会强加给你的生活模式，为什么不以狗的生活为标杆呢？狗虽然和我们一同生活，但它们不遵循常规，而只服从于本能的冲动，它们并不为此感到羞耻或内疚，只在乎对它们有利的东西和对它们不会造成伤害的东西。狗不为他人的名声和财富所动，不仅生活简单，需求少，而且不觉得自己难看、肥胖或肮脏，从不遵循任何人为建立的美学典范。它们不受他人意见的影响，也不被社会压力所束缚。难道你不希望生活在这样的自由中吗？

第欧根尼正是这样做的，所以他也就得了"狗"这么个外号。

犬儒学派的哲学家会赞成你穿着你喜欢的那套动漫服装去上学。你可一定要抓住这个机会，好好在你那些俗气的老师和同学面前表现表现。你如果因为这样的打扮而被人诟病，那就问问他们："你的衣服不也是一种伪装吗？你不就是想通过你的穿着来打造自己的主观人设吗？"

这样挖苦一下你的同事，好让他们思考一下他们是多么虚伪和做作。

第欧根尼是一个不走寻常路的人，一直在努力打破世人眼中的模式和习俗，并试图将我们从荒谬的世俗奴役中解放出来。为了做到这一点，他常常做很多让人感到恼怒、不舒服和被冒犯的事。他的目的不旨在激怒我们，而是要让我们看到，在大多数时候，我们像机器人一般在机械行事，根本没有思考为什么要这么做，并且我们把太多的事情视为理所当然。第欧根尼一生故事颇多，这些故事都是对他的哲学思想的佐证。他既不是疯子，也不是小丑，而是一个实干派的哲学家。所有有关他的故事可谓一出表演，其中，他用挑衅的言辞和怪诞的举止，迫使我们重新思考我们的行为和我们的生活理想。

犬儒派不以冗长曲折的论证来证明他们的想法，而是通过挖苦的方式达成。他们用自己的夸张和另类，试图吸引人们的注

第九章 做怪胎和做普通人哪个更好？

意，粉碎人们的偏见，让人们改变自己的生活方式。他们的哲学是一种讽刺，旨在调侃我们的恶习、愚蠢和缺点。他们认为，人们生活在一个虚伪的社会中，躲藏起来只为满足吃喝等基本生理需求，不会危及生命，更不会有罪恶感。大多数人躲起来自慰，却谴责那些公开承认自己"自爱"的人。

我们相约一起吃饭，一起享受，并且偶尔在大快朵颐的时候会告诉别人口中之物有多么好吃。但假设有这样一个社会，它规定人们吃饭的时候必须躲起来，并且有关吃饭这件事要对任何人都缄口不言。于是，人们把自己关在浴室里，拿出藏在口袋里的食物，狼吞虎咽地吃起来，且不发出一点声音。那么，吃饭的冲动和性的冲动有什么区别？这两种需求不都是发自本能的吗？为什么我们要躲起来满足其中一个？性不是一种罪，自慰也不是一种罪。我们应该为那些真的让人羞耻的事而自惭形秽。人们撒谎、侮辱、批评、吹牛、虚张声势、欺骗、自大，不假思索地行事，或者庸庸碌碌地过日子，将世人眼中的时尚作为自己的追求目标。

第欧根尼来到雅典最神圣的地方之一——践行民主和哲学的城市广场。他当着众人开始自慰，不是用演讲来争论，而是用行动来说教。当看到他的举动时，在场的人无不震惊，并开始指责他这样另类的行为。

面对指责，第欧根尼的回答充满了嘲讽，他是这样说的："如果像自慰可以抚慰性欲一样，揉揉肚子就不饿了，那么影响人类的许多恶习就会得到解决。"

第欧根尼打破了社会禁忌,捍卫了自慰的无邪和本能说。许多哲学家都言行不一,但这条"老狗"可真不一样。

还有一则故事是这样的。一天早上,在光天化日之下,第欧根尼手里拿着一盏灯走在雅典的街道上,喊道:"我在找一个人。"通过这个表演,他想教给人们两件事:第一件事是,即便是在大白天我们也需要被照亮,因为我们被嫉妒、名利和荣誉所蒙蔽。我们在道德上是如此盲目,以至于我们无法看到真正重要的东西。第二件事是,没有什么理想的做人模式是我们必须遵循的,那么为什么你努力地想成为别人眼中的你呢?

在第三个故事里,有一天,伟大的万王之王亚历山大大帝想见见第欧根尼,于是找到了他。大帝看到这位哲学家正躺在那里晒太阳,便问自己是否能为他做点什么。第欧根尼回答说:"那请你走开吧,你挡到我晒太阳了。"

亚历山大思索良久才理解了这位哲学家的话——幸福是在自我满足的自由中实现的,而不应取决于其他人。因此,我们必须学会通过自己的方式获得满足。当陪同大帝的朝臣们因第欧根尼对国王说话无理而开始辱骂他时,亚历山大制止说:"如果我不是亚历山大,我希望自己是第欧根尼。"

据说,有一天,亚历山大发现第欧根尼正在饶有兴趣地检查一座人骨山。当他问第欧根尼在做什么时,这位哲学家回答说:"我在寻找你父亲的骨头,但我无法将它们与奴隶的骨头区分开来。"

这个故事说明,一个人必须感到非常自由,才能以这种方式

第九章 做怪胎和做普通人哪个更好？

对国王说话，给他卑微的感觉。

第欧根尼质疑过很多事和人，他用他的另类哲学行为惹恼了他所有的邻居，挖苦了他们中的每一个人。但最终他的邻居们似乎对他产生了好感。他死后，邻居们在他的坟墓上竖起了一根纪念柱，上面有一尊大理石的狗的雕像，这表示，他虽然脾气很坏，但已经成为邻居们忠实的、不可分离的伙伴。

电影《神奇队长》讲述了一个生活在资本主义制度边缘，牢骚满腹的家庭的故事。本和莱斯利决定在美国的一个僻静的森林里生活，为了让他们的六个孩子在与大自然亲密接触中成长而放弃舒适的现代生活，教育他们要懂得满足和具有批判性思维。卡斯夫妇与美国社会的规约背道而驰，他们不庆祝圣诞节，却纪念诺姆·乔姆斯基日，因为他们认为这位美国语言学家、哲学家、政治家和活动家对人类的贡献远超耶稣。

一条母狗

希帕提娅（前350—前300）也是一位犬儒学派的哲学家，她珍视个人自由，摒弃世俗规约。希帕提娅原本生活富裕，但她后来放弃了一切而遵循犬儒主义的生活方式。

希帕提娅同时还是一个叛逆的女人，她唾弃自己所处时代中盛行的大男子主义，因为在这样的社会中，要想成为别人眼中的好女人，就要大门不出二门不迈，相夫教子，操持家务，希帕提娅认为它给妇女从事哲学工作制造了种种囹圄。在外人看来，去城市广场或者参加宴会讨论哲学之道的女人是不合体统的，但希帕提娅不理会这些偏见。一次宴会上，正在访问雅典的哲学家、无神论者西奥多，对一个女人出现在专属于男人的地方感到非常恼火，而他更生气的是，在一次完美的演讲之后，希帕提娅与他进行辩论而且让他哑口无言。当然，这是希帕提娅想通过这种方式证明女人比男人更懂得如何雄辩。西奥多让希帕提娅别搞哲学了，干些女人该干的事情，比如纺织。希帕提娅反问他是否也愿意在纺织和哲学中选择前者呢？西奥多无言以对。为了让希帕提娅难堪，恼怒的西奥多将这位女性哲学家的衣服扒光，让她赤裸于众人之前。但希帕提娅丝毫不难为情，因为犬儒学派的哲学之道中根本不存在羞辱二字，赤裸的身体被他们视为自然之物。于是西奥多再一次在那个女权主义的"母狗"面前受到了羞辱。

希帕提娅与世俗格格不入，她可以随时随地与她的情人做爱，不分场合不分时间。对这位犬儒学派的哲学家来说，守心而为才是不二之选。因此，她认为有性冲动时就应该即时享受欢愉。她说："我的母亲也是一位优秀的犬儒学派哲学家。她说过：'身体所需即是你的真实所需，饿了就吃，渴了就喝，困了就睡，该工作你就工作，但切莫过度，并不是身体所需的所有快乐我们都要完全满足。'"

希帕提娅通过她的生活方式和对性的看法想要告诉我们的是：如果我们面对时尚和社会规约采取从众心理，那就根本无法获得幸福。如果希帕提娅没有反抗，她的生活又会是什么样子？德摩斯梯尼告诉我们："古希腊的妇女有三种角色：妓女、情妇和妻子。妓女为满足人们的欢愉之性而生；情妇为增加平日生活的情调而在；妻子则为传宗接代和照顾家庭而活。"古希腊社会是男权社会，妇女无权参与公众生活。如果希帕提娅是个"好女人"，她就会被嫁人，并终身被关在女眷内室里（这是一种古希腊大房子里的一个房间，家中的女人都被关在里面照顾孩子和纺织衣物）。但希帕提娅用她的哲学思想颠覆了这一父权制社会的规矩，扮演了注定只属于男性的角色。

如果这位犬儒派的哲学家连在宴会上赤身裸体于一群男人面前都不介意，你觉得她会反对你穿动漫服装去上学吗？更何况这确实是你想做的。记住，循规蹈矩并不一定就会幸福，所以，想做什么就去做，只要你不觉得羞耻，那该羞耻的就是别人。

不要排斥做个正常人

生活在国王时代的哲学家还有笛卡儿（1596—1650），但与第欧根尼不同，他接受了给他的礼物。就是否要穿动漫服装去上学的问题，这位法国思想家会告诉你，生活教会我们必须行事谨慎，不要招惹不必要的麻烦。如此，就要保持低调内敛的生活理念，这样别人就不会打扰你，你也就不会白白受罪。

笛卡儿建议的生活之道可以归为三个词：节制、坚持和自律。他认为要做到始终与大多数聪明人的言行保持一致，哪怕你的内心并不同意他们的观点，又或是你根本不明白为什么要这么做。极端总是不好的，所以寻求折中的公平就成为常态。千万不要想着质疑权威或规约，这将让你一无所获并损失良多。无论你怎么努力，都无法改变这个世界，你能做的就是学会生活在其中，学会让发生在自己身上的事情对自己的影响减到最小，学会控制自己的情绪和情感。如果世界是不公正的，那就学会与不公正相处。这个社会就好比一片丛林，最终能生存下来的人不是最强悍的那部分，而是最会适应环境的。所以忘记愚蠢的理想主义吧，学会让自己变得实际一些。

笛卡儿听说宗教裁判所因为伽利略的一些想法谴责了他，而这些想法恰与他即将出版的书中表述的观点一致。于是，他拼了命地跑去找他的出版商，让他不要把书送去印刷。这个道理就是——除非你愚蠢至极才会为了出版一本物理书而被折磨和囚禁，如果你让笛卡儿在放弃自己的想法和承受磨难之间做出选择，他肯定会选择前者。这下你该明白了吧，如果你决定穿动漫服装去上学，让同学欺负你嘲笑你，那你就是个白痴。

你必须与每个人和谐相处，这是件非常重要的事情，特别是与权威的人相处好，你才会无忧无虑地生活。如果笛卡儿最后不得不面对宗教裁判所的法庭，他可能会使用喜剧演员格劳乔·马克斯曾经说过的一句名言，意思大概是这样的："这是我的原则，如果你不喜欢，我还有其他的原则。"

笛卡儿是一个不知疲倦的旅行者。他了解不同的文化、习惯和生活方式。他知道如何"入乡随俗"，且做得非常好。他住过欧洲最好的宫殿，尽享奢华。总之，除非是狂欢节或你的学校在庆祝国际动漫日，否则根本不要考虑穿动漫服装去上学。

第九章　做怪胎和做普通人哪个更好？

谁有权界定正常与非正常的标准

为什么在狂欢节上穿着角色扮演的服装就是正常的，而平时就会被说成是奇装异服呢？法国思想家米歇尔·福柯（1926—1984）思考并分析了到底是谁来决定正常与非正常的标准这个问题。打小起，福柯就决定过一种属于自己的生活。他出身一个医生世家，但在11岁的时候，倔强的他告诉父亲和祖父，自己未来不做医生，要做自己喜欢的事情。再大一点，他变得叛逆和奇怪，而生活给他的"恩惠"也不止于此。青春期时福柯发现自己是同性恋，这可让他吃了不少苦头，因为家族行事风格保守，信仰的虔诚，根本无法接纳他这有别于常人的"特点"。他的父亲认为同性恋是一种病，是最严重的原罪之一，他这样的人会让家族蒙羞。在米歇尔很小的时候，他亲爱的父亲想让他成为一个真正的"男子汉"，于是带他去医院看了一台截肢手术的全过程。这也难怪福柯担心他的父亲得知他的同性恋身份后会做出何种反应。

面对自己的"不正常"，这位年轻的哲学家不知道该找谁宣泄。他开始觉得自己怪异，与一切格格不入，是别人眼中的罪人、病人、坏人，而这样对自我的质疑让他几次试图自杀。

最后，是哲学救了福柯，特别是德国人弗里德里希·尼采的作品。事实上，尼采的一句话成为他的人生格言和奋斗口号——要成为真正的自己。他的哲学老师们让他重拾生活的尊严，他们非但没有觉得他不正常，还给予他肯定，认为他定会成为一名伟大的思想家，且会启迪后世。现在看来，这些老师可真是明白人。

福柯认为人类的存在方式不断经历变化。当其他动物的栖居方式一成不变时,我们人类却在不断地改变着自己的生活方式。蛇只是蜕皮,但人类会发生变异,甚至人性也难逃这一命运。今日的男人和女人与昔日相比可以说是共性甚少。在人类社会中,变化是常态。

今天,我们仍然相信人类有一些本质上不会改变的东西,而这都是一系列穿越时空的剧集惹的祸。这些穿越剧中的古装人物,使我们看到这些来自过去的人和我们一样,并让我们明白,不管历史如何变迁,人类的某些特点是亘古不变的。但他们不过是演员而已,是我们扮演的呀。难道维京人会像我们一样去爱,对友谊的理解也和我们保持一致,会有像我们一样的家庭生活吗?

福柯讲述了一个肯定会让你陷入沉思的情节。1757年,一个叫达米安的人在巴黎被判处死刑,行刑的方式是让刽子手在众人面前折磨他直至他咽气。当时的报纸对这一行刑过程进行了详细报道,完全不输于今天的体育媒体报道周日的足球比赛。行刑者们先用钳子把这个可怜的死刑犯的皮肤撕下来,而后在伤口处浇上硫黄、熔化的铅和沸腾的油,最后要用四匹马将其分尸。据该报称,因为马匹力气不够,所以分尸未能一次成功,为此,他们不得不再加两匹马。因为没有办法切断死刑犯的神经和肌腱,最后,他们还在被肢解的尸体上连砍数刀。

福柯希望通过这个血腥的故事让人思索,如果你出生在18世纪的巴黎,上文提及的场面对你来说应该很"正常"。你说不定

第九章 做怪胎和做普通人哪个更好？

还会去观看，并鼓励刽子手残忍地对待可怜的死刑犯，就像你今天在看台上或酒吧里对你的足球队一样。换句话说，我们今天觉得不能容忍的事情，不久前在大众的眼里可都是再"正常"不过的事情。

我们通过"正常"与"不正常"这两个概念对人类行为加以区分，福柯对上述两个概念进行了研究与分析。在对监狱、精神病院和学校进行深入研究后，这位哲学家认为，是权力规定了哪些行为是正常的，哪些是不正常的。无论哪个时代，掌握权力的人才可以决定什么是犯罪、疾病或罪恶。他们是怎么做到的呢？通过教育和文化灌输，他们将我们训练成认为某些行为是"正常"的人，并让我们毫无疑义地接受，如此一来，所有其他的行为则自然地被看作是离经叛道。

我们受到的教育是，人类自存在以来，就总是以某种方式（对那些当权者有利的方式）行事，任何的背离行为都会使我们不如别人，变得病态、堕落，甚至被认为是怪物。

电影《飞越疯人院》根据肯·克西的同名小说改编，其中充满了对福柯哲学的引用。影片讲述了兰德尔·麦克墨菲（杰克·尼科尔森扮演）的故事，他是一名惯犯，但也是追求精神自由的人，为了避免牢狱之苦以便在精神病院"舒适地"服刑，他假装自己是个疯子。但在医院里，他遇到了严格而霸道的护士瑞秋，她把他的精神自由当作一种精神疾病。麦克墨菲反抗各种规定，并让其他病友将其视为榜样。瑞秋为设法制服他的猖狂，对他进行了脑叶切除术。

福柯认为，像电影中的桥段一样，心理学和精神病学被"高明"地建立出来，并据此将质疑既定秩序的行为确定为病态。这位法国思想家想说的是我们生活在一个"纪律社会"中，在不知不觉中受到纪律的教导。纪律体系构建了一种理想行为模式，通过奖励那些接近该理想的人（"正常"）和惩罚那些偏离该理想的人（"不正常"）来稳固该体系。纪律体系产生了如此良好的社会控制效果，以至于你会绝对认同它的规约，当你不遵守规约时，自己首先就会训诫自己。你的脑海中总有一个警察，他时刻监视着你，并警告你，如果你想穿上这套服装，你就会违反社会的着装规约，最终被惩罚的就是你自己。你的同学也是这个体系的一部分，他们明白必须叫你"怪胎"来挖苦你，取笑你，惩罚你，因为这才是正常人的反应。

那么，你想做哪一种人，束缚别人，还是被别人束缚？做个别人眼中的怪胎，还是茫茫众生中的正常人？是追求自由，还是盲目从众？是行事荒唐，还是处事明智？是傻瓜，还是明白人？

第十章
你能要求别人替你做出选择吗?

克尔恺郭尔、萨特、柏拉图、斯宾诺莎

如果你正在读大学,当下最让你焦虑的事情肯定是未来的职业选择。你可能会觉得自己对万事都不了解,无法做出正确的选择,也可能害怕做出的选择不正确,这都让你倍感压力。如果这不是你的情况,那你肯定也会面临其他令你久不能寐,思虑万千要做出抉择的事情。又或许你认识的人苦于无法做出选择,而你也正想给他以建议。

对做决定不知所措并寻求他人帮助是司空见惯的事情。当我们不知如何行事之时,总是想找一个有见识的人,询问他若在我们的情境中会怎么做。那么,你是在不知道如何做出决定的时候会去征求别人建议的人吗?你曾经给过别人建议吗?让别人给我们建议合适吗？我们可以为别人做选择吗？别人又可以为我们做选择吗？当别人听从我们的建议时，我们会对别人的生活负责吗？为什么做个选择如此困难？是我们害怕自由吗？我们可以不做选择吗？为什么在你做出最终选择的那一刻你会如此焦虑？

你会焦虑

丹麦哲学家克尔恺郭尔对我们为什么害怕选择提出了一个有趣的理论。但你们不想我多讲点有关他的生活和哲思吗？他可谓史上"最宅"的哲学家之一了，人生42年的岁月中他从未离开过哥本哈根。而生命中的两件事情更决定了这位哲学家的思想，其一与他的父亲有关，其二则关乎他的女友。第一件事发生在他22岁时，此事几乎将他成年后的个性定格，他自己也将之称为"撼动家庭的大地震"。

事情是这样的，他的父亲承认在克尔恺郭尔的母亲还是家中仆人时对其实施强暴，而后生下了他。更让人不可思议的是，暴行就发生在他父亲给前妻治丧时。这或许可以帮我们理解克尔恺郭尔为什么如此钟情于"原罪"这一哲学问题。

第二件事与他做出的常人无法理解的决定有关。婚前，克尔恺郭尔决定与他的未婚妻雷金分手，尽管他非常爱她。这位哲学家做出此事的动因是他确信未婚妻和他一起将不会幸福，这种情感的重创甚至让他开始自残。未婚妻雷金求复合，但克尔恺郭尔为了说服她去找一个能真正让她幸福的人，迫使她相信自己是

第十章 你能要求别人替你做出选择吗？

一个色鬼，是交际花的野种。这一系列的演绎都是要让这位年轻女子结束一段会使她不快乐的关系，而爱却是整个事件的核心动因。这位哲学家的决定可能会让你想起《卡萨布兰卡》（迈克尔·柯蒂兹导演，1942年）的结局——男主角为了爱情，让他深爱的女主角和别的男人奔向自由，而自己则走向死亡。

听了这两个故事，你就更容易理解为什么克尔恺郭尔会思考抉择之苦了吧。这位丹麦哲学家是如何解释当生活迫使你在两种或更多的可能性中做出选择时，你所感知的焦虑的呢？首先你要接受，你是这个世界上唯一生来就没有本质的个体。但凡是个生命，都拥有固有的某些特征或属性，也正因如此，它们才成就了独一无二的自己。如果固有的特征发生变化，那它的唯一性也将随之荡然无存。比如，三角形被冠以这样的学名就是因其有且仅有三条边，如果你改变这一特征，那还何谈三角形呢？所以你身上有什么特征是你不能改变的吗？

有人说："我就是我，不会改变。"这是真的吗？克尔恺郭尔会对你大喊，告诉你这种说法是不对的，因为人都是会变的，你自然也不例外。你的每一个选择决定了最终你是谁，无论它或轻或重。试想一下，你为了成为今天的你做出了不同的选择，比如，读了大学，读了研究生，或者毕业后直接进入职场。但选这三种方式中的任何一种，你仍然是你。与三角形不同的是，你拥有好几种存在的方式。问题是，你无法同时拥有这几种方式，因此，你必须做出选择，选择你最终决定要做的事情。

让人恼火的是，选择则意味着放弃。我们所做的每一个选择，无论多么微小和微不足道，都让我们放弃了过其他的生活，成为其他的人。有一部有趣的比利时电影演绎了克尔恺郭尔的这个想法：《无名先生》（雅克·范·多梅尔导演，2009年）。这部电影讲述了一个活到120岁的人在临终时，想象他如果做出其他选择可以经历的生活。这部影片的核心是要告诉我们选择即是放弃，放弃就会痛苦，痛苦是因为害怕失去自由而产生的无助与担忧。在做出决定前的那一刻，我们因为知道自己必须做出选择而疯狂。在做出决定后，我们面对选择的结果则会悔恨、内疚或满足，但不再疯狂。疯狂是因为我们意识到难以抉择，是因为我们只能做出不符合自己意愿的选择，是因为我们的选择可能是错误的，那样，我们感到苦恼，因为我们意识到有可能会浪费我们的生命。你可以询问别人意见，但你可别指望别人帮你做选择；你可以为他人提供建议，但你切勿自作主张为他们代言，只有自己能对自己的生活负责。

你被判自由

法国哲学家让-保罗·萨特（1905—1980）的观点与克尔恺郭尔相同。萨特会告诉你，你的本质是自由的，因为你没有不自由，何谈不要自由。因此，没有人可以为你选择。你不能不选择，因为放弃选择，让别人帮你选择就是一种选择，只有你能为它负责。自由是一种惩罚，到死才能摆脱。不管选择做与不做，你必须对你的选择负责，同时，你也必须对自己的人设负责。假定你是个懦夫，那么你就要对你的懦弱负责，因为是你通过自我

第十章　你能要求别人替你做出选择吗?

的主观选择,借助你的种种行为打造了这样的人设。当初并不是只能做懦夫,你还有其他选择。寻找借口没有意义,所有的一切都是因为你自己选择了你的行为方式。

萨特把一些人,特别是政治家们将自己做出的决定说成是唯一选择的论调称为"坏的信仰"。政客们总会说:"我别无选择……""我本想做别的事情,但我没有选择,只能……""这是我必须做的,但我并不真的想这么做……"

你是在寻求别人的意见吗?你到底在寻找什么?把你自己该负的责任推给别人?无论你怎么做,你都不能让别人为你的选择负责。即使你听从别人的建议,最终也要由你来决定是否实施。因为你自己的责任未履行而去责怪别人可不是君子所为。

有一天,萨特在他的办公室里休息,他的一个学生来找他,向他征求意见。这个年轻人面临着一个难题,他必须在两个可能中做出选择,他不知道自己该怎么做。当时法国正与德国交战,这个年轻人的兄长在战争中英勇阵亡,而他的父亲却与纳粹沆瀣一气做了亡国奴。他觉得自己应该为兄弟报仇,准备加入法国的军队来重整家族的名誉,但这也意味着要撇下重病的母亲,无法尽孝。

他该做出怎样的决定呢?是为国家而战,还是留下照顾母亲,到底哪个才是他应尽的职责?面对学生的问题,萨特仅说了一个词作为给他的建议:"选择。"他想通过这个简单的回答告诉他的学生,你不仅要为自己决定"做什么",而且更重要的是要决定此刻什么是自己"必须做的"。

没有明文规定我们做什么或者该如何做。就像做人没有正确或错误之说,没有任何既定的做人模式,没有任何普适的做事原则一样。只有你明白如何选择适合自己的原则,而这林林总总的选择就成就一个人,就构成了生活的全部。

让我们举个例子来更好地理解萨特的自由思想。想象一下,你和你的同学们正在上一节绘画课,你的面前有一块空白的画布、调色板、油彩和画笔,一切材料都已经准备就绪,但这节课没有老师给予任何指导,没有模特可以临摹,也没有评分标准来考量你画得好与坏。画完之后唯一会给画作打分的人只有你。

老师给你规定了一个精确到秒的时间来进行创作。可是画什么呢?那得你决定!你可以偷看其他同学在画什么,但你想想,抄袭别人的作品可是相当荒谬的,因为你不能欺骗自己,只有你能选择你要在那张空白画布上画什么。

当我在课堂上要给学生讲解萨特时,课程开始我总会先递给他们一张白纸,让他们在上面写字。当我在分发纸张的时候,我就已经被各种问题淹没了。有学生问:"我们要写什么?"还有的问"这算不算分数?"以及"这个练习的意义何在?"面对他们的问题,我的回答总是一样的,即这些问题没有答案。现在想一想,我们一直在谈论的并不是真正的画画或做课堂练习,而是关于生活的选择。这会让你感到焦虑吗?千万别紧张,萨特认为焦虑是正常的,是人身上最常见的感觉。但切勿把焦虑和恐惧混为一谈。恐惧出现在真正的危险面前,且这一危险会给我们带来伤害。如果一只大老虎出现在你面前想要攻击你,那你肯定吓坏

第十章 你能要求别人替你做出选择吗？

了，并尽一切可能去寻找安全的地方保命。在每一种恐惧中，都有一个平行于我的存在在威胁我，可以是狮子或数学老师，但焦虑的诱因非常模糊，它的产生往往是因为对自己、对自己的决定和这些决定带来的后果的恐惧。焦虑是当我们意识到我们的自由时产生的感觉，因为当我们意识到自己是自由的时候，我们发现我们是什么人和我们将成为什么人只取决于我们自己，没有任何东西和任何人可以把这样的焦虑强加给我们。

自由是一种有福的谴责

你要诚实，要明白造成失败不是因为别人而是由于自己，千万不能把责任都推给别人。焦虑虽不令人愉快，但也不是坏事，因为它让我们成为负责任的人。孩子不会有焦虑的情绪，只有负责任的成年人才会有。此外，当我们意识到个人行为不会孤立存在，我们所做的一切都会影响到他人时，这种连带责任感产生的焦虑就会倍增。因此，不要再对你的父母说出，如"这是我的生活，我可以做我想做的事""这是我的事"或"这和你有什么关系？"之类的无理之词了。当你选择了一种生活方式，你也就选择了一种与他人不同的生活，只有不负责任的人才会面对从众行为而不分析后果如何。选择一种生活方式并认为只有我们可以这样做，这是不对的。难道只有你可以在交通堵塞时仍在路边开车，在考试中作弊，剥削你的工人？你有什么过人之处才让你可以这么做呢？

对萨特来说，当你做决定时，你就成了立法者，因为负责任的人总是在做决定时认为这将是每个人在相同情况下理应做出的选择。这就是为什么哲学家提醒大家说，在我们做每一件事情之前，我们要想到，自己这样做可能其他人也同样会这样做，那么我有权利这样做吗？只有负责任的人才能感受到焦虑。比如，明知自己的部队可能会死亡，还派人上战场的将军。如果此人对他必须做出的决定不感到焦虑，那就意味着他是个不负责任的人。如果将军试图推卸责任，让别人替他选择，通过掷骰子，或者不花时间思考就选择脑子里蹦出来的第一个选项，那就更糟了。最后，不管他是否愿意，都必须在营地的帐篷里独自做出决定，而战场上发生的事情也将由他独自负责。

　　弗拉门戈歌手卡马隆，一个萨特存在主义的忠实粉丝，他用明亮、朴实的粗犷嗓音唱道：

　　　　我望着窗外/一片清晨的蓝色，/一片非常悲伤的、干净的、灿烂的蓝色/穿过小街/月亮在照耀，/在它的白墙上/有一扇黑窗，一扇黑窗。/在这个古老的小广场上/我的村庄，我的村庄，/他们给我建议，/我总是在做我的事/我不知道该怎么做，/他们给了我很多建议，我的路很好/然后一朵康乃馨诞生了/照亮了我的日子，现在我有三朵/我为生活感到更高兴，/在我房子的花园里，永远不缺少快乐/活着和梦想，活着和梦想/我只是在寻找我的自由。

第十章 你能要求别人替你做出选择吗？

但也许卡马隆是错的……

在你的生活中放入一个苏格拉底

柏拉图（前427—前347）不同意克尔恺郭尔、萨特、卡马隆和其他任何人的观点，即人类没有本质，我们就可以自由决定我们想成为什么样的人。但对这位苏格拉底的弟子来说，他认为人类确实有一个本质，但我们大多数人是否知道它则是另一回事。书上是在教人们应该如何做事，也确实有一个我们可以效仿的模式，但问题在于：只有非常聪明的人才能悟透这一点。

古希腊人认为严谨是一种实用的智慧。严谨的人有能力在不同情况下进行权衡并因人因时做出正确的决定。但如何能成为一个严谨之人呢？柏拉图认为唯有知识能助你一臂之力。你犯错皆因你无知——你见过有谁故意做出错误的决定吗？因自己的行为对他人或自己造成伤害的人，是因为他不知道什么是正确的。如果你希望自己快乐并总能做出正确的决定，那你就必须不停研究以便知道让自己正确做事的准则。就像物理学家试图发现支配宇宙的原则一样，如果要成为高尚且幸福的人，也要了解那些支配人们生活的"道"。

我知道你要说什么，你说自己没有时间研究这门科学，还会找到如下借口逃避——如果数学考及格了，可能会有足够的时间来看看；如果没有一个视频可以在五分钟内解释清楚这门科学的原理，那就算了……

别担心，柏拉图有一个简单的解决方案，他建议在你的生活中安排一个智者。就像我们不一定都是物理学家一样，我们也不一定都是智者。然而，如果你想做正确的事情，你必须得到那些已经通过学习和经验成为严谨的人的指点。不要不知所措，把你的重担交给那些知道如何处理的人，就如同找一个理财顾问来帮你理财，这难道不是最严谨的做法吗？出于不同的目的，我们会找税务顾问、法律顾问、私人教练等等，那为什么不能寻找一位哲学家来做你的生活顾问呢？不征求哲学家的意见，就像把你的积蓄投资到股票市场，却丝毫不知道市场如何运作一样，如果你真的这样做了，那才是愚蠢至极。

　　柏拉图建议你有空看看电影《和平战士》（维克多·萨尔瓦导演，2006年）。首先，因为其中一个主角的灵感来自他敬爱的老师苏格拉底；其次，因为这个故事强调了当我们比玩扭扭乐的色盲还迷茫时，有一个智者在身边帮助我们明白指导我们生活的原则的重要性。影片讲述了体操运动员丹的故事，一个似乎拥有一切的年轻人。他是一个好孩子，在一所顶尖大学读书且成绩优异，颇受女孩们青睐，还差点被选中参加奥运吊环比赛。他虽然拥有如此完美的人生，却并不快乐，总觉得缺点什么，但却说不出来缺什么。直到有一天，他遭遇了一起摩托车事故，生活也由此出现了危机，但在一位街头哲学家的帮助下，他成功地克服了危机，他把这位哲学家称为苏格拉底。这位由尼克·诺特饰演的生活导师既没有学位，也不是大学老师。他只是加油站的一个小员工，但通过极具戏谑性的问题，他帮助丹理解了生活的意义以及必须做出什么决定才能重新掌握自己的命运。

第十章 你能要求别人替你做出选择吗？

对于柏拉图来说，如果在离你最近的一家加油站中就能找到一位哲学家，那在焦虑中过活是多么傻的做法啊。（或者在离你最近的图书馆里也能找到一位哲学家。一位敬爱的老师总对我说，当他束手无策之时，便会去问问他的那些逝去的朋友。每当他从书架上拿起一本老书，就像变魔术一样，纸上的墨迹会让他和一位生活在公元前4世纪的圣人发生思想碰撞）最后，你还要记住一件事情，下次当有朋友就一个对其至关重要的决定问你该如何选择时，除非你已经严谨到登峰造极，否则就应该沉默一会儿，然后告诉他你无法替他做出决定，建议他寻求真正明智的人给他建议。

别无选择

很少有人像巴鲁赫·斯宾诺莎（1632—1677）那样为思想自由而竭尽全力，但奇怪的是，他这样做的目的却是用来论证我们是不自由的，所有选择都是命中注定。在他24岁时，因其关于上帝的想法而被所属的犹太人社区驱逐。他被逐出族群，并且不允许任何人与他接触。有些族人认为单就把他逐出族门是不够的，对这一惩罚非常不满意。

有一天晚上，当斯宾诺莎回家时，这些不满者把他刺伤了，是他穿的厚斗篷让他侥幸逃过一劫。于是这位哲学家保存了那件衣服，就像将士保留他战斗时的战袍一样，借此每天提醒自己为了自由思考而不得不牺牲的东西。他在信中使用的印章就有此寓意——印章上有一朵带刺的玫瑰，他名字的缩写和单词是caute，意为：小心，思想的自由如鲜红的玫瑰一般吸引我们，但我们必须永远记住玫瑰有刺。

人们对斯宾诺莎的思想褒贬不一。有人评价他说："在魔鬼用来破坏上帝工作的所有人中，斯宾诺莎是最坏的一个。"但还有许多人钦佩他，与他的思想同频共振。有人爱因斯坦的宗教信仰时，他回答说："我信奉斯宾诺莎的上帝。"

斯宾诺莎死后，他的哲学被认定为无神论哲学。

在你问自己应该选择什么之前，你应该先问自己是否可以选择。难道你没有过这样一种奇怪的感觉吗？——你的生活并不属于你，有一种更强大的力量在控制它，而你也并不能真正决定自己的未来。人类有行为法则来预判你的言行吗？我们能像物理学规律预测子弹的运动一样来预测它吗？

斯宾诺莎认为：人认为自己天生自由的观点是错误的。这种所谓的自由仅在于无知者无畏的理想状态。我确信你非常清楚自己想要什么，虽然可能是偶然情况，但你如何判定你就是想要这件东西，而非其他呢？例如，我相信你完全清楚谁是你的心仪对象，但为什么你偏偏就喜欢这个人而不是其他人呢？

你真的是在选择你的伴侣吗？自由仅是一种幻觉，我们的每个选择都是由我们的本性所决定的。

电影《黑客帝国：重装上阵》（拉娜·沃卓斯基和莉莉·沃卓斯基导演，2003年）有一个令人难忘的场景说明了以上这个观点。传奇故事的主角尼奥与一个建筑师相遇，这个建筑师同时也是矩阵程序的设计者。程序主宰了现实中的方方面面，甚至包括

第十章 你能要求别人替你做出选择吗?

人类的思想。建筑师与西格蒙得·弗洛伊德的相似并不是巧合,因为这位精神分析之父也同样赞同斯宾诺莎的观点,认为有无法感知的力量决定着我们的行为。以下是他们的对话。

"你好,尼奥。"

"你是谁?"

"我是建筑师。我是矩阵的创造者。我一直在等着你。你有很多问题,虽然这个过程改变了你的意识,但你仍然是不折不扣的人类,因此,会有你们可以理解的答案,但也会有你们无法理解的答案。同理,尽管你的第一个问题可能是最相关的,但也可能是最不相关的。"

"我为什么在这里?"尼奥问道。

"你的生命。"建筑师回答说,"只是一个不平衡的方程式的剩余部分的总和,这是矩阵所固有的。你是一个异常现象的最终产物,尽管我尽了最大的努力,但我还是无法将它从这个数学精确的和谐中消除。虽然它仍然是我经常回避的不适,但它是可预见的,并没有逃脱控制措施,这些措施不可避免地将你带到这里。"

在斯宾诺莎看来,我们的一个错误理念导致我们认为自己是自由的这一错误认知:人是独立于我们居住的这个宇宙的物质。只有一种物质,即宇宙,我们都是其中的一部分,并参与共建了一个和谐的整体。宇宙中的一切都受制于规律，上至行星的运动，下至动物的行为。我们是这个整体的一部分，因此，我们和这个系统的任何其他组成部分一样受这些规律的制约。人类与其他生物并没有什么不同，我们的行为并非自主的，皆受自然规律指挥。

　　大多数人都是无知的，觉得能够自由选择所以才随性而为。但他们的不自由也正是由于他们的无知，以及无法思考和控制自己的冲动。唯一可能的自由只属于智者，他们会通盘考虑，掌控全局。所以，你不要到处问应该怎么做，要花时间和精力去了解你的行为动机。如果你还想让自己更焦虑一些，就想一想，在你阅读本章的时候，时钟一直在嘀嗒作响，留给你来决定要做什么的时间一分一秒在减少。如果你想学会不让自己焦虑，那我建议你赶快读读下一章。

第十一章
如果不能进入心仪的专业继续深造,你该怎么办?

波埃修、叔本华、莱布尼茨

几年前,我有一个学生,她的梦想是在她父亲和祖父曾经学习过的医学院就读。虽然录取分数线很高,但她竭尽全力想要实现她的梦想。高考的前一天,她竟发现自己的男朋友和自己的好友有染,这导致她做错了几道题,所以考试并没有像预期般顺利。在高考发榜之时,她觉得自己脚下的世界坍塌殆尽,自己原本是毫无悬念的天之骄子啊。在她的生命中,运气第一次没有光临,给她带来了沉重的打击。

和上面这个同学同班的我的另一名学生,她的人生规划是成为一名舞蹈家。为了说服父母同意她这个决定,她可是费了一番口舌。家人同意后,她花了两年时间全心准备西班牙最著名音乐学院的入学考试。考试的难度非常高,但她不负众望地考上了。上学期间她学习认真刻苦,并以全年级第一名的成绩毕业。然而就在她开始走向成功的时候,却被检查出膝盖软骨处的先天性疾病,这迫使她无法再跳舞,不得不放弃自己的人生梦想。

你努力就能得到你想要的东西,真的是这样吗?是什么让你免于遭遇和她们一样的厄运?你对失败和挫折有准备吗?在厄运过后你还能快乐吗?你该怎么做?有钱就幸福吗?如果不是,那么幸福取决于什么?我们如何让自己生活得幸福?我们又如何能在不幸中获得幸福呢?

唯有哲学可以慰藉

有一位哲学家知道什么是真正的厄运,他可以教你如何在厄运后保持快乐。这个人生活在5世纪的罗马,他的名字是阿尼修斯·曼利乌斯·塞维鲁斯·波埃修(480—524)。他的家族是罗马帝国最古老、最有影响力和最强大的家族之一。

波埃修可谓真正的天之骄子,他学习成绩优异,年轻时文化水平就已经优于常人。他将希腊重要的哲学书籍翻译成了拉丁文传播开去,让意大利人认识了柏拉图、亚里士多德、毕达哥拉斯、托勒密、阿基米德和欧几里得。他知识广博,可谓一本"百科全书";他为人和善,懂得与人和谐相处;他天赋异禀,是那种天生的明星,或者至少他自己认为是这样。在阅读柏拉图的《理想国》之时,他激动不已,以至于认为自己必须从政。他深

第十一章　如果不能进入心仪的专业继续深造,你该怎么办?

刻赞同这位希腊思想家的观点,即如果哲学家治理国家,这个国家的公民会非常幸福,相应地,如果他们的统治者成为哲学家,那结果也必然相同。他的从政之路十分顺利,在他刚30岁时,狄奥多里克皇帝就任命他为执政官,这可是一人之下万人之上的职位。随后而至的是他人生的高光时刻,他的两个儿子也被任命为执政官,他更是在就任仪式上发表了讲话。

他有着令人艳羡的生活,所有人都奢求的那种:相爱的妻子、成功的事业、万贯的家财、皇帝的宠信和如他一般优秀的儿子。好运一直常伴其左右,谁又有理由不认为他这一生将如此荣光下去。

直到有一次,狄奥多里克皇帝怀疑一些元老在密谋反对他,于是带着卫队冲进了元老院。波埃修走上讲台,试图与老皇帝理论一番,为他的同伴们辩护。

但结果并不如他想的那样,他的陈词不仅没能打消皇帝的疑虑,反而让其认为正是波埃修在领导这次密谋。随后这位哲学家就因利用数学和天文学蔑视上帝而被指控叛国和亵渎罪入狱。而他的厄运还不止于此——元老们抛弃了他,统一口径说是他领导了谋反。

于是这位哲学家只能独自背了黑锅,在审判期间没有人为他辩护。波埃修最终被元老院处以死刑,行刑前他在元老院做了最后一次演讲,在演讲中他言语激昂,让所有的元老都无言以对,算是报了仇。

这位前执政官在死囚牢房里待了九个月,然后被残酷地折磨致死。那么,如果你知道你的生命沦为等待缓慢而痛苦的死亡的过程,你会怎么做呢?你会怎样度过你的日子?你能在不幸中获得幸福吗？当你不能控制自己的命运时，你能实现完整的生活吗？波埃修在最后的日子里专门写了一本关于哲学的书《哲学的安慰》，这本书在后来成为有关中世纪的超级畅销书，虽然他无法再享有版权。作品一开始就描述了波埃修在牢房里，对他所失去的一切感到沮丧和愤懑。过去的他拥有一切，现在的他却是阶下囚。突然，他的哭声、咒骂和抱怨被牢房里出现的一个陌生女人打断了。她是谁？波埃修仔细打量了这个陌生女人，她外表看起来睿智，眼睛深邃，感觉在她身上有点熟悉的东西。她看起来像照顾和教育年少的他的保姆：哲学。但她在这里做什么呢？她是来救他的。哲学不能改变他的悲惨命运，但她可以还给他幸福。

这位聪明的女士提醒他在人生得意之时忘记的那些教诲。波埃修斯忽视了一个非常重要的教训，那就是我们的生活是由运气主导的。古人通过"幸运女神之轮的神话"向世人讲述了这一教训，在这则神话里，运气化身一个失明的女人，负责让善恶在人与人之间轮回，她也因此成为最令人恐惧的神灵之一。中世纪的艺术中有许多表现幸运之轮的作品。我最喜欢的幸运之轮当属《精致的花园》中的那个，它是一份在法国修道院发现的中世纪插图手稿。在这幅插图中，女神坐在一个带有王冠的宝座上，旁边是车轮和一个曲柄，她可以随心所欲地转动曲柄。轮子的顶端是受到女神青睐的男人，通常是一位国王。如果我们像看漫画书一样跟着轮子走，我们会看到这个人物是如何慢慢堕落并被剥夺了一切。有时这些插图配有文字，警告我们命运的不可预测和变化性，就如同我们永远不知道女神何时或为何会再次转动车轮。

第十一章　如果不能进入心仪的专业继续深造，你该怎么办？

女哲学家提醒波埃修说人是傻瓜，因此才会把自己的幸福放在命运的手中。如果我们的一生成就仅是依赖于那些运气可以轻易拿走的东西，那我们注定不会快乐。如果你的生活动力源自好运气所带来的某种成功、权力或财富，你最终肯定会失败，因为水能载舟，亦能覆舟。健康和美丽也不应该成为你幸福的决定因素，即使你现在活力满满，外表光鲜，但在某个时候你可能就会失去它们。用哲学来生活可以教会你不受那些你无法主宰的事情的影响，会让你享受那些你能控制的东西。如果你体悟哲学，你就能获得那份面对你无法改变的事情时的宁静，获得你可以改变的事情的力量，增长了解差异的智慧。

知道如何在不幸中保持这种哲学态度的人是宇宙学家史蒂芬·霍金。这位科学家面对生活的方式在电影《万物理论》（詹姆斯·马什导演，2014年）中得到很好的叙述。对这位英国科学家来说，命运之轮突然转动，使他逐渐失去对自己身体的控制。霍金能够通过在研究、幽默感和友谊中避难来应对挫折，这三样东西是运气无法从他身上拿走的。波埃修会让你考虑考虑，如果斯蒂芬·霍金在患有逐渐破坏其运动神经元的退行性疾病的情况下仍能过上充实的生活，那么你即使没有得到想要的职业，怎么能不努力地生活呢？用哲学想想这个问题就想通了。

生活好比一堆狗屎

有一位德国哲学家，脾气相当不好，他会告诉你不要关注波埃修，因为幸福本就不存在，它只是一个幻影，是一个愚蠢少年的幻觉。而你必须承认活着就是在受罪，在这悲惨的生活中，你唯一能做的就是减轻痛苦。如果你一直梦想着幸福，只会让你的痛苦加重。现在我就带你了解这位历史上最悲观的哲学家，那个会把"神奇先生"系列中的任何产品扔进火里的人——阿瑟·叔本华（1788—1860）。

对叔本华来说，活着就是一种欲望，而欲望就意味着受苦，因此生命的本质是痛苦。例如，当你牙痛时，你不会感觉到身体的不适，只会感觉到口腔的不适，因为疼痛是生命的本质。活着就是感受痛苦，只有入土为安的那一天，痛苦才不再打扰我们。人类的生活就是痛苦的自然史，可以总结为，爱到痛苦，争到死亡……如此反复，直到我们的星球被炸成碎片。在内心深处，这种想法是令人欣慰的，因为它使你从你所经历的不快乐的状况中解脱出来，没有人是快乐的，也没有人能够快乐。我们都用生命去追寻我们认为会使我们快乐的东西。有些人实现了他们的目标，但当他们实现时，会感到失望。你可能会如愿进入你想学的专业，也可能梦想成空。但如果哲学可以给你些许慰藉的话，发生哪种情况并不重要，因为最终你都会成为一个可怜虫。如果未能有幸被录取，你会因失败而变得痛苦。相反，如果你被录取了，成功后的空虚同样会让你失望。人这一生永不会感到充实，你总是希望得到你没有的东西，但同时也会错过一些东西。希望事情能向好的方向发展，只会导致持续的、不可避免的失望。

电影《她》（斯派克·琼斯导演，2013年）讲述了西奥多的故事，在影片中他被爱情伤透了心。当相爱多年的妻子离他而去

第十一章　如果不能进入心仪的专业继续深造，你该怎么办？

时，于他而言如同天塌了一般。于是他决定使用一个叫萨曼莎的操作系统（一个比我们的手机助手强得多的人工智能机器人），以排解孤独，让自己能够活下去。萨曼莎是他遇到过的最风趣、最善解人意的伙伴，最终一人一机器居然相爱了。这个爱情故事可能会让你吃惊，但正如叔本华提醒我们的那样，特别并非常态，虽然故事中的人物会变，但结局大抵相同，《她》也一样会不出意外地在嫉妒、冷漠和失望中完结。

在叔本华看来，痛苦来自欲望。当我们爱而不得时，痛苦便会光临，倘若有幸得到了，不过是痛苦的延迟而已，因为新的欲望随即而至。苦难永远是生活的主旋律，虽可减轻，却无法消除，你将永远感到欲望永不止息。想想你的童年，当你在圣诞节之夜上床睡觉时，渴望醒来时能得到你梦寐以求的礼物。如果收到的礼物不是心仪之物，倘若是你最不喜欢的睡衣，你肯定会无比沮丧。如果你得到了你想要的东西，你也会痛苦，因为过了一段时间，你发现你的玩具不好玩了，新的欲望很快就会诞生。如果大学选专业就像你童年时希望得到那个玩具一样，那会怎么样？你可能想过，读完高中考上大学，人生就完美了，但届时你还是会像现在一样感到有更好的东西等着你去获取。当你在读大学时，你会梦想工作完美，而后告老还乡安度晚年。不管你有多大的期望，你都会在所有这些愚蠢的梦想中偶遇死亡。所以我们要振作起来，不贪恋幸福，学习如何使这种悲惨的生活更容易忍受。在《100种幸福：生活的答案》中，叔本华收集了如下这些明智的建议，让生活变得至少可以忍受。

要想活得快乐，就要尽可能少地不快乐

他悟透了佛教的主要戒律之一：戒掉欲望。因为欲望导致不满足，而不满足则导致痛苦。只有消除其根本原因，疼痛才会消失。无欲则刚的状态是能让你在这一生中最接近幸福的依靠。你真的需要最新上市的手机吗？如果咄咄逼人的广告宣传对你没有影响，你不是会更快乐吗？如果你满足于你所拥有的，不是会更坦然吗？

艺术、音乐和自然将帮助你忍受生活这悲惨的修行。当我们在电影院观看一部佳作之时，不仅焦虑会荡然无存，而且我们会感到身心愉悦。但如果你必须选择一种艺术形式，请记住，音乐是人类发明的最好的药，因为它可以改变你的心情，甚至让你在地狱中起舞。你也应该享受大自然，把它当作一件艺术品，融入其中，与之融为一体……你试过在日落时分冲浪吗？体会过到达山顶时"一览众山小"的愉悦吗？请继续寻找这种体验。

杜绝你生活中产生的嫉妒心，如果没有人真正快乐，嫉妒有意义吗？你所向往的另一种生活，只不过是问题与问题之间的更迭。

低调内敛地活着，少与他人交谈，多与自己对话。

朋友是你真正应该争取的唯一财产。但要始终牢记，只有当一个人成为另一个人的财产时，他们才能被占有。

要把你的所思所想整理得和保存在电脑中的文件一样有序。当你忙于处理一件事情时，打开文件，在处理完之后，及时进行保存修改，然后再打开另一个文件。切不可同时处理两个文件。因此，当你和朋友一起时，要和他交谈就集中精力，可别三心二

第十一章　如果不能进入心仪的专业继续深造，你该怎么办？

意地想着你那周要进行的考试。

我们90%的幸福和健康高度相关，所以可得吃好，运动好。

可别想着事情会以非常规的方式发生，要学会接受不可避免的事情。如果你的伴侣要离开你，别想着做什么来阻止他离开而折磨你自己，因为不管你做什么他都会离开你。这样想你就释怀了。

不要对事情的发展抱有希望，因为这样你就永远不会失望。想想什么地方可能出错，以便你能采取预防措施。如果有一天你决定结婚，你就要想到未来很可能以离婚告终，且还要进行财产分割。（审慎是一种非常必要的生存美德）

不管怎样都要乐观

对于哲学家、外交家、数学家和科学家戈特弗里德·威廉·莱布尼茨（1646—1716）来说，我们所处的世界是所有可能的世界中最好的世界。这位德国思想家是一个少有的乐观主义者，以至于他相信自己能够协调所有欧洲王公和不同教会之间的矛盾。他梦想着欧洲的政治和宗教统一，试图创建一个科学家社区，将所有知识连接起来，他甚至打算创造一种通用语言。

莱布尼茨哲学的基本思想是天下和谐。

我们的宇宙是理性、有序且富有意义的，融于其中的万物和谐共生。浩瀚的宇宙如一块精密的瑞士手表一般分秒皆准，而我们每个个体就是这块手表的不同精密零件。同理，你的生活和诸多的逸事也正因在这个容纳万物的宇宙整体中才获得了各自的意义。我不否认邪恶是真实的，但如果说失败是一种善，那真就太荒谬了。事实上，如果我们不是孤立地看待邪恶，而是将其纳入整体来考察，你会发现，邪恶只是一种基本的外部表征。没有考上你想读的专业可能是发生在你身上最好的事情，尽管你现在还不明白。这肯定不是第一次在你身上发生过的"塞翁失马，焉知非福"的事情了，也就是说在事情发生的当下你可能认为自己再倒霉不过，但随着时间的流逝，当你再次复盘这件事的时候，你会意识到这件事对你和其他人生活的影响，你会发现自己当时的判断多有不妥，你会意识到这件事善的本质。这一切皆有原因，但并非因果关系。

你所生活的世界包容且合理，当中所发生的一切均有其存在或发生的理由，并都能找到一个合理的解释。莱布尼茨这位杰出的数学家将逻辑应用于生活，并发现我们的世界是许多可能的世界之一。上帝在创造现实世界之前，在他的脑海中考虑了无限种可能的世界形态。莱布尼茨的上帝是专门从事公寓装修的建筑师，他用VR程序来计算装修的所有可能方案和客户的预算。因此，在所有方案生成后，他开始对其进行评估并决定最终的实施方案。那么问题来了，上帝为什么要创造一个让你失败的世界，让你没有进入你梦想的专业？为什么不创造一个让你会成功的世界呢？因为上帝的完美和善良，他决定创造所有可能世界中最好的那一个，这虽然会善恶皆存，但是善多恶少。莱布尼茨的上帝也是如此完美和善良，以至于他已经计算出了世界以最佳方式运转所需的最少的邪恶。

也许莱布尼茨的答案让你不甚满意，你可能会想，上帝是不

第十一章 如果不能进入心仪的专业继续深造,你该怎么办?

是可以再努力一点,创造一个没有邪恶的世界,让你不会失败。莱布尼茨认为,有一些伟大的善在逻辑上是与某些恶相关的。如果我们希望某些好的东西存在于我们的世界,那就必须接受不可避免地与之相关的恶。例如,我们都喜欢享受美食,但只有经历了饥肠辘辘之苦才能尽可能充分地享受美食。在莱布尼茨看来,自由意志(选择和决定我们行为的能力)是一种伟大的善,但从逻辑上讲,它也包含着让我们犯错的不可避免的恶。失败是与自由和能够决定自己人生道路的善在逻辑上相关的恶。失败是一次让你学习的机会。当你从另一个角度看待你的生活,并将其放在整体中考量时,那些头痛的事情的完整表征就会逐渐清晰,也让你更清楚那些你曾认为不公平或荒谬的事的本来意图。一言以概之,事出有因,但所愿皆善。

第十二章
为什么你的课本中没有如下字眼：女性、同性恋和移民？

利奥塔、瓦蒂莫、黑格尔、福山

你可以做个测试。请拿出你的教科书，最好是历史书，试着数一数书中的女性人名数量，那些仅仅被列为"某某的妻子"或"某某的女儿"的女性不能算入其中。如果觉得不够典型，你还可以做另一个测试。请先放下手中的这本书，然后去城市里走走，数一数共有多少条以女性名字命名的街道。如果实在不想出去，在互联网上查查街道地图也能发现一样的问题。惊讶吗？我们的历史似乎只由白人异性恋男人创造。

德国作家贝尔托特·布莱希特在他的一首诗中向我们介绍了一个工人，作家让这个工人读了几本历史书，随后工人产生了很多困

第十二章　为什么你的课本中没有如下字眼：女性、同性恋和移民？

惑。例如，谁建造了底比斯城？书中只有国王的名字，莫非是国王搬着石块把底比斯城垒起来的吗？在同一卷书中，还提到了亚历山大大帝征服了印度，难道是凭他一己之力完成了征服吗？腓力二世在他的船队沉没时哭了，那其他人呢，无动于衷吗？

法国有位历史学家曾说道，西班牙似乎"厌恶它的过去"。这位史学家让我们在酒吧和圣诞晚宴上有了更多的谈资。经常有人在公开场合争论关于佛朗哥法西斯独裁统治和镇压的事件。2007年，西班牙众议院通过了一项关于历史回忆的法律，不仅引起了争议，甚至还有反对的声音。恢复历史回忆的说法暗指我们的历史必须被重写。就像布莱希特的工人一样，现在我邀请你来共同讨论如下问题：什么是历史？历史是由谁写的，为谁写的？历史是否只有一个版本，会有其他的不同版本吗？我们在哪里可以溯源历史的不同版本？到底哪一个才是真正的历史呢？

一起强奸案的四个版本

法国哲学家让-弗朗索瓦·利奥塔（1924—1998）对上述问题非常感兴趣。年幼时的他对自己未来的职业规划非常模糊，是当修士、作家还是历史学家，这些职业看上去都挺不错。他与做修士可谓天生无缘，他坦言："我太好色，一个女孩的出身并无大碍，但她的贞洁却是我万分看重的。"

15岁时，他尝试写作，一本小说付梓后，却无人问津，看来作家之梦也只能随风而去了。历史学家之路更是行不通，因为他一直是个历史不存在主义者。这样看来，他不就是天降的后现代最伟大的一名哲学家嘛。

利奥塔为尼采的"没有事实,只有解释"的论点辩护。日本导演黑泽明在他的电影《罗生门》(1950年)中演绎了这一思想,该电影根据芥川龙之介的同名短篇小说改编。在影片中,我们被告知有多达四个关于强奸和谋杀的不同版本,依次听到了被强奸的女人的说法、罪犯的说法、被谋杀的男人的说法和一个目睹了凶案的樵夫的说法。随着故事的重叠,真相变得模糊不清。这个故事的影响极大,以至于产生了所谓的罗生门效应,这一原则解释了主观性会如何影响讲述人对同一故事的叙事立场。基于这一原则,故事中每个人的说法虽不尽相同,但令人惊讶的是,所有的版本都有其合理性和可能性,是讲述人从自己的主观视角对事件的观察。因此,可以说每一个版本又都有其理据性或谬误性。在任何情况下,被界定为假的或错的都源于排他,即把自己对事物的认知作为唯一可能的解释。在其他电影中你也可以观察到罗生门效应,如《纸醉金迷》《记忆》,甚至在动画片《辛普森一家》中名为《错误三部曲》的那一集中也能捕捉到这一效应。

利奥塔认为历史教科书的内容并非全部属实,书中所言之"史实"旨在使某种意识形态合法化,并将其作为权威观点让你接受。对历史教科书性质的刻板认知,让你认为其客观性毋庸置疑,这也便消除了任何可能的异己之声。比如,平平无奇的历史教科书就能使父权制合法化,并被大众接受。历史素来作为一种工具被当权者用来为其统治的合法化正名。以历史之名,教会使其在欧洲社会的权力合法化,而资本主义则将市场经济作为唯一

第十二章　为什么你的课本中没有如下字眼：女性、同性恋和移民？

可行的方案让我们接受。于今日而言，当下的民族主义者们同样通过向其拥护者讲述祖国的反压迫史来稳固自己的统治地位。

所有的宏大叙事都具有同质化的议题设置和功能表征，在这些故事中，一个被承诺的快乐结局如同挂在棍子前端的"胡萝卜"一般吸引着我们，让我们觉得为达到目的所做的任何牺牲都是值得的。

利奥塔认为，当下我们正在见证这些宏大叙事的解体，没有人再相信他们，因为故事的结局与先前的承诺大相径庭。基督教的故事止步于宗教裁判所，而科学进步之说则随着原子弹的诞生而变得不再可信。但从另一方面而言，这些宏大叙事的解体也有其积极性，因为它意味着需要有不同声音。利奥塔提出的解决方案是加入捍卫"不同"的行列中，这意味着你要关照被历史"抹去"的人们、儿童、被边缘化和主观选择沉默的群体，要编写包含他们在内的历史书，从而讲述有关妇女、同性恋者、非白人族裔的故事，万不可让历史真相淹没于权力阶层授意的历史叙事中。

利奥塔想让你在教科书的页脚处写下那些不为人知的史实。现在请你打开《西班牙文学与文化》这本书，翻到"27一代"那章，看看书中是否将玛丽亚·特雷莎·莱昂、孔查·门德斯、马鲁哈·马洛、玛丽亚·桑布拉诺、罗莎·查克尔、何塞菲娜·德拉托雷或玛加·吉尔·罗埃塞特等人列入其中。"27一代"是指对西班牙当代文化最具影响力的作家和艺术家群体，男女皆有。但为什么教科书中只有男性作家和艺术家的名字，却未见女性作家和艺术家名字的踪影呢？如果觉得我的言辞失之偏颇，你可以试着在图片搜索中输入"27一代",仔细看看列出的图片搜索结果,你肯定会发现相关女性作家和艺术家的图片并不在少数。但你的课本有讲到关于她们的逸事吗?

她们的名字为什么会被"抹去",这样的用意何在?你又可以做点什么让后续出版的教科书将她们囊括其中呢?

如果你听到真理这个词,就伸手去拿枪吧

詹尼·瓦蒂莫(1936—)作为哲学家,同样赞同尼采的观点,他认为"没有真相,只有阐释"。也许正是出于此,这位生于都灵的哲学家将尼采大量的著作译介到了意大利。在讲座中,瓦蒂莫经常引用曾任纳粹宣传部部长的约瑟夫·戈培尔的话来解释他的思想,并总会先解释说他对这个人物没有任何同情心。据说,戈培尔经常说:"当我听到文化这个词时,我就会拔出我的左轮手枪。"瓦蒂莫套用了相同的句式,将其改编为:"当我听到真理这个词时,我就会伸手去拿枪。"

为什么瓦蒂莫对真理的厌恶与戈培尔对文化的厌恶相同?因为这位意大利哲学家的自身经验告诉他,每当有人对他用真理之词时,必是想要让他做一些有悖主观意愿的事情。"客观真理"是一种源自主观的强加之词。正如你的历史书认为对历史的解读只存在一元的可能性,并要求你接受这一唯一的史实。所以你是否应该问问自己:"我的历史书是在客观地讲述历史吗?"

为什么书中所述一定是事实?是否存在其他的阐释可能?如果有,那书中为何未曾涉及?这些其他的阐释是想要告诉我什

第十二章　为什么你的课本中没有如下字眼：女性、同性恋和移民？

么，想向我推销什么模式？

类似的问题不禁让人好奇。问自己这些问题也有助于你击破任何执意强加给你的所谓客观言论。为了阻止历史成为"胜利者的故事"，你必须尽一切努力让被历史"征服"的群体发声，如妇女、同性恋者、非白人以及移民。

只有一部历史，只有一本书，但是没人懂我

哲学家乔治·威廉·弗里德里希·黑格尔（1770—1831）绝不会赞同瓦蒂莫和利奥塔的观点。这个德国人的思想非常复杂，他甚至说"只有一个人理解我"。我希望这个能理解他的人指的是我，虽然他恐怕指的还是他自己。

黑格尔试图解释一切。他明白，他的思想是整个哲学史的顶峰，因为所有以前的著作都只不过是"前传"，是为他的思想埋下的伏笔。他年轻时曾参与讨论法国大革命，因为他相信自己所经历的时代将见证经过长期斗争而获得自由的全盛景象。黑格尔明白人类历史本就是一部人类为实现自由的战斗史，而这一战斗的决胜时刻正随着资产阶级革命的到来而高呼而呐喊，于是他和他的大学同学一起唱着《欢乐颂》，一起种下了他们所谓的自由之树，这在当时可是一首极端"反动"的革命歌曲。

黑格尔会告诉你历史是唯一的，"没有事实，只有阐释"是一个骗局，你不应被它裹挟，更不会有妇女或同性恋的历史。如果有，那就只有一个，即全人类的历史。历史的真正拥有者绝非个人，而是民族。个人就是个人，想之所想，行之所行，他们仅属于所处的文化和时代，仅是历史的构成。如果你出生在古希腊，你崇拜的神会不同，所说的语言会不同，信仰也一定会不同，就连你的饮食习惯和性爱体验也会与现代完全不同。

于黑格尔而言，每一种文化都是人类历史这本巨著中不可或缺的一章，希腊历史、罗马历史、中国历史，这本书中缺了哪一章都不行。为什么历史书中女性被提及的次数较少？虽然当前是使用了男性角色来建构历史叙事的，但这并不意味着我们应该歪曲历史。黑格尔对女性没有任何敌意，但如果她们过去确实没有做出对历史进步起决定性作用的事件，那我们切不可硬生生编造出有关女性的历史。从历史重要性而言，拿破仑和他的情妇根本没有可比性，倘若硬要把他们视为对历史有同样的重要贡献的人物，那就是在操纵历史和撒谎。

进步是黑格尔关于历史的另一个重要观点。这位德国哲学家认为，随着我们深入地阅读人类不断书写的这部历史巨著，便能理解凡事必有因，历史也有其固定的前进方向和存在的意义。时间把这些"历史碎片"逐渐拼接在一起，让这张巨幅历史画卷的"拼图"原貌跃然眼前。这就如同看一部耐人回味的电视剧的结尾一般，当我们复盘所有的情节时，故事的张力被放大到最大，剧中的人、物、景的意义都变得明晰。今天，我们可以比前人更好地理解人性，因为我们有幸看到了这部连续剧中关于我们自己的更多情节。如果继续用电视剧做比喻，利奥塔和瓦蒂莫会告诉你，黑格尔正在看的这部剧并不是唯一一部可以看的，因为还有其他电视频道也在播放电视剧。就像在好莱坞的电影中一样，历

第十二章　为什么你的课本中没有如下字眼：女性、同性恋和移民？

史的结构和意义都是有其规律的，如果观众能够读懂剧中的历史，就可以窥见一个圆满的结局。我们的历史是一个人类不断前进的过程，每经过一次洗礼，人类就会变得更加强大。我们正全力构建一个理想社会，在这个社会中，所有的人都将获得充分的自由，个体的权利也将得到充分尊重，待这一社会形成之时，我们历史的圆满结局也将随之到来。

对黑格尔来说，这一圆满结局随着国家的形成已经到来，但他说的国家并非任何一种类型的国家，而是法国大革命后形成的自由国家，因为法律和自由在这一国家中诞生。

历史的结局，最后一个人和最后一个汉堡

1992年，日裔美国政治学家弗朗西斯·福山在他的《历史的终结与最后的人》这本极具争议的书中重新提出了黑格尔所主张的进步思想。这位共和党总统乔治·布什政府的顾问说黑格尔的主张有其正确性，但也有部分存在偏误。他认为历史是一个不断进步的过程，将引导人类走向最好的社会模式，这是正确的，但他认为历史已经终结，不可能再前进了，这就是错误的。黑格尔所言的国家不是历史的终结，美国模式，即新自由主义国家才是历史的终结。

第十三章
如何忘却分手的痛苦？

马可·奥勒留、尼采

你曾经心碎过吗？该如何做才能忘记你爱过的人呢？有人告诉过你该怎样做才能尽快走出失恋的阴霾吗？几年前，英籍瑞士裔哲学家阿兰·德·波顿有一档收视率极高的电视节目《哲学：幸福指南》，在其中他谈论哲学与生活，点明哲学之于生活幸福的意义。

在致敬法国哲学家米歇尔·德·蒙田的这集节目中，片头的视频播放了一群即将从阿兰·德·波顿的母校剑桥大学毕业的年轻学子，个个风华正茂，才气横溢，正踌躇满志地准备步入社会。阿兰成功说服了他求学时所在学院的院长对学生进行一次"智慧测试"。这个测试中的考题都是大学未曾教给我们的，但

第十三章　如何忘却分手的痛苦？

若想要过上幸福的生活，就必须知道它们的答案。"如何结束一段关系"便是其中的一道。剑桥大学的学生都可谓上知天文下知地理，但都想不出来怎么回答这个问题。你认为你所受的教育能让你明白如何回答这道题吗？你想知道该如何正确结束一段关系吗？

如皇帝般去爱

如果你想疗愈心碎之痛，不妨读一读《沉思录》，看看皇帝是如何思考此事的。《沉思录》为马可·奥勒留·安东尼奥古斯都（121—180）所著，他不仅被认为是古罗马帝国最伟大的五位皇帝之一，也作为哲学家流芳青史。这位皇帝用他生命最后的十年完成了这部著作。那时他正率领罗马军团与德国人和帕提亚人艰苦鏖战，他从未想过成为一名军人，就更别提当皇帝了，文学才是他的真正所爱。他是个识大局的人，在欲望面前，总是视自己的职责为天赋使命不可推卸。他一生身披皇帝的沉重盔甲，无怨无悔，坦然接受了统治和保卫有史以来最伟大帝国的天命。历史学家赫罗迪安评论说，马可·奥勒留是唯一一位通过实实在在的生活举止，而非大讲说辞来证明自己智慧的皇帝。

马可·奥勒留的一生如电影一般。在电影《角斗士》（雷德利·斯科特导演，2000年）的开场片段中你可以看到演员理查德·哈里斯饰演的他。不难想象马可·奥勒留在离自己的故乡伊斯帕尼亚和古罗马的豪华宫殿万里之遥的地方，在多瑙河危险的边境军营，在孤独的帐篷中，靠着微热的火堆取暖，于莎草纸上留下个人的思考，才得以让他的《沉思录》流传至今。他写作本不是为了著书立说，仅是就所思所想在个人日记中记录一页，告诫自己在面对生活中的各种事件时该如何行事，如何处理。幸运的是，有人保留了这本日记，让我们得以阅读到。

马可·奥勒留在《沉思录》中开篇写道："我从我祖父维罗那里学到了温婉与谦和的品质。"随后，他列出了一个长长的名录，里面都是他深爱的人，他回顾了这些人对他生活影响的点滴，以及从他们每个人身上所学到的东西，就像在报答过去欠下的感情债一样。我喜欢给我的学生读这篇课文，因为在这个个人主义盛行的时代，有些人认为自己的成功全是个人努力的结果，和他人并无任何关系，当看到古代伟大的哲人承认他身上的一切优点都应归功于他人时，这太令人惊讶了。值得注意的是，在这份感谢名录中，他的老师们可都是位列在先的，因为马可·奥勒留对那些教会他知识的人都怀有敬意。

你可能不信，但是马可·奥勒留的日记可能真的可以解决你的相思之痛，因为这位皇帝奉行斯多葛主义，一种寻求消除我们生活中的痛苦的哲学。斯多葛派通过一系列的心理练习，试图确保他们的心态始终保持平静，无论发生什么，无论情况有多糟糕。斯多葛派内心笃定，从不知道恐惧或焦虑，不会生气，未曾感到压力，更不会抱怨。如果你想成为他们中的一员，你必须遵循这六个原则：

第十三章　如何忘却分手的痛苦?

- 你必须发现自然界中存在着一种力量,它可以支配一切,包括你在内。
- 接受生活中的不可控情况。并不是一切都由你决定,也并不是一切都可以由你掌控。
- 停止抱怨。抱怨只会让你更不舒服,却解决不了任何问题。
- 保持低欲望。不奢求那些你无法触及或无法控制的东西。如果你奢求永葆青春,那只会难为自己,便宜美容院。
- 不要忧虑。如果你所担心的事情有补救措施,那担心就是多余的。反之,担心更不会起到任何作用。
- 不要成为情绪的奴隶。你要学会管理愤怒、仇恨、悲伤、恐惧等坏情绪。

在《泰坦尼克号》(詹姆斯·卡梅隆导演,1997年)中可以找到一个用斯多葛主义处事的绝佳的例子。影片中有一个令人难忘的场景,一个四重奏组合决定在船下沉的过程中演奏一段优美的旋律,并平静面对这无法避免的死亡。当其他乘客在恐慌中绝望时,这四位艺术家决定在平和与安静中结束自己的生命。

有可能这样生活吗?完全可以!马可·奥勒留的生活不就是最好的例子吗?你想象自己能否平静地接受伴侣提出分手,和他真诚地告别,感谢两人曾经拥有的一切,然后无伤无悲地开始新的生活吗?如果你也想如此洒脱,并不需要在中欧的森林里扎营,杀死成群的德国蛮人,只需每天练习以下内容就好。

练习1：记下斯多葛派哲学家的名言，以作为你度过困难时期的箴言。记住这些话并不断反思。《沉思录》就有一些名言警句，比如："既不做对不起别人的事，也不说对不起别人的话""一切都只不过是一种观点""发生的一切都是正当的""不要抱怨你受到了伤害，那别人就伤害不到你""如果你有道理，那为什么不坚持它？""不要表现得好像认为自己能活上千年""如果你想保持好心情，就少做一些活动""你是一个支持尸体的小灵魂""一切都是短暂的：记忆和记忆的内容""要像一块岩石，任凭海浪冲击，依旧屹立不动""切不可与自己为敌""如果它是不对的，就不要做。如果它不是真的，就不要谈""退回到你自己内心的花园""焦虑都是自找的"。

练习2：想象自己死去或所爱之人死去。这在你看来可能很可怕，但目的并不在于此，而旨在让我们意识到生命绝非永恒，我们必须赋予其应有的意义。苹果公司的创始人史蒂夫·乔布斯明白这一练习的重要性，并对一群即将从大学毕业的年轻人坦言："当我17岁时，我读到一句话是这样说的，'如果你把每一天都当作最后一天来过，很可能有一天你会做正确的事'。这句话打动了我，因此在过去的33年里，我每天早上都会照着镜子问自己：'如果今天是我生命中的最后一天，我是否愿意做我今天要做的事？'每当连续几天的答案都是否定之词时，我便知道是时候做出一些改变了。"这就是此练习的目标。如果你明天会死，你会在弥留之际让你的伴侣离开你吗？

练习3：在你的伴侣与你分手之前，你就应该这样做，这将

第十三章 如何忘却分手的痛苦？

有益于你的下一段关系。想象一下你可能碰到的厄运，其目的是在厄运降临时你不会乱了阵脚，而能从容面对。这个练习的另一个好处是，当如上假设发生时，会减少创伤对你的影响，因为在某种程度上你经历过一遍了。如果你在谈恋爱，为爱而伤是肯定会发生的。无论你们现在如何海誓山盟，预想一个无比糟糕的分手场面也不是没有道理的。试想你的伴侣说他想和你谈谈，你本想听听甜言蜜语，不料他却说出了"我想和你分手"这刺耳的话语。你把这种情况想象成肯定要发生的事情，并且你做什么都无法再让旧爱重燃。试想你会如何反应？哭着求他不要离开你？愤怒地摔门而去？还是平静地接受爱是不可强迫之事，并收拾心情重新开始生活？哪一个版本最适合你？

练习4：把自己想象成一个神，可以从奥林匹斯山上观察人类的生活。作为神的你永恒存在，人类与你相比，生命短暂且微不足道。如此看来，浪费你仅有的一点时间去憎恨那些不再爱你的人不是很愚蠢吗？

恨也可以让你成为超人

德国哲学家弗里德里希·尼采疯狂地爱上了俄罗斯女诗人露·安德烈亚斯·莎乐美（1861—1937）。尼采的朋友保罗·雷曾给他写过一封信，告诉他要给他介绍一位聪慧美丽且爱好哲学的姑娘。但他那时没有时间到罗马与她相见。之后，在他亲眼见到露时，对她说："这一定是上天的安排吧！"这位哲学家对她爱到无法自拔。尼采的妹妹甚至说："他被迷到做什么都可以。"

一次，两人去意大利北部奥尔塔湖的萨克罗山旅游，途中相谈甚欢，些许好感萌发，这让尼采感到自己是世界上最幸福的人。但这浪漫不过是昙花一现，露并没有爱上他，所谓的好感仅是对一个哲学家的崇拜而已。所以，当尼采向她求婚时，她拒绝，并且和保罗·雷私奔了。

随后尼采明白了，爱和恨本是同根生，在一颗破碎的心中，痛苦和苦涩也必将并存。由此感受尼采写下了这封可怕的信，作为报复寄给他唯一爱过的女人。

露：

亲爱露，与你无法重新找到自己相比，我爱而不得的痛苦算不上什么。

我从未见过比你更潦倒的人。

你无知，但脾气可不小。

你炫弄了解的一切。

你一点品位也没有，但对此一无所知。

在小事上你表现得真诚而公正，但在大事上，在对待生活的总体态度上你却是个固执的人，说到底，你就是个虚伪之人。

不管是别人付出感情还是你接受别人的爱慕，你都不会真正动心。

看来你不仅精神空虚，而且还是爱无能。

第十三章 如何忘却分手的痛苦？

在感情上,你变态且处于疯狂的边缘。

你不懂感恩,不懂感谢……

最重要的是你不忠贞。

你在感情中丑相毕露。

根本不在乎自己的名声。

你不过是个有魂魄的人罢了。

你如同猫一般,谁有好吃的就和谁走。

你如同猫一般,和你打交道貌似有种和贵族交往的感觉。

你如同猫一般,意志坚强,但追求的只是蝇头小利。

你的勤奋、纯洁和性感的人设都被这一切打破了。

你的性晚熟让你如乳臭未干的孩子一般自私。

你不爱凡人,只钟情于神旨。

你急切地想要找寻爱情,但你异常精明,面对男人的追求又如圣人一般。

你的朋友

弗里德里希·尼采

很难想象尼采在写下这些可怕的、充满仇恨的文字时受到了多大的痛苦和羞辱。但这位写下"杀不死我的,会让我变得更坚强"的哲学家,知道如何化痛苦为力量。在明白与露有缘无分后,他作诗一首以追忆这段失败的爱情。这首诗与他第一次见到心爱的露时所说的话一样。

星辰大海，汇聚成了我对你的爱恋

说到这里，我推荐大家看一部由欧文·亚隆的小说改编的电影《当尼采哭泣》。这是导演基于尼采的爱情败笔，虚构的一个极为真实的故事。事发之时尼采虽还籍籍无名，但潜力无限，为了救这位未来的大哲学家一命，露相约维也纳知名医生约瑟夫·布雷尔。在拒绝了尼采的求爱之后，露收到了他的好几封信，信中都表露出自杀的倾向。布雷尔受到他的朋友西格蒙得·弗洛伊德的创新理论影响，同意了莎乐美的挑战，即在哲学家不知晓的情况下对他进行心理分析。

尼采用他对爱情的咏叹重构了新的精神世界，以诗寓情，为疗愈情伤埋头创作，赋诗著述，写就了史上的哲学巨著《查拉图斯特拉如是说》。这本书是对生命的赞歌，尼采在其中用诗句阐述了他新颖的想法，即超人和永恒的回归。

尼采借查拉图斯特拉这个文学人物来思考生命的意义，他笔下的查拉图斯特拉是一位预言家，因为决定与人类分享智慧，所以暂停了山中的隐居来到了市镇，开始向路人游说上帝必将死亡，而后超人随之到来。

我们的文化总借宗教之名来定义道德观、价值观，来限定我们的生活方式。从苏格拉底开始，宗教教义就界定了对与错的概念，而我们也只能被囚于其中。幼年时期，我们对教义一无所知，所以自由自在，不知"坏"为何物。但慢慢长大，伴着教义

第十三章 如何忘却分手的痛苦？

对我们的浸润，我们产生了羞愧和内疚的心理，开始压抑自己的本能，甘做上帝的奴隶。我们不都学会了用理性压制和压抑感情和情欲吗？但当下，曾经神圣的上帝受到了极大的挑战，这意味着我们可以摆脱可怕的教义所提出的原罪论。上帝没有了，原罪论必将不复存在，万事也就会被认为是自然且正常之举。

如上之说，尼采之意绝非让我们可以胡作非为地去杀人、去强奸，而是说我们的价值观和生活方式将不再固化受限，可以有更多种可能，可以更丰富。尼采希望我们不要听别人的话，教条地生活，而要把生活看作一件艺术品，创造它，雕琢它。例如，宗教告诉我们有且仅有一种正确的性生活方式，其他的方式都应被认为是一种罪。但如果没有上帝，凡此种种的性生活方式都将是正确的，哪种合适你，你就选哪种。超人在没有上帝打扰的情况下慢慢学会生活，他热爱自己的生活，不允许任何道德准则的霸凌；他对自己的生活运筹帷幄，别人休想指指点点；他素来独来独往；他有属于自己的价值观和态度。他明白生命有限，从未想过宗教可以超度一切；他明白生命中的一切都是本该有之；他勇敢，从不逃避痛苦，因为他知道如何笑对生活；他明白只有有了七情六欲，才能爱得更强烈。超人主宰自我，代表着自由的精神。尼采则巧用"失露之痛"，让本是凡人的自己超脱为一名超人。

据尼采的讲述，1881年8月他于西尔瓦普拉纳湖边散步时偶生了"永恒的回归"这一想法，并据此写就《查拉图斯特拉如是说》一书。这本书是他深刻思想的凝练，是与西方人解释时间的主流方式相反的论述。基督教给我们引入了一种线性的历史观和时间观,并因此为我们的生活确立了意义和方向,让我们对未来的幸福充满期待。我们牺牲了自我的当下,全心去换取对未来美好生活的承诺。与此相反,永恒的回归则希望我们现在就快乐起来。尼采所持的论点是,人所经历的一切都将无限次地重复。在他的另一部作品中,他这样阐永恒回归的观点:

> 如果一个恶魔对你说:"你这一生将无限次机械地重复你现在和过往的生活,不会有任何新的事物。甚至你必须按同样的时间和次序重复经历曾经的每一次痛苦和快乐,每一种想法和每一次叹息,还有此刻和我。"那将会发生什么?如果你信了他的话,要么励志革新,要么从此沉沦。你得多么努力地生活,多么爱自己才能让这永恒的回归善待自己!

如果你觉得上面的预言很恐怖,那是因为你生活得还不够努力。你从现在开始就得把你生命的每一刻变得有意义且美好,努力过好每一刻而不仅仅将其视为实现未来目标的一个个跳板。如果你能成为超人,你会觉得永恒的回归是件好事,因为你的一生充盈且有意义,谁都想多重复几次这样的人生吧!如果有人让你在重活一次这一生和换一种方式再活一次之间做抉择,但你只想再过一次你认为无比美好的这一生,那你可就得有查拉图斯特拉的智慧。

第十三章　如何忘却分手的痛苦？

尼采心中的超人接受生活的无理。他认为，如果你无法控制自己去憎恨前伴侣，那就恨吧，这不是什么罪，更不是什么不道德，上帝绝不会因你随性而恨惩罚你，因为恨本就是人自然情感的流露。他希望你不要压抑痛苦，坦然接受它，就像查拉图斯特拉的牧羊人咬碎蛇头那样，但请把所有的无理化为一种力量，让自己能更努力地生活。

第十四章
如何面对亲人的亡故？

伊壁鸠鲁、释迦牟尼

几年前的冬天，正当我在教研室批改试卷时，学校秘书办让我去接个电话。电话是我班上的学生何塞的父亲打来的。他要给孩子请假，因为孩子的母亲因淋巴癌已在弥留之际，他需要接孩子去医院。电话里他希望在他来接孩子之前我能和何塞谈谈，告诉他妈妈的现状，让他不要太难过。我思考了一会儿，想着怎么和何塞说这事，怎么安慰他。我上楼去了办公室，拿起一本没有封皮的旧书，上面写满了笔记，画满了重点。我来到何塞正在参加考试的教室，把他叫了出来。我俩在沉默中走到了一个小会客室。在那里，我看着他的眼睛说："你的母亲快死了，你现在得去医院见她最后一面。"说完，我拥抱了孩子，并把那本旧书递

第十四章 如何面对亲人的亡故？

给了他，希望我能够借此方式帮他渡过即将到来的难关。

几年后，何塞长大了，成了一名男子汉，他回来看我并把书还给了我。我不禁问他，这书对他是否有帮助。何塞回答说："它不仅帮助了我，还让我成了一名肿瘤专家。"

像《死囚之舞》这样深入探讨失去亲人所带来痛苦的影片实属不多。影片中，两个饱受折磨的人物相遇并开始了一段爱情。莱蒂西亚的丈夫刚刚在电椅上被执行了死刑。汉克和他的儿子桑尼都在死囚牢房工作，桑尼在为死囚行刑前一刻呕吐了，因此被汉克训斥，觉得他没能帮死刑犯走好人生的最后一段，而后被训斥的桑尼当着他父亲汉克的面自杀了。莱蒂西亚和汉克的生活以及痛苦都交织在一起，但他们并不知道。

奴隶的哲学

那份古老的文本是一篇关于斯多葛哲学的论文，名为《询问》。没有人知道其作者的真实姓名，我们称他为伊壁鸠鲁，意思是"奴隶"，因为他小时候被带到罗马，被卖给了罗马皇帝尼禄的一个秘书，后者把他当作野兽对待。伊壁鸠鲁（约50—138）在他的主人手下经历了身体的痛苦、饥饿和羞辱，但据说他从小就学会了极大的自制力和忍受痛苦的能力。有一天，正当他的主人粗暴地打他的腿时，他非常平静地对他说，如果他继续如此用力，会把他的腿打断的。他的主人听后非但没有收手，反而变本加厉用力地踹了他一脚，让他彻底成了一个瘸子。伊壁鸠鲁忍着疼痛，异常冷静地对他说："我之前就告诉过你，你会把我的腿打瘸的，你就是不听。"

在这个故事中，这位未来的哲学家已经在实践他思想中的一个主要观点："知道如何接受痛苦，知道如何放弃抱怨。"历经磨难之后，伊壁鸠鲁赎回了自由。如果换作是你，当你获得自由的时候，会去干什么？会把生命奉献给什么事业？伊壁鸠鲁决定终其一生研究哲学。于是，他开始听一位斯多葛派哲学家的课，多年后他追随他心爱的老师的脚步，成为哲学家。但他是如何获得如此成就的呢？于斯多葛派而言，哲学是靠实实在在的行动而非讲道理来完成其实践的。因此，要想成为哲学家，你就必须用亲身所行来证实所学到的知识。

没有比观察弟子的生活方式更好的方式了，如着装这类最基本的日常表现。（如果哲学考试包括评估你的穿着，你会不会喜欢？）这一时期的大多数哲学家是仿照苏格拉底的造型，留长发，蓄胡须，身披随意的斗篷，这不就是我们今天所说的休闲风格吗？虽然苏格拉底造型是当时的主流，但所属学派不同，服装还是略有差异。因此，谁是谁的弟子，看一眼便能辨认出来。对于伊壁鸠鲁的老师来说，衣服只是块遮羞布而已，因此应该选择便宜、简单、不显眼的服装。一个人只需要把自己收拾得干净整洁，没必要为衣服进行奢华或多余的开支。如果你身着品牌衣物，那你就会与成为一个货真价实的斯多葛学派渐行渐远。

伊壁鸠鲁在罗马创办了一所学校，但最终被罗马帝国有史以来最糟糕的皇帝之一多米提安下令关闭。他这样做并不是针对伊壁鸠鲁，而是由于他同意前部长韦特的教育政策，所以决定将所

第十四章 如何面对亲人的亡故？

有哲学家驱逐出罗马城。

直到多米提安死后，伊壁鸠鲁才得以重回罗马，再次开办学校。这一次他取得了极大的成功，甚至连新皇帝都来听了他的课。但这丝毫没有改变他的生活方式，他仍旧住在一个棚子里，棚顶摇摇欲坠，说话间感觉就会塌下来。伊壁鸠鲁死后，他在课堂上曾使用过的那盏简陋的油灯被以3000德拉克马的高价售出，约合今天的95000欧元。我曾在课堂上讲过这个故事，当时一个学生马上让我把打火机送给他以便他卖给别人。我不知道是应该感谢他把我同一个伟大的哲学家相比较，还是更应该担心自己的健康状况，但至少有一点是好的——从那天起我戒烟了。

伊壁鸠鲁虽没有留下任何文字的东西，但幸运的是，他的一名弟子将他的讲课内容都记录了下来，并流传至今。

这些笔记就是后来的《询问录》，它甚至还在越南战争期间救了美国飞行员詹姆斯·斯托克代尔的命。这名飞行员少校的飞机被击落后，他被敌人带到了一个战俘营，在那里被残酷地折磨了7年多。释放后，他在一次采访中说道，能活下来的战友都是乐观主义者，而死去的战友则是那些希望出去的人，他们看着日子一天天过去，但没有任何改变，心碎心痛。斯托克代尔说："他们都是因为心碎而死。"

斯托克代尔之所以能活下来，是因为他决定如斯多葛学派般度过他的牢狱生活。他记得自己在《询问录》中读到过伊壁鸠鲁给出的建议，这让他明白虽无法改变现实处境，但有维持士气和自尊的权利。痛苦虽无法避免，但他却以决定在痛苦中的生活方式。只有他能控制自己的思想，其他人无权干涉。斯托克代尔决定不去想自己被营救的事情，因为这根本就是不可能的，而是想怎么不被击垮。从想明白的那一刻起，他控制了自己的情绪、欲望和食欲，不被任何人左右。就这样，他没有让任何痛苦击垮他的意志。就如卡马隆所唱一般："我比钢铁还坚硬，我宁可被折断也不愿屈服。"

伊壁鸠鲁会如何建议你度过失去亲人的痛苦日子呢？首先，有件事你要明白，生活中有些事情你可以决定，但有些无论如何你都无能为力，亲人的离去就是这样。亲人离去你无能为力，但你可以决定自己的心绪、憧憬、想法和行动。第二条建议是不要奢求不可能的东西。死亡，它本就是一个自然且不可阻挡的过程，你根本无法阻止你所爱的人死去，所以你要明白这是一个自然的事情。伊壁鸠鲁的第三个建议是要永远记住你所爱的事物的属性。如果你很喜欢一件陶器，那你就应该记住，陶器最终会破损，这样当它破损时，你就不会措手不及，也不会难过。如果你爱一个人，你应该永远记住，如陶器会破裂一样，人最终都会死。他的第四条建议是承认死亡并不是件可怕的事情，因为一直以来都有像苏格拉底一样的智者把死亡看作一个自然过程，平静而安详地接受它的到来。伊壁鸠鲁的最后一个建议是要认识到生活的确给了你一个母亲，但生活只让她陪你一段路程，而非一辈子。如果现在生活要把她从你身边带走，那你就必须让她走。这种想法的确很难让人理解。每当我在课堂上解释这个观点时，我总会说，也许只有经历了失去亲人之痛才能真正理解伊壁鸠鲁之

第十四章 如何面对亲人的亡故？

说。我认为他想告诉我们的是，我们应该改变看待自身经历的视角。比如，当我们想到母亲已驾鹤西去，余生只能梦中相见时，一种选择是悲观处世，以泪洗面悼念亡母；另一种选择则是乐观面对，想想这些年里，母亲作为生活给我们的礼物，与我们相伴温暖了人间。如上分析可见，我们可以选择抱怨，但也可以选择感恩，不管做出哪种选择，都取决于你看待事物的视角，做决定的都是你自己。

不知苦难为何物的王子

在2500多年前的某一天，悉达多王子出生在迦毗罗卫王国，就是今天尼泊尔的某个地方。他的父亲想保护他，让他免受今生的种种苦难，遂决定将其与宫墙之外的世界隔绝，不允许他离开王宫半步。

在王宫里，悉达多过着衣食无忧、开心快乐的生活，对疼痛、痛苦和烦恼闻所未闻。但是，有一天，这位年轻的王子忽然想了解宫墙之外的世界。待他走出宫墙之时，发现了三件改变他一生的事情，即衰老、疾病和死亡。悉达多意识到这三件事是所有人不可逾越的命运"鸿沟"，同时他也发现了慈悲，并被其深深感动。他将众生之苦视为自己之苦，抛下王宫里奢华舒适的生活，去寻找人所面临的痛苦问题的答案，寻找为什么所有人都要受苦、衰老和死亡的原因。

悉达多离开了王宫，尝试着过起了与之前截然不同的生活。他脱掉王子的锦衣玉袍，与住在森林中的苦行僧一同修行，放弃生活中的声色犬马以寻求净化。他一个人静静地生活了七年，从未离开过森林，渴了就喝雨水，饿了就吃草根。但他最终还是放弃了这种生活，因为这样的苦行不仅没能让他平静并达到自我实现，反而让他的身体越来越差，思想越来越不清晰。于是，悉达多从这两种生活中明白了，王子的极端物欲生活和苦行僧的禁欲生活都不是解决问题的"道"，他最终只能选择一种折中的生活方式。

当悉达多找到了如何解决痛苦这个问题的答案后，便召集了一个群体，向群体成员传授哲学，告诉他们通过哲学人们可以摆脱痛苦。他的弟子们称他为佛，即梵语中"开悟者"的意思，又称释迦牟尼。

佛讲过有关脱离痛苦的四圣谛，这将有助于你度过失去亲人的悲痛日子。

- 苦。生命本就是苦的，这样说并非否认生活中存在着美好、快乐和愉悦的事物，而是在强调，生而为人就必然经历痛苦。"僧侣们啊，这就是苦难的高贵真理。生、老、病、死皆为苦，与讨厌的人打交道是苦，与亲人分离是苦，求而不得亦是苦。"

- 集。痛苦究其原因，则是对欲望的执着。欲望可以被归纳为感官愉悦的欲望，成为"某物"的欲望和摆脱某物的欲望三种。你的痛苦总与三者之一相纠缠。欲望本身并不会制造痛苦，执着才是痛苦的始作俑者。亲人离去

第十四章 如何面对亲人的亡故？

你痛苦，是因为你希望他们能够永生。

- 灭。克服对不切实际的欲望的执着，方能停止受苦难折磨。若想让失去亲人之痛消逝，你就要从长远来考量这个欲望，要让它停止，让自己摆脱它的束缚。
- 道。你必须寻求中庸之道，善待自己，让自己与痛苦、内疚、怨恨诀别。按以下八个步骤，即八正道，你将与欲望和解，变得不再执着，远离痛苦。

（1）正见：你必须明白生命中的一切都是有限的。亲人的生命是有限的，失去亲人的痛苦也是有限的。

（2）正思维：要有一个清净心，好让你不去想那些错误的和不健康的事情。

（3）正言：与人交谈只用文明且善意的言语。切勿撒谎，切勿使用侮辱和抱怨的词语。

（4）正业：一心向善。

（5）正命：必须过诚实的生活。

（6）正精进：要努力做到清心寡欲。

（7）正念：不断地反思你的思想、言语和行为。通过冥想以培养正念。

（8）正定：通过冥想，学会引导自己思考，学会集中注意力。你的所思所念既可以成就你也可以毁灭你，最终谁占上风只有你能决定。

第十五章
为什么我们惧怕死亡?

伊壁鸠鲁、海德格尔

大家应该都还记得电影《第七封印》(英格玛·伯格曼导演,1957年)的片头是一只老鹰在苍茫的天空中翱翔,随后,画面中出现了一位骑士,静静地躺在海滩上。此刻,画外音诵读着《圣经·启示录》中的经文:"羔羊揭开第七印之时,天空约有半小时的寂静……"

镜头聚焦于正在休息的骑士,他躺在一块石头上,一只手握着一把剑,身边放着一个摆好的棋盘。伴着海浪声响起,心事重重的骑士站了起来,他走向海里,捧起海水洗了把脸,然后走回岸边跪下来祈祷。但最后出现在他面前的不是上帝,而是死神,这个角色由瑞典演员本特·埃切罗特扮演,之前谁都没有演过这

第十五章 为什么我们惧怕死亡？

样的角色。死神的脸惨白如牛奶一般，穿着一件长长的外衣和一件黑色的斗篷。虽然明知他是谁，但骑士还是问了这个问题。当此人慢慢地回答说"我是死神"时，观众肯定都打了一个寒战。骑士问死神是不是来取他魂魄的，死神回答说，他已经伴随他一段时日了，而后问他是否准备好了，并抬手打开了披风想要把他带走。骑士请他稍等片刻，并提议下一盘棋，如果他赢了，那死神就要让他继续活着，但如果输了，则必须即刻与死神一同西去。棋局之中，两人讨论着生与死的问题。伯格曼似乎是从斯德哥尔摩郊外教堂的一幅画中得到启发而导演的这个桥段，画中死神与临亡者一同游戏。

如果你能和死神对话，你会问他什么？你们会谈什么主题？骑士向死神承认他浪费了自己的生命，他的生命是一种持续的荒谬，没有人能够活着看到死神，并知道自己正在走向死亡。

为什么我们对死亡的可能性感到恐惧？这种恐惧是积极的还是消极的？我们应该把它从我们的思维中根除，还是让它永远存在？

惧怕死亡是荒谬的

伊壁鸠鲁认为，如果你想过上充实的生活，就必须消除对死亡的恐惧。这位希腊哲学家将幸福理解为平静和安宁的生活，因此他希望自己的弟子们从心中摘除恐惧。我们所说的恐惧，有些是个性的，有些则是共性的，是全人类都有的。以我自己为例，我最怕的就是教学督导来查我的课程教案，这甚至有时让我夜不能寐。但对死亡的恐惧你我皆有,是人都会怕死。谁想到自己离开人世的场景不心生恐惧?有可能不谈死色变吗?该如何做才能对死亡释然呢?

虽然这看起来很矛盾,但我们只有通过思考死亡才有可能消除对它的恐惧。依伊壁鸠鲁之词,哲学是绝佳的可以用来根除死亡恐惧的抗焦虑剂。仔细思考什么是死亡,恐惧就会像"雨中的泪水"一样被融化,活着就是在感受。你仔细想想这个道理。不管是品鉴一杯酒或是背痛感觉不适,首先你得活着。因此,合乎逻辑的结论是:身体的死亡意味着不可能再感知任何事物。如果你的身体已死,那何谈感觉疼痛、疲劳和痛苦。你根本不可能体验死亡,你对死亡的恐惧全是因为一个错误的认知,你认为人死之时会有某种东西幸存下来,它会让你感觉到身体正在遭受的一切。你误以为魂魄会脱离肉身而静观肉身的死去,但这是一个荒谬的认识,因为大脑的死亡就代表着不会再有任何感觉,感觉是需要大脑来处理的。

伊壁鸠鲁给他最好的一个朋友米尼修斯写了一封信,在信中,除了关于如何获得幸福的其他建议外,他希望自己的朋友不要再为死亡的想法耿耿于怀。因为"你活着,死亡就是死的,而当你死了,你也就不再活了"。如果伊壁鸠鲁著名的反对死亡的论断不能说服你,那么请你想一想,在你出生之前,你并不存在,但你从来没有害怕过,那你对自己的再次不存在无所畏惧也是符合逻辑的。

还有一种可能:你对死亡的恐惧是怕它会破坏你未完成的

第十五章 为什么我们惧怕死亡？

人生大事，让你人生行至半程而终。德国哲学家埃德蒙·胡塞尔（1859—1938）在去世前几个月写道："我不知道死亡是如此困难的一件事情。因为正在此时，我可以开始走自己的路，也是在此时，我不得不中断我的工作，留下未完成的夙愿。"

你是否也感到同样的恐慌，认为死亡会让你的生活半途而废，会让之前的努力付之东流？伊壁鸠鲁会建议你，如果你想避免这种痛苦，必须以超然的态度生活，只有这样你才会知道身边的人和物并不属于你。不要为未来做计划，除非别无选择，否则别总是一门心思地想着这些未来之事。不要与人或物建立依赖关系，不要梦想活在那些不属于你的空想未来之中。更不要抵押你的现在来兑现一个触不可及的未来。你要活在当下，享受此刻的幸福，停止对过去的憧憬。千万别告诉自己说"等我有了那份工作，我会非常幸福""当我找到爱我的人时，我会很开心""当我完成了所有的目标和任务，我会很高兴"之类的话。学会像你的宠物狗一样生活，没有奢望，尽情享受活着的巨大乐趣。现在选择快乐，在死亡向你走来的时候，尽情享受生活。正如伊壁鸠鲁所说："让我们吃喝吧，因为明天我们就会死去。"

也许你对死亡产生的恐惧是源于对弥留之际痛苦的恐惧。如果是这样，你不用害怕，因为伊壁鸠鲁有解决的方法。他身体不好，病了四十多年，因此他切身体会过痛苦的感受。常年受病痛折磨的他，明白每个人都有能力忍受所有痛苦，不管它有多么强烈。伊壁鸠鲁的切身体会让他可以肯定地说，越强烈的痛苦历时越短，历时越长的痛苦越轻微，所以痛苦对你而言不是什么大事。如果伊壁鸠鲁有幸接受当今的医学治疗和药物，他一定会惊呼神奇，因为这完全颠覆了他的认知，与过去相比，当今的药物和治疗手段可以消除一些疼痛。如果你受苦，那是因为你想受苦，没有什么疼痛是打一针麻药解决不了的。

伊壁鸠鲁是自己死亡哲学的践行者。他72岁时不幸患上了尿路感染，弥留之际痛苦异常，但平静地承受着痛苦。他知道自己时日不多，所以分了财产，了却了心愿，写了信和朋友告别，洗了个热水澡，喝了杯好酒，并告诉他的学生们说他最快乐的事就是和他们一起学习哲学。他死时，像他活着的时候一样，在朋友的陪伴下，在生活赠予我们的各种快乐中安然离去。

电影《野蛮人侵》（丹尼斯·阿康特导演，2003年）讲述了一个与伊壁鸠鲁之死非常相似的故事。在影片中，一位大学教授正在一家寒冷的医院里遭受病痛的煎熬，命不久矣。面对此景，他的儿子决定让父亲体面地离开人世，平静地走完这最后的日子，于是他用所有的钱把父亲的老友，甚至之前的情妇都叫到湖边一栋漂亮的房子里。在那里他们开心地吃喝，大谈人生的过往。过了一段日子，教授体面地走了，他成了自己命运的主人，因为他决定了如何和何时结束自己的生命。

为死亡而焦虑是件好事

马丁·海德格尔（1889—1976）是一位对死亡知之甚多的哲学家。作为思想家，他可谓无可挑剔，但作为一个人，他又尚有许多不足之处。海德格尔是犹太裔哲学家埃德蒙·胡塞尔的弟

第十五章 为什么我们惧怕死亡？

子。他的老师先是出面为他争取到了大学的教职，后又为他说情，让他在自己退休后接替教授一职。1931年，因被希特勒所吸引，海德格尔加入了国家社会主义党，并在各种活动中公开支持希特勒。纳粹政府为了奖励他的忠诚，任命他为弗赖堡大学的校长。1933年，海德格尔执行了纳粹政府的一项反犹太法令，他据此废除了自己恩师名誉教授的头衔，并禁止他使用大学的图书馆。此外，1941年时，海德格尔还在其名作《存在与时间》的新版中删除了对胡塞尔的献词。

虽然这部作品是由一个极权主义和反犹太主义的哲学家写的，但它仍然是有史以来最重要和最有影响力的哲学书籍之一，其中包含了对死亡的思考，可以帮助你更好地生活。

我们不应该因为这个人而拒绝哲学。在哲学中，我们喜欢把有效的论证和无效的论证区分开来，其中一个最失误的错误就是我们通常用拉丁文的argumentum ad hominem（"反对人的论证"）来确定二者的区别。这种错误在于我们未对一个论断进行评估就否定了它，这样做的后果是，我们并非在攻击论点的合理性本身，而是在攻击提出这一论点的人。因此，由于海德格尔的政治思想而拒绝他对死亡的思考是错误的，是否是真理并不取决于说话的人，而是取决于他使用的论据。因此，我们只谈谈这位哲学家就好。

海德格尔在《存在与时间》中告诉我们：人类是特别的，因为我们不仅存在，而且是唯一会问自己存在的意义的生物。

比如：我面前的天竺葵，它仅是存在，却并不会问自己存在的意义，我希望它一直这样就行，如果植物都开始存在自我，那我除了给它换肥料外，估计还要给自己找一位好的心理医生。我的天竺葵的另一个特点是，它的存在是确定的，因为它只有一种存在的方式，那就是做天竺葵，它既不能反思也不能决定它想成为什么样的天竺葵，但你可以。最后，我的天竺葵的存在方式与一位女士阳台上的天竺葵的存在方式完全一样。这位女士刚刚起床，先给自己泡了杯咖啡，而后给浇水壶接满了水，此刻，正在给她的天竺葵浇水呢。

人类存在方式的不同之处在于，我们的存在方式不是事先给定的。因此，我们所做的每一个选择，无论它看起来多么微不足道，都决定了我们作为人类的特殊和独特的方式。这位女士和我一直在确定两种不同的存在方式，她和我有着截然不同的生活，因为在我们生活的每一刻，都有一系列的可能性供我们选择。比如，我现在可以选择继续在电脑前打字，或者和我的狗在海滩上散步，又或者去购物，当然还可以选择做其他的事情。如上三种选择于我而言都是等同的，因为无论选择什么，我都还是我，这也意味着所有的生命历程都是等同的。

海德格尔指出，有一些生命中的可能性，你可以回避。例如，你可以决定不生孩子或不上大学，但有一种可能性是任何人都无法避免的，它与我们的生活时刻相关。

你猜到海德格尔指的是什么了吗？对，他说的正是死亡。它存在于生命的每一刻，在即将到来的星期五，你可以和朋友出去玩，可以待在家里看电影，但你也可能死去。你现在明白了吗？

第十五章　为什么我们惧怕死亡？

就像《第七封印》中的骑士一样，死神一直伴随着你。这是你生命中的一个永恒主题，你根本无法避免，因为所有人都会死。海德格尔发现，死亡是我们存在的本质，因为"每一个人都只能自己去承担自我的死亡""死亡终究都是我的死亡"，而这正是我们存在的意义。海德格尔将死亡定义为人世的终结，死亡是对任何事情都不能有作为的可能性，它迟早要来的，只是尚未到来而已。

什么是人？一种向死而生的存在。

如果你刚刚发现自己是"向死而生"，一定会感到痛苦，这很正常。如果你意识到自己的存在是有限的，但你并不感到痛苦，那你很可能是棵天竺葵。海德格尔认为，这种感觉并不是一种消极的东西，因为痛苦使我们意识到自己的极限，把我们从基座上拉下来，告诉我们这个世界上没有什么东西是绝对的或不可变的。这种强烈的感觉让事物失去了价值，并从某种程度上让我们感觉它们貌似是多余的。一个痛苦的人会认为一部1600欧元的智能手机值多少钱呢？我们会多在乎一个领导对我们的责骂？最新的时尚会让你有多感兴趣？

我们中的大多数人在想到死亡时，总是觉得它离我们很远。虽然大家都知道死亡随时会降临，但总想回避这个事实，如同死亡不存在一样。在海德格尔看来，从我们出生的那一刻起，就已经到了死亡的年龄，但我们反而认为死亡是很多年后才会发生在我们身上的事情。这种思维方式导致我们过着一种不真实的生活，在这种生活中，事物不再是一种手段，而变为一种目的。在

街头哲学

电影《美国丽人》（萨姆·门德斯导演，1999年）中，有一个令人难忘的场景，与海德格尔所指的这种不真实存在完全吻合。在影片中，一个正在经历中年危机的丈夫在家里喝着啤酒，一言不发。此时，他的妻子走进门来，她是个女强人，一心想着怎么多赚些钱。

丈夫看着妻子，对她说她的发型看起来很好看。女儿不在家，于是他慢慢地靠近她，温柔地问她："天啊，卡罗琳，你什么时候变得这么悲伤了？那个在派对上无聊时假装癫痫发作的女孩怎么了？那个在我们第一个公寓的屋顶上跑来跑去，冲着巡航直升机脱光衣服的女孩怎么了？你完全忘记她了吗？但我没有。"他们的嘴唇越来越近，似乎爱情的火花即将在毫无生机的婚姻中被再次点燃。

突然，妻子意识到这样做可能会把啤酒洒在非常昂贵的沙发上，于是她说："你会把啤酒弄到沙发上的……"

丈夫回答说这只是一个沙发。面对这个回答，妻子没好气地说："这是一个4000美元的沙发，外包面是意大利丝绸，可不是一个普通沙发。"于是，快被气疯了的丈夫对妻子大喊道："这只是一个沙发而已！这不是生活，它们都只是物品，但你却觉得它们比我们的生活还重要。亲爱的，这太疯狂了，简直不可理喻。"

当我们意识到我们生命有限时，沙发不过就只是沙发而已。

海德格尔指出，回避死亡的另一个危险是，它将导致我们过着匿名的生活，即以我们从未真正选择的普遍方式存在。这位德

第十五章 为什么我们惧怕死亡？

国哲学家谈到了一个"据说"和"都这样做"的生活方式，也就是说一个人说话、办事都从众。不管是你问自己现在该怎么做，或是当别人问你如何看待这个问题时，你的回答都是：我和其他人一样。海德格尔希望你勇敢起来，过一种真实的生活，在这个有限的存在中，事物只是你满足自己的手段。

海德格尔最终还是死了，这是他不可避免的。1976年，在他出生的那个黑森林村庄里死去，似乎他想印证伊壁鸠鲁的格言："每个人都是向死而生。"

第十六章
要买多少东西才能幸福?

梭罗、亚里士多德

今天是黑色星期五,至少亚马逊是这么说的。一群高中二年级的学生利用休息时间跑到城里的一条商业街疯狂购物,之后每个人手里拿着大包小包不同商店的袋子来上哲学课。当我进入教室时,一名学生正在向其他同学展示她新买的衣服,并吹嘘她买这衣服省了多少钱。这件银灰色的亮片连衣裙是她要在新年晚会上穿的新衣服,她对这件衣服可真是太满意了。班里的其他同学也都拿着手机互相展示他们在网上淘到的帽子、运动鞋、运动衫、扬声器、无线耳机、照相机、镜头、游戏机、控制器、背包等各种便宜货。看到学生们如此高兴,我就让他们数一数一共买了几件商品,总共付了多少钱,之后我在黑板上一一帮他们记了

第十六章 要买多少东西才能幸福？

下来。当大家买的东西加起来超过1500欧元时，米里亚姆举起了手，大喊着对我说："爱德华多，我一定是全班最傻的人，因为我什么都没买。"我问她为什么不趁着黑色星期五买些打折的商品，她的回答是她没什么需要买的。听了她的回答，另一名同学说她不真诚，于是我们就需要买多少东西才能感到满足展开了激烈的辩论。一些学生认为，我们越衣食无忧，生活就越轻松，越有趣。其中一个人说的话让我们想起了电影导演伍迪·艾伦的一个很讽刺的句子："金钱不会带来幸福，但它会带来一种非常接近于幸福的感觉，且只有非常专业的专家才能分辨出二者间的差别。"另一些学生则认为，生活越简单，烦恼也就越少。为了实现满足，我们应该尽可能地降低欲望。财富只要够让我们感到安全就行了，并不是过上奢侈的生活才算满足。

丛林中的生活

当我的学生们正在兴高采烈地讨论时，我问他们，如果把他们放到森林深处的小木屋里，他们会高兴吗？美国哲学家亨利·戴维·梭罗想要验证这一设想，并将其相关思考通过《瓦尔登湖》进行了阐述。梭罗想验证一个人是否可以在没钱且没有消费需求的情况下获得幸福，拥有美好的生活。一些哲学家仅对生活的不同模式进行理论研究，但梭罗不同，他是个实干派，不仅想，还将其付诸实践。1845年，这位哲学家搬到瓦尔登湖周围的树林中居住，并在那里亲手建造了一座小木屋。他为什么要做这样一件疯狂的事情？梭罗的脑海中闪过了什么？怎么会有人放弃舒适的现代生活而偏要去最荒凉的大自然中找罪受呢？我们不是拥有的东西越多就越幸福吗？没有自来水、电、互联网、智能手机、胶囊咖啡机、机器人吸尘器、冰箱和汽车，我们能生活得很好吗？

梭罗认为，我们大多数人都在浪费生命。为了获得财富，我们选择了自己不喜欢的生活，虽然挣到了钱，也买到了心仪的东西，但我们越来越搞不懂存在的真正意义。

我的学生们陷入了沉思，我也趁机给他们读了梭罗在瓦尔登湖畔的小木屋中写就的这本书的一段：

> 我在森林中生活是因为我想简单地生活，只面对生活最本质的问题，看看我是否能学到生活本要教给我的东西，而不是在将死之时才发现虚度了一生。我只想过一种纯粹的生活，因为活着本就很珍贵，我要自由自在地生活，不想强迫自己顺从，除非真有必要。我想认真地生活，明白生活的精髓，要活得稳稳当当，以根除一切非生活的东西……

迭戈是个调皮捣蛋的学生，他举手告诉我们说，每当周末他回到位于雷德斯自然公园（阿斯图里亚斯）山中的家时，他总有这种感觉。迭戈的家人养牛，所以周末的时候，他总会上山放牛，夜晚就住在山间的一个小屋里。他坦言在那里很快乐，当他走进山毛榉森林，听着"森林在说话"时，他感到比以前更有

第十六章 要买多少东西才能幸福？

活力。

迭戈同意梭罗的观点，他也认为现代生活所带给我们的便利与舒适往往不划算，因为说到底它是一种负担，意味着自由的丧失。我们买的东西实际上不是用钱买的，用的是我们的命。梭罗告诉我们，在他的年代，镇上的一栋普通房子要卖800美元，要赚够这笔钱就意味着要为别人打大约15年的工。算完这笔账后，他问自己："为什么我不按照自己的喜好给自己建处房子呢？为什么要别人受苦来为我建房子呢？"哲学家远离城市而栖居树林，不仅只建造了一个小屋，更是打造了完全属于自己的生活。如果你有兴趣读一下《瓦尔登湖》，你会发现这本书凝结了梭罗在与自然完全相融的两年间的体验和思考。

梭罗在享受着建造小木屋的快乐的同时，也在思考这样一个问题，表面看似大多数人都在工作，但其实我们并不乐业，因为工作只会给我们增添烦恼，那为什么还要工作呢？是为了赚钱来购买那些永远无法填满我们空虚生活的东西吗？梭罗可不愿意用他的时间来换一部价值一千多欧元的智能手机。对他来说，我们大多数人所做的事情是疯狂的，因为我们浪费自己的生命来工作挣钱，其目的也就是买些并非刚需的物件。往往我们换掉尚未损坏的旧东西的原因只是新款上市。这可不是囤积，而是一种享受！梭罗应该会喜欢电影《搏击俱乐部》（大卫·芬奇导演，1999年）中的那个著名桥段。布拉德·皮特扮演的角色说："我看到了很多有潜力的人，但他们都荒废了。整整这一代人要么在加油站工作，要么在餐厅当服务员，要么在办公室做卑微的文员。我们想要买汽车和衣服全是受了广告的诱惑,工作让我们能挣钱来买我们并不需要的东西,但我们烦透了这个工作。"

森林生活让梭罗明白了,如果欲望降低,那就不需要工作得那么卖力,也就可以有更多的时间来享受生活。你只要操心怎么能有更多的时间来享受生活,而无须操心还有多少事情要做。你该换一种活法了!别再被那些错误的价值观蛊惑,什么做个有钱人、过上奢华的生活、出人头地,等等,凡此种种的想法。你该选择一种简单而明智的生活,放慢生活节奏,让生活过得简单一些。别再为衣服的牌子而伤神,所有的衣服都只不过是为了保暖、为了让你更舒服。因此,买件便宜、耐用和实用的衣服就足够了。当一件东西坏了,你先不要急着把它扔掉,更不要马上就买新的,不妨试着修理它一下。房子不过就是用来遮风挡雨的,花一辈子的钱来买那么大的房子有何用呢?吃饭的目的是保持身体健康,所以,吃些简单的、价格不贵的食物就完全可以了。你可以自己烤面包,自己种蔬菜,这不是很好嘛。赶快逃脱那些给你带来压力的工作吧,工作的目的就是养活自己,而不是让你天天倍感焦虑。你应该多花些时间与自然亲近,多做做运动,保持身体健康,不要饮酒,更不能吸毒。你应该关掉电视,打开手中的好书,好好在书海中畅游。你没有必要关注新闻,因为所有的媒体实际上都是一种操纵工具。让自己自由地、无拘无束地生活吧!

梭罗激励了整整一代年轻人,他们在20世纪60年代创造了一个被称为"嬉皮士"的反文化和自由主义运动。哲学家的生活方

第十六章 要买多少东西才能幸福?

式也激起了克里斯托弗·麦坎德勒斯的心,这个来自富裕家庭的年轻人在完成大学学业后,烧掉了他的钱和信用卡,开始在阿拉斯加最荒凉的野外生活。有关这个男孩的令人难以置信的故事被西恩·潘拍成了电影《荒野生存》(2007年)。如果古希腊哲学家亚里士多德(前384—前322)看过这部电影,他肯定会说这个男孩的所作所为是他这个年龄的人都会做的蠢事,而去住在森林中的小屋里也不是什么明智之举,难道不是这样吗?

宫廷生活

亚里士多德眼睛虽不大,但腿很长,一身华服,戴着戒指,发型也非常优雅。出身于富裕家庭的他被送到国外学习,并幸运地进入了柏拉图在雅典创立并领导的学院学习,这是当时最著名的公立学校。即便这样,他也从未完全融入雅典社会,因为他总是被当作二等移民对待。亚里士多德被认为是班上的怪人,他的同学们也因此给他起了个不怎么好听的绰号——读者。大家这样叫他是因为他和其他同学不同,他不希望有一个奴隶在课堂上为他读书或做笔记。试想想,当你有一个招之即来挥之即去的奴隶时,你还需要平板电脑和电子白板吗?他是个相当麻烦的学生,总是质疑老师的说法。即使柏拉图说了一些他认为没有道理的话,他也一定会举手,直言不讳且没有忌惮地指出老师的问题。学院的成员批评他对老师不忠诚,觉得他更像是老师的敌人而非朋友。但亚里士多德却说:"我是柏拉图的朋友,但我更是真理的朋友。"有人说,虽然亚里士多德总是批评他老师的观点,但柏拉图从不在乎,一直把他看作自己的爱徒。柏拉图还为他开脱:"亚里士多德对我的'踢打'就像新生的小马驹对母驹的踢打一样。"柏拉图非常器重这位弟子,所以总昵称他为"智慧",而从未叫过他的名字。此外,在文艺复兴艺术家拉斐尔·桑齐奥(1483—1520)的笔下,这对师徒站在了《雅典学派》的中间,这可是艺术史上最著名的壁画之一啊。在梵蒂冈城使徒宫的墙面壁画上,柏拉图和亚里士多德这对师徒已经争论了数个世纪了,但从未厌倦。画中,师父的手指向天空,而弟子的手则指向地面。

但另一些故事却说,两人间的感情并不怎么好。柏拉图对亚里士多德非常不满意。为了羞辱自己的学生,他先是让亚里士多德相信自己会将衣钵传给他,但随后让自己的侄子做了学院的院长,这个侄子与亚里士多德相比就是个傻子。亚里士多德辞去了他在学院的教职,建立了自己的学校,从而通过自己的学生亚历山大大帝来实施报复。从13岁起,这位未来的皇帝就接受了亚里士多德的教导,亚里士多德教育他要像希腊人一样思考,但要像野蛮人一样战斗。据中世纪的一位诗人说,亚里士多德教会了亚历山大写希腊文、希伯来文、巴比伦文和拉丁文,让他了解了海和风的性质,还向他解释了星宿轨迹、苍穹的旋转以及世界的期限。他教会了他法律与雄辩,并警告他要警惕淫乱的女人。亚里士多德设计了古代最强大的战争机器,并派它去对付雅典。这个曾经在柏拉图的学院里被羞辱的外国人的弟子征服了整个希腊,将他的军队遍布世界,并建立了有史以来最强大的帝国。

第十六章 要买多少东西才能幸福?

亚里士多德被称为逍遥学派的哲学家,是因为这个词在希腊语中的意思是"行走之人"。这个绰号的来由是亚里士多德喜欢和他的学生一边上课一边逛公园。在公园里,运动员在摔跤前都会在身上涂上油。如果你聪明,可以在天气好的时候把这个故事讲给你的老师,看看是否能说服他带你们也出去走走。

亚里士多德在一个体育馆里建立了他的哲学学校,你可能会觉得很奇怪,但的确是这样。这所学校是为阿波罗·利希斯而办的,所以给它起名为"学园"。你可别想成亚里士多德是在一个满是运动自行车的房间里讲课,电音响起,周围全是穿着名牌运动服的健美人士,那时的体育馆可根本没法和今天的相比。在古代雅典,体育馆不仅要让你身体健硕,还要让你的头脑丰满。你能想象在体育馆里以逻辑练习而不是一组仰卧起坐来结束你的训练吗?如果我们不单是想要拥有一个强壮的身体,而是努力修炼一个强大的心灵,也许今天我们会过得更好些。古希腊的体育馆是社会生活的中心,在这里你可以和其他人聊天、辩论或是交流思想。体育馆这个词来自希腊语gymnos,意思是"裸体",当时为了更好地展示自己的身体,运动员们都是裸体锻炼的,我们还不知道这是不是亚里士多德开始接受学院学生的原因。

据说亚里士多德用一种巧妙的方法控制自己的睡眠时间。他睡觉时手里拿着一个铜球,手下面会放一只铜碗,目的是当铜球掉下时,与铜碗碰撞发出的声音可以把他吵醒。正如这段逸事所示,亚里士多德是一个有条不紊的人,喜欢充分利用时间来享受生活。他深入研究的课题之一是如何获得幸福。他很清楚,我们都需要与他人一起生活，以便更好地发展我们的生活，因为人本质上是社会性的。如果你选择像梭罗一样，独自生活在野外，你会过上一种绝佳的动物生活，但这不是人类的生活。被他用来为与他人共同生活的必要性辩护的另一个理由是友谊，因为他认为我们都需要通过友谊来获得幸福。如果就只有你一个人，你告诉我你该怎么培养友谊，除非你可以和一棵松树或一只甲虫谈天说地？

亚里士多德认为，如果你像梭罗那样过着极简的生活，你将永远无法获得幸福。在他看来，贫穷是一种邪恶，你必须非常无知或有点疯狂才能选择或渴望贫穷。诚然，仅有财富并不能保证你的幸福，但这并不意味着你可以在贫困中过上充实的生活。

这位希腊哲学家认为，在所有可能的生活形式中，智者的生活是最好的。也就是说，如果你必须在梅西、史蒂夫·乔布斯、阿曼西奥·奥尔特加和爱因斯坦的生活中做出选择，你应该选择后者。这是因为任何时候财富都不可能与智慧相提并论。然而，不管爱因斯坦多么聪明，如果他的生活满是困难，他也一定会郁郁寡欢。贫穷是一种邪恶，我们必须在我们的生活和整个社会中消除它。在任何环境中，贫穷总是犯罪和反抗的诱因。在亚里士多德看来，我们每个人都应该力争成为一名中产阶级，因为仔细观察就能明白，中产阶级越多的社会就越是和平和发达。因此，你应该寻求一种足够富裕的生活，好让你能够享受宁静和健康的乐趣。贫穷什么都无法给你，但财富可以做到。问题不在于财富，而在于我们与财富建立的关系。物质财富不应该成为我们的

第十六章 要买多少东西才能幸福？

目的，而应只是我们发挥最大能力的一种手段。

如果你的账户里存款富足，你不仅无须为健康担忧，还可以外出旅行，可以有丰富的经历，干一件你喜欢且有助于你成长的大事，单纯为了兴趣而学习，等等。钱让我们有时间和自由来开展真正重要的活动，那些亚里士多德所说的能让我们快乐、成长的活动。如果你是穷人，你怎么会喜欢摄影或音乐？

然而，用钱来炫耀，来挥霍，来买那些不必要的奢侈品则是愚蠢的行为。还记得在我上学的时候，为了付研学旅行的费用，我卖过一段时间彩票。那时我给一位得到了一大笔遗产，且住在宫殿里的女士上门送彩票。我感谢她支持我，她说："我希望自己能中大奖。"我忍不住问她为什么还想要钱，因为她已经很有钱了。这个女士的回答是："的确，我是挺有钱的了，但还有比我更有钱的人。"

在亚里士多德看来，这个女士在人生的某个阶段迷失了方向，忘记了金钱在生活中的作用是什么。他反对任何依赖和自控力的缺失，他认为最理想的状态是做一个平衡的人。既不要住在森林中的帐篷里，也不要住在满是仆人的豪宅里，两者之中的状态才可以被叫作美德。

亚里士多德针对梭罗的想法有一个最终的论证，即善用美德才能获得幸福，但如果我们生活在贫困中，有些美德是无用武之地的。比如，你一无所有，你怎么能慷慨解囊？你可能会反驳说，穷人倘若把自己仅有的钱掏出来，那不也算是慷慨解囊吗？但是其他的美德呢，比如说宽宏大量？如果你生活在森林中，你怎么能步入辉煌呢？如果你一无所有，那节俭的意义何在？最后，亚里士多德会提醒你，那些跟随梭罗的年轻嬉皮士最后都明白了，也都成熟了起来，并且都接受了在这一生中不可能如此天真的事实。

第十七章
为什么有人不幸福，我会成为其中一个吗？

法兰克福学派、亚里士多德、康德

据世界卫生组织的数据显示，现如今有超过三亿人患有抑郁症。面对生活的方方面面，你会是其中一个吗？为什么你不会是呢？你觉得那些服用抗抑郁药物的人在你这个年龄时不确定自己是否会变得快乐吗？为什么他们没能获得快乐？

法兰克福学派的复仇者联盟

20世纪，有一群被称为法兰克福学派的思想家，他们与能够击溃任何超级反派的地球上最强大的英雄——复仇者联盟有某种相似之处。但与漫威英雄不同，他们宣战的对象不是北欧神话中的神明，而是资本主义。

法兰克福学派这一超级队伍由以下卓越的哲学家构成：

- 马克斯·霍克海默（1895—1973），这一学派无可争议的领导者，拥有一种超强的洞察力，他发现法西斯主义并没有灭亡，而是伪装隐藏在了某些形式的资本主义之下。
- 狄奥多·阿多诺（1903—1969），拥有捕捉任何文化产品（无论是电影还是夏日歌曲）背后隐藏的意识形态操纵的卓越能力。
- 瓦尔特·本雅明（1892—1940），以"历史天使"的绰号而著称，他熟读各类历史，发现这些书讲述的仅仅是"胜利者的历史"。
- 赫伯特·马尔库塞（1898—1979），能把你从奴役我们的技术和消费主义中解放出来，要是和他聊聊，你就不用给自己买新手机了。
- 埃里希·弗罗姆（1900—1980），能帮助你消除恐惧、奋起反叛，让你感觉自由。
- 尤尔根·哈贝马斯（1929— ），加入这一队伍的最后一位成员，也是最年轻的一位，尽管我在写这本书时他已年逾八旬，却还仍拥有发现规则何时违法的超能力。

法兰克福学派发现，在我们的社会中有一个超级恶棍，他使大多数人在不明缘由的情况下感到深深的不快乐，为了生存而

第十七章 为什么有人不幸福,我会成为其中一个吗?

给自己下药。资本主义经济制度是法兰克福学派的邪恶敌人,它通常通过媒体、广告和文化支配我们的思想。这个恶棍让我们屈服于只为实现他所设定的目的而运用我们的智慧来创造和制定的方法。他让我们以为自己是自由的,而实际上我们只是为其制度服务的一员而已。资本主义允许我们以社会的形式发展技术,却不允许我们思考自己想要过什么样的生活。因为这是由制度决定的模式:学习、工作、消费,然后养育只会学习、生活和工作的子女。我们绞尽脑汁、想方设法制造出新的家电、汽车、手机程序、社交网络或其他小玩意儿,却始终没有停下片刻,来想想我们要这些来做什么。

合理的做法应该是,我们首先问问自己想在生活中获得什么,然后为实现它们,着手制定最佳的办法。但事实却并非如此,因为支配这一点的是资本主义。

法兰克福学派提出了"工具理性"一词,指的是为实现制度所设定的目的而发展手段的智力。工具理性使我们无法思考什么才是指导我们社会发展的目的。现在你就明白为什么我们的社会尽管处于历史上科学和技术方面最发达的阶段,却还是出现了像法西斯主义这样非理性的共存形式。它由此衍生出的死亡集中营是达到极度非理性目的的手段,但作为一种手段,它的有效性却无可挑剔。我们的社会一直是开发各种工具的佼佼者,这些工具许多都是高度精密的,但我们是否问过自己,打算使用它们来做什么?

电影《极度空间》(约翰·卡朋特导演,1988年)是一部诠释法兰克福学派中心思想的影片。这是一部典型的有关外星人入侵的电影，但导演借助影片痛快地抨击了新自由主义制度。故事讲述了流浪汉约翰·那达的生活。他无意中发现了能看清表象背后的真实情况的墨镜。一戴上这副墨镜，约翰·那达就会看到一个黑白分明的世界，当他凝望曾挂着广告牌的位置时，所看到的是一个白色的背景，上面有巨大的字母，写着"服从"，而在另一个出现身着比基尼的女郎的广告下面，戴着墨镜的约翰·那达看到的是另一则信息：结婚和繁衍。

这副墨镜还向他揭露了报纸、杂志、广播和电视所传达的唯一信息：消费。当他戴着这副神奇的墨镜查看美元纸币时，纸币上的总统肖像就会消失，而他所看到的真实内容则是：金钱就是上帝。墨镜所揭示的最可怕的实情是，大多数人都是行尸走肉，深受奴役却毫无察觉，处于完全无知无觉的状态。这部电影让美国艺术家兼设计师谢帕德·费瑞着迷不已，以至于他为这部影片创作了一张海报，从此风靡世界各地的大街小巷。海报设计的亮点是将20世纪60年代最受欢迎及最具魅力的摔跤明星之一——巨人安德烈的肖像和"服从"一词放在一起。

法兰克福学派、约翰·卡朋特和谢帕德·费瑞所捍卫的思想是人不能在无知中获得幸福快乐。把头埋在沙子里只会产生一种虚假的幸福感，并最终让人在最没有防备的时候服用百忧解（一种抗抑郁药）。在无知的状态下，我们既不能获得真正的幸福快乐，也没有真正的自由。资本主义制度已经成功安排我们朝着并

第十七章　为什么有人不幸福，我会成为其中一个吗？

未由我们自己选择的命运加速行进。抗击这种邪恶的唯一方法是大家一起停下来，思考我们到底想要走向何方。

不要收集"标签"，而要积攒美德

如果你喜欢玩滑板和涂鸦，你肯定知道有一个服装品牌就是用这种图样作为其标志，然而通过销售80欧元左右的运动衫来批评消费主义制度是不是有点自相矛盾呢？

第一位探讨这类问题的是亚里士多德，他在其名著《尼各马可伦理学》中进行了论述。

对该书书名的传统解释称，亚里士多德为他的儿子尼各马可写了一篇论文，教导他应遵循什么样的教育和生活方式以获得幸福。这位哲学家还有一个女儿，但他未给女儿写就只言片语，或许因为他认为幸福，就像政治或哲学一样，都只是男人的事。所以，正如你所见，就算是智者如斯也难免会有愚蠢的想法。而另一种解释称，书名中的尼各马可指的并不是亚里士多德的儿子，而是那位自作主张收集和整理亚里士多德所有伦理学著作的可怜人。但不管怎样，事实上，这本著作仍然非常具有现实意义，可以帮助你走上幸福之路。

如果不想以吃抗抑郁药告终，你必须做的第一件事就是摈弃误以为幸福就是一种类似于快乐或愉悦的心理状态的想法。幸福如果真是这样，那只要造出能让我们一直保持这种状态的药物就好了。亚里士多德认为，幸福更多与一种有价值的生活有关，与追求生存的满足感有关，与实现真正重要的目标和拓展我们所有的能力有关。总之，幸福就是我们最终成为最好的自己。想象一下，当你快要走到人生的尽头时，拍摄一部有关你人生的电影，会有人舍得花钱买票去看吗？你会喜欢这部影片还是会感觉无聊乏味？影片的主角会引起公众的喜爱还是排斥呢？

在亚里士多德看来，幸福是学习和训练的结果。许多人不幸福的原因是，他们把幸福与其他东西混为一谈，虽然都是好的，但那并不是幸福。有些人认为他们需要职业上的成功来获得幸福，有些人认为需要名声，有些人认为需要金钱，有些人认为需要更多的快乐和新的经历，但这些好东西都不能确保你幸福。

你真正需要的是什么呢？亚里士多德给出了答案：努力成为品德高尚的人，你就会得到幸福为回报。要想了解亚里士多德所说的"美德"是什么意思，可以想象一下，一位足球运动员要成功所必须具备的素质。如果你是这项运动的爱好者，很快会发现优秀足球球员的一些优良品质，如多才多艺，具有力量、速度和团队精神。为了识别这些品质，我们首先要做的是思考足球球员本身做的是什么，然后自问是什么使他们所做的事取得成功。如果足球球员本身该做的就是奔跑，那么速度就是其应具备的品质之一。

我们继续以足球为例：要怎么做才能获得优秀足球球员的这些品质呢？实际你已经知道答案了：努力训练。现在试想一下，你想成为的不是一名优秀的足球球员，而是一个优秀的人。那么要做到这一点，你就要确定哪些是确保你所做之事能获得成功的美德。如果你想获得幸福，就停止收集标签，从此刻开始致力于

第十七章 为什么有人不幸福，我会成为其中一个吗？

积攒美德吧！为了让你更容易寻获幸福，亚里士多德列出了一份美德清单，具备这些美德将使你成为一个优秀且幸福的人：

- 勇敢：介于懦弱和鲁莽之间。不要以为害怕恐惧是坏事，它是大自然赋予我们的一种机制，用来警告我们有危险。但鲁莽的人无所畏惧，因此才会做疯狂的事，比如在高速路上将车速开到180公里/小时，然后对你说"别慌，一切都在我掌握之中"的白痴。而懦夫，则是在毫无危险的地方看到他认为的危险。电视剧《生活大爆炸》的主角谢尔顿就是典型的胆小鬼，他无法克服自己的恐惧和害怕，且在大多数情况下，这些恐惧和害怕都是非理性的。如他的密集恐惧症或对密集的几何图形的恐惧。而勇敢的人则清楚地知道什么时候和为什么害怕，以及什么时候应克服恐惧。正如你所见，勇气与审慎和自信有关。一个勇敢的人，最基本的是会在承受压力时保持冷静。拥有这种美德的人在极端情况下会表现出他们的伟大。克林特·伊斯特伍德在《萨利机长》（2016年）中讲述了一个体现勇敢美德的故事：2009年1月15日，由于遭受一群大雁的撞击，飞机失去了引擎，机长不得不将其驾驶的空客A320客机紧急迫降在哈德逊河上。这个由汤姆·汉克斯扮演的人物，没有惊慌失措，始终保持镇定，冷静思考应采取的最佳选择，并最终挽救了机上155人的生命。

- 节制：在享乐上应保持平衡。如果你有这种美德，你就会明白，出去聚会时，你不必喝到烂醉，但也不必表现得跟和尚尼姑一样。学会均衡地吃、喝和睡眠休息。亚里士多德认为，关键是要控制欲望，不要让它支配你。不要像孩子一样，无法控制自己的冲动。在电影《宿醉》（托德·菲利普斯导演，2009年）中，四个朋友举办了史上最疯狂的单身派对，这就是一个清楚说明什么是对享乐和聚会毫无节制的例子。如果你想获得幸福，你也必须在你的其他情绪（羡慕、快乐、爱、恨、嫉妒、怜悯等）中寻求这种自我控制和平衡。比如就愤怒而言，如果你在该发火的时候发火，向对的人发火，并控制宣泄的方式，那你就是具有自制这种美德的。

- 慷慨：不要让人利用，让人将你当作傻子来对待。但也不要变成海蒂·格林，被《吉尼斯世界纪录大全》认定的世上最吝啬、最小气的女人。这个女士是19世纪最富有的人之一，但她从未帮助过任何人，甚至她的亲戚。在她的一个儿子摔断腿时，她把他带到了一家慈善医院以节省治疗费用。

- 豁达：无论自身处于怎样的境地，都能以从容的心态面对，也能同情他人的苦难或为他人的成功而欣慰的美德。在我们国家，这种想法值得商榷，因为西班牙人似乎很难为我们的同事或邻居的成功而感到高兴。要获得这种美德，重要的是我们不要陷入傲慢或产生自卑感。

第十七章　为什么有人不幸福，我会成为其中一个吗？

亚里士多德所说的豁达大度者，就是我们今天所说的创业者。电影导演约翰·休斯顿不仅是有史以来最伟大的电影人之一，还是一名拳击手、作家、军人、猎人、养马人和艺术品收藏家。他的许多影片讲述的都是伟人及他们的冒险的故事。如果光挑一部来讲的话，就当数《国王迷》（1975年）了，因为它是体现无畏、浪漫和冒险精神的代表。

- 宽绰：知道如何消费的美德。即反对浪费（花费太多在不重要的事情上）和吝啬（在真正重要的事情上花费太少）。在亚里士多德看来，学会何时该大肆花钱很重要。比如，当你为社区花了很多钱，或者为慈善事业、建造博物馆捐赠了一大笔钱时，就会受到赞扬。你也可以毫无顾忌地花钱建造自己的房屋、款待宾客或庆祝某个难得的活动，就像《教父》（弗朗西斯·福特·科波拉导演，1972年）中的维托·柯里昂在他女儿的婚礼上所做的那样，哪怕这并不完全是个好例子。因为据亚里士多德告诫，要想成为宽绰的人，花的钱必须是凭借自身才能正当赚来的，而剧中维托所掌握的钞票可算不上干净。

- 耐心：这是智者的美德。在面对不可预知的事件、不幸或痛苦时，如果你不能管理自己的情绪，特别是愤怒，就表明你在通往智慧的道路上还有很长的路要走。为什么无知的人没有耐心呢？因为他的天真会让他以为事情总是会按照他想象的那样发展。没有耐心的人期望不切实际，认为任何时候生活都必须给予他公平和良善。如果超市收银台前有人排队，他会认为要排队的只是其他人，不包括他。如果他感冒了，他会觉得感冒病毒可以攻击其他的4600万西班牙人，唯独不可以是他。而与这种自视甚高的傻瓜不同，智者了解现实，知道如何处理现实，区分可避免的和不可避免的情况，不会被愤怒所左右。拥有这种美德的人像岩石一样坚硬，无怨无悔地忍受着痛苦。如果想企及他的高度，你必须清楚，耐心需要一定的智慧和心理成熟度，以了解哪些才是生活中的重要问题，且知道该如何处理它们。侦探菲利普·马罗就是这样一位有耐心的代表，这个由剧作家雷蒙·钱德勒创作的角色，在电影中曾先后被亨弗莱·鲍嘉、罗伯特·蒙哥马利以及罗伯特·米彻姆等人扮演。菲利普·马罗告诉了我们，生活中没有什么问题是双份威士忌不能解决的。

- 公正：公正的人不盲目遵守法律，而追求共同利益。公正行事要有智慧，在法律执行不公正时予以纠正。要理解亚里士多德对这种美德的定义，建议你看看经典电影《纽伦堡大审判》（斯坦利·克雷默导演，1961年）。这部影片讲述了一场非常特别的审判，因为它不是对一个罪犯，而是对法律和执行法律的人进行审判。透过影片，我们如同亲历了纽伦堡审判，将不公正法律制度的缔造者和维护者，即纳粹帝国最高级别的法官送上了被

第十七章 为什么有人不幸福,我会成为其中一个吗?

告席。他们本应负责维护正义,然而他们的作为和不作为却导致通过了一项侵犯基本人权的法律。

- 审慎:它是各种美德的重中之重,只有知道什么是真正正确的人才能拥有它。不审慎的人没有能力计算其行为的后果,好恶不分。问题在于并没有什么通用规则在各种情况下都能帮你确定该怎么做,因为适用每个人的情况都不同。例如,在教育方面,有不同的教学方法,好的老师知道哪种方法最适合他的每个学生。但是,没有什么规则来指导老师该使用哪种方法,只有那些优秀教师的智慧和经验可以确定这一点。要想获得这种美德,除了花时间进行反思,别无他法,你必须"回到你自己身上",评估自己和他人的行为。要做到审慎并不容易。有的年轻人可能知识渊博,却并不会因此而审慎,因为这种美德只有通过经验实践来累积。要是青年人没有足够的实践来获得它,怎么办?若想谨慎行事,就请听听长者的意见。他们和专家们有长期经验积淀的智慧,会愿意和你分享。听从审慎智者的意见和判断,而不是追随当红的观点!要深入了解这一美德的含义,建议观看影片《华盛顿邮报》(史蒂文·斯皮尔伯格导演,2017年)。1971年6月,《纽约时报》和《华盛顿邮报》不得不做出重大决定,是否发表泄露的五角大楼文件,这些文件证明政府对机密进行了大规模隐瞒。它们必须决定什么对美国人民更重要,知情权还是安全?

- 友善：把这种美德比作农业，正如好的农民知道如何耕种他的田地，以结出最好的果实一般，好的朋友也知道如何在一段友谊关系中这样做。亚里士多德认为，友善是能获得幸福必备的美德，因为所有其他的好事只有在我们与友人一起分享时才有价值和意义。友谊需要倾注时间呵护。但事实上，即使你从幼年就一直和某个人打交道，也不能使其立刻成为你的朋友，因为你还得确定他是一位良善的、有德行的人。我们不能和坏人培养友情，反之亦然，在你自身成为一个好人之前，你是配不上别人的友情的。亚里士多德指出，与许多人成为朋友是不可能的，因为友谊需要亲密无间，为了获得友谊，需要倾注精力和时间。正如在其他事情上一样，亚里士多德建议在一个和多个朋友之间找一个折中，像在饭菜中加盐一样运用友谊。

在希洪当地海边的一家鸡尾酒酒馆，两位八十来岁的老先生，至今仍保持一种维护他们友谊的美好传统：每周聚在一起喝两次干马提尼，由买单的那一方提议谈话的主题，之后再轮换角色。

亚里士多德提出的所有美德都有一个共同点：它们都是在两个极端中寻找折中。因此，必须铭记，无论是过度滥用或缺省都会折损你的美德。就如在体育运动中一样，过度运动不健康，但买了健身房的卡，"三天打鱼，两天晒网"也不健康。

第十七章 为什么有人不幸福，我会成为其中一个吗？

怎样才能获得完善我们智慧的美德呢？它们必须经过学习获得，别无他法。获得完善我们性格的美德则是像你学会骑自行车一样：通过练习和实践。美德是一种习惯，更是一种习性，通过不断重复相似的行为获得。就像只有开车上路才能学会驾驶一样，你只有通过实践公义才能成为一个公道的人。要想开车，光刻苦钻研公路法规是不够的，那么要想做好人，光有这个想法或知道善良为何物也是不够的。

亚里士多德告诫说，快乐和痛苦都会极大地影响我们的习惯，使我们无法获得美德。要是坏事让人愉悦，相信你很会做坏事，而好事给你带来某种痛苦或折磨，或者必须让你做出努力的话，你也会放弃做好事。就比如，今天学习了多长时间？大多数人都被宠坏了，他们懒惰、无所事事、缺乏锻炼，使他们变成了时间和金钱的浪费者。

争论并快乐着

继亚里士多德之后，就为了确保我们幸福，最应获得哪一种美德的争论相当激烈。斯多葛派哲学家认为，主要的美德是智慧，它是通过发挥理性及控制情绪和欲望来获得的。伊壁鸠鲁派将快乐与美德相提并论，但不是指任何种类的快乐，只是那些自然的、适度的、并未过度的快乐。怀疑论者则认为美德是一种状态，在这种状态下，实际上"什么你都觉得无所谓"，且能在整个生命过程中保持冷静。基督教徒也加入讨论，提出爱应为主要的美德。之后是康德出现并终止了这场争论：对于这位德国哲学家来说，争论美德和幸福就如同争论什么是世界上最好的食物一样荒谬。康德认为，幸福是所有欲望和爱好获得满足。由于我们每个人各自的性格和体质各异，所以不可能为所有人定义一个共同的理想。让我心情最放松、最快乐的事情之一是给学生试卷打零分。我发现手腕转动画圈非常令人愉悦，但我不能说这对学生来说也同样是乐事一件。幸福取决于主观因素吗？这种想法和某一特定的文化或时代相关吗？又或者是否存在普遍的人类经验，可为万能幸福的观念奠基？换句话说，是否有一个对所有人都有效的幸福秘方呢？如果是这样的话，其关键的成分是什么？就这点争论仍在进行，你也可以对此做出回应。

第十八章
该信赖搜索引擎吗?

笛卡儿、洛克、休谟、皮尔士、威廉·詹姆斯、皮浪、
阿尔塞西劳、卡尔·萨根

我曾经要求学生做一篇关于当前宇宙学理论的研究论文。他们所不知道的是,就在布置任务的前一天晚上,他们无赖的哲学老师在搜索引擎上用错误信息篡改了关于这个问题的文章,如"目前的宇宙学理论是智能设计的理论,它假设宇宙存在一个创造者。这一理论被认为是经过验证的,并得到了整个科学界的支持"。

学生们纷纷落入陷阱,随之而来的是一场名副其实的零分大浩劫。他们都犯了一个错误,即从同一个单一的信息来源调查研究,却没有检查信息的真伪。学生们从来没想过,他们的哲学老

师实际上是一个邪恶的天才,他用尽自己的智慧欺骗他们,让他们把虚假的东西当成真的。我的高中班主任是少数在多年前就意识到这一点的人之一,当他发现时,曾试图劝阻我道:"要是你把你的智慧用于为善而不是为恶服务,世界将会变得更美好。"但谁能保证我不会下午仍坐在电脑前,喝着好酒,在搜索引擎上填写虚假信息呢?那么,你该相信在互联网上读到的东西吗?如何区分信息的真假?该遵循什么准则来确保所谓的真实就真的是真实呢?

别信哲学老师,只相信你的理性。法国哲学家勒内·笛卡儿就不会落入我的陷阱,因为他拒绝权威原则,把自己的理性作为判断一个意见何时应被视为真实的唯一准绳。这位思想家的一生精彩至极,从小就被最好的书籍和老师所环绕,十岁就被送到欧洲最好的教育机构之一学习。

这个男孩很聪明,学得很快,学习上一点也不费力,不过体育课的那些运动、弯腰和出汗对他来说就不太友好了。年轻的笛卡儿身体不是很好,所以校长允许他在床上磨蹭到很晚,而他的同学们却不得不在教室里挨冷受冻,严守老师们的规矩。赖在床上偷懒或懒洋洋地看直到上午11点。这种习惯笛卡儿保持了一辈子(我想这一定是种不难习惯的事情)。他在家人的"推荐"下学习了法律,但承认自己并没学到什么。

在他最有名的著作《方法论》中,笛卡儿承认自己从小就开始学习,虽然他非常擅长学习,但他学到的知识越多,疑惑就越多,发现的错误也越多。尽管他在欧洲最著名的学校之一就读,

第十八章 该信赖搜索引擎吗?

周围都是最聪明的人,尽管他阅读和研究了当时所有的科学书籍,但他唯一的收获是发现自己根本不懂,他甚至怀疑自己所学的一切究竟是不是真的。多年后,伯特兰·罗素就这种相同的感觉说:"人类的问题是,愚蠢的人对一切都很有把握,而聪明的人则充满了疑虑。"

在中世纪哲学中使用的原则尤其如此,即如果一个论题得到了权威人士的辩护,人们就必须接受它的真实性,消除任何讨论的可能性。

笛卡儿做出了一个决定:放弃学习。他不再阅读图书馆里的书籍,而打开了"世界之书"。他投入了"生活大学",想去旅行,认识新的国度,学习它们能教给他的一切。由于当时没有国际列车,游历欧洲的唯一途径是入伍参军。因此,笛卡儿投入奥伦治亲王麾下担任军事工程师,并尽其所能游历各地。有趣是,每当有重要的政治事件发生时,笛卡儿都恰好在当地。这让某些传记作家怀疑,这位哲学家并非真正的军事工程师,而是从事和詹姆斯·邦德一样的工作。年轻的笛卡儿与英国军情六处的这个著名间谍还有两个共同的爱好:赌博和女人。据说,笛卡儿曾寄居在一位贵族的宫殿,深得女主人的欢心,但准确地说,他靠的不是伟大的哲学家的头脑,而是其他的品质。当男主人发现哲学家在给他的夫人上"私人课程"时,似乎有点生气,遂将笛卡儿赶出了家门。

1616年11月10日,笛卡儿在德国旅行时得了流感,就住到一家旅店发汗,把自己关在一个用炉子加热的小房间里。受发烧高热、炉温和密闭不通风的环境的折磨,他开始头脑混乱,梦见了一个鬼魂、一所学校、一个西瓜、一本字典、一本拉丁文诗集以及"是"和"否"两个词。

笛卡儿认为,这是上帝通过这些梦境与他交流,向他揭示他自此以后的使命:哲学。于是他承担起了在历史上首次创建一门安全科学的任务,而在这门科学中绝无可能出错。他离开部队,几乎完全投身于哲学,却从未完全放弃对赌博和女人的嗜好。笛卡儿赞同亚里士多德的观点,认为在各种生活中,哲学家的生活是最好的,但过这种生活并不意味着不能享受下最高雅的乐事,而这些乐子只有在当时的宫廷内才能找到。

以伟大"哲学家"的身份,笛卡儿几乎到访过欧洲所有的宫殿。他是一位不折不扣的旅行者,一生搬家近乎30次,对新家的唯一要求是要靠近大学和教堂。

在一次旅行中,这位哲学家再次经历丧女之痛。第一次失去发生在孩子五岁时,女孩得了猩红热而死去。这种冲击想必非常可怕,笛卡儿得知噩耗时,目光凝滞了一下,之后几个月都没再说过一句话。他无法接受女儿的死亡,因此决定使她复活。他深谙解剖学和机械学,于是运用这两种科学创造了机械人——小弗朗辛。这个机械发明让笛卡儿重新获得了继续活下去的意志。他又开始了旅行,将机械小弗朗辛放到小箱子里,一起游历。在一次去往北海的航行中,船长打开箱子,看到一个会动又会说话的金属小女孩,认为那是魔鬼的工具,于是把它扔下了船。

笛卡儿最终因为一个女人而发了疯,不过这次是真的女人。

第十八章 该信赖搜索引擎吗?

年轻的瑞典女王克里斯蒂娜个性张扬,文化水平极高,会说八种语言,掌握数学、天文、地理、历史和哲学,而且还非常漂亮。她使斯德哥尔摩宫廷成为欧洲的知识和科学中心,当她邀请笛卡儿来教她哲学时,他一口就应下了。女王将她的课程安排在了清晨时分。她不仅起得很早,还对寒冷不是很敏感,命令只要是她在的房间窗户都得打开。而这位一辈子也没早起过的哲学家却因此染上了肺炎,才54岁就丢了性命。当然这是官方的说法,而据非官方的说法,他是被砒霜毒死的,瑞典王室认为他不是作为哲学家而是一名双重间谍来到的斯德哥尔摩。

尽管如此,笛卡儿令人难以置信的故事并没有在这里结束。据说,在将他的遗体运往巴黎的途中,有人私藏了他的头颅,而仅是把剩下的遗体送到了法国。笛卡儿的头骨在黑市几经转手,最终被交给了自然博物学家乔治·居维叶。居维叶将它交还给了法国政府,但法国政府却决定让笛卡儿的头颅和身体继续维持分开的状态。如果你想看这个头骨,你必须去巴黎的人类博物馆,而如果你想向这位哲学家被斩首的遗体致敬,就必须穿过塞纳河,去圣日耳曼德佩教堂。

在笛卡儿所处的时代,每天醒来你都会发现,几个世纪以来原以为真实的东西其实都是一个巨大的错误。伟人和智者们都弄错了,科学书籍中也满是错误,没有办法知道哪些真理是真的,哪些是假的。你能想象因为发现了新的错误而每天都得纠正你的教科书吗?

如果你的新物理老师以与过往不同的方式,甚至是与上学期的老师所讲的方法相悖的方式解释宇宙运行，你会怎么做？你会听谁的？相信谁的说法？笛卡儿决定超越一切，不接受除他自己的理性之外的任何权威。他并不关心某件事是否写在名著中，或是否曾被某位受世人尊崇的重要人物说过。如果他的理性没有清楚地看到这是真的，他就不会接受它，就这么简单。如果我的学生像笛卡儿那样相信自己的理性，他们就不会考试不及格，他们会因发现搜索引擎文章的自相矛盾而选择独立思考，因为理解力警示我们，一件事和相反的事不可能同时都是真的。

笛卡儿是主张怀疑的哲学家，因为他明白这是寻找真理的方法。他认为，"为了研究真理，有必要尽可能地怀疑一切，至少在一生中怀疑一次"。如果笛卡儿不得不在身上文上一个符号的话，那将是一个巨大的问号。笛卡儿为寻找可信赖的真理所设计的方法可能会让你感到困惑，但你必须相信它。他的理念是质疑我们在日常生活中认为理所当然的一切，直到我们找到一个不容置疑的真理。笛卡儿首先分析了由感官提供的感觉。从你醒来的那一刻起，你肯定就相信事事都如你所感知的那样。你倒入杯中的牛奶是白色的，牛奶含在你嘴里感觉是温的，但这些你都确定吗？你是否还记得那件事，互联网上发布了一个问题——有一张衣服的照片，衣服的条纹到底是白色和金色，还是蓝色和黑色？人们分成了两派。

这个例子表明，我们的感官并不可靠。因此，笛卡儿不认为现实就是我们所感知到的那样，他认为这不是不可辩驳的。好吧！这是我的观点。也许牛奶不是白色的，但至少你可以确定牛

第十八章 该信赖搜索引擎吗?

奶以及装牛奶的杯子的存在,不是吗?不要这么肯定,你难道没有做过一个十分真实的梦,直到你醒来才意识到它是梦吗?你是否经历过在梦中醒来却不知道那是一个梦的感觉?在那一刻,我们生活在一个虚假的现实中,仿佛它是真实的。谁能保证现在你没有梦到你在看书呢?

说到这里,你开始紧张了,这就是我的意图。如果你喜欢这种笛卡儿式的偏执,我推荐你仔细观看电影《盗梦空间》(克里斯托弗·诺兰导演,2010年),它向我们讲述了一个能够进入他人梦境并让做梦人相信自己生活在真实世界的人的故事。当你看到影片结尾,肯定已经不知道如何区分梦境和现实了。

在这一点上,无论笛卡儿还是你都不知道可以相信什么或相信谁。在你把所有的教科书扔进回收箱之前,请记住,数学似乎仍然是真实的,即使你感知到的东西都不是真实的,也不可能梦到一个没有三条边的三角形。当笛卡儿发现数学的确定性时,他擦了擦额头上的汗水,吸了一口气,坐回到扶手椅上。想想看,这位法国哲学家正在翻阅自己的数学课本,研究一些定理,突然,他脊柱一阵颤抖,脸皱成一团,脑中蹦出一个可怕的想法:要是一个强于我的恶棍能控制我的思想的话会怎么样呢?会不会有这么一个变态的存在,它不仅可以篡改搜索引擎的文章,甚至还可以控制我自己的思想?如果这个假设成真,它至少会产生两个后果:首先,我无法确定任何事情,无论它在我看来多么确定;其次,我没有办法知道这个存在是否存在。

笛卡儿的这种假说被称为"邪恶的天才"假说,被美国科学哲学家希拉里·普特南（1926—2016）重新阐释为著名的"缸中之脑"思想实验。就是说，你不知道你是一个被放在甲醛大缸里的大脑，并被连接到一个邪恶的科学家的电脑上。你所看到的或听到的都是由这个变态所创造的计算机程序产生的。要是你是一个大脑的话，你对此将一无所知，因为你所感知到的将与一个有血有肉的人完全一样，而没有什么可以让你知道这两种情况中哪种才是真实的。

对一切的怀疑使笛卡儿找到了一条坚实到无法被怀疑的真理，这也成为哲学中名言之一：Cogito, ergo sum（我思，故我在）。虽然不是每个引用它的人都清楚自己在说什么，但是，在谈话中脱口说出这句话使自己变得有趣也总是很好的（我希望你不是这类人中的一员）。笛卡儿想用他的"我思，故我在"表达的思想是，即使有这个反常的存在（邪恶的天才，而不是哲学教授）欺骗他，有一件事是不可否认的："我的思想存在。"如果没有，那个可恶的邪恶天才怎么可能操纵它，那么如果这些想法是我的，我就可以确定我是存在的。

笛卡儿发现的这一真理在你看来可能是老生常谈，但这位法国哲学家的目的并不是要找到新的知识，而是要找到可以绝对确定的东西。他认为，一旦发现这种东西，他就能像数学家那样，从其他真理推导出另外一些真理。这不是让你偏执地认为自己生活在虚拟现实中。笛卡儿式怀疑的关键是，你要意识到你是一个理性的存在，你可以为自己找到真理。如果你的理智没有清楚地认定某件事情是真实的，就不要接受它是真实的，即使搜索引擎、教科书或你刚收到的某个朋友的信息告诉你是这样的。

眼不见不为实

对于哲学家约翰·洛克（1632—1704）和大卫·休谟来说，理性不是知识的来源。他俩都被认为是现代经验主义之父。现代经验主义是一个哲学家流派，他们认为被理解为知觉的经验是我们知识的起源和极限。在哲学史上，如果理性主义者是皇家马德里足球俱乐部，经验主义者就是巴塞罗那足球俱乐部。经验主义者和理性主义者争论经典的时间比这两个足球俱乐部竞争的时间要长得多。

洛克颇具科学头脑，曾在哈佛大学学习医学，是科学家波义耳和牛顿的挚友，但在激情拜读了笛卡儿的著作之后，最终致力于研究哲学。洛克认为，理性不是我们编造对事物的认识的直接来源。我们头脑中的所有想法都是由我们的感官提供的数据构建的，当我们出生时，我们的头脑完全是空的，就像一部刚出厂，还未安装任何应用程序的智能手机一样。

思想是事物在我们头脑中的表征，所以我们的知识是关于思想的，而不是关于事物的。继续以智能手机为例，就好像我们不能直接访问物体，而是可以通过相机拍摄的照片在手机屏幕上访问它们一样。如果是这样，就有一个问题产生：我们怎么能确定我们对事物的想法是真实的？为了解决这一难题，洛克区分了主要和次要的品质。对于主要的，我们可以以绝对肯定，因为它们是客观的，也就是说，它们确实隶属我们所正在感知的事物。如果你目前正手拿一本书，你可以确定它的大小或形状。如果你怀疑你手中的这卷书是矩形的，是时候预约一个好的心理医生了（除非你是在手机应用上阅读它）。现在，次要的品质，如颜色或声音，并不真实，它们只是物体对我们的感官所造成的影响。

网络上关于裙子颜色的大讨论是荒谬的，因为裙子实际上是无色的。颜色只是当一个物体接触到我们的视觉系统时所引发的次要感觉。颜色并不真正存在，它们是主观的感知。今天我们知道，看东西是一种颜色还是另一种颜色，取决于我们的视网膜是什么样，以及我们的大脑在一生中学到了什么。视网膜是一片类似电影屏幕的薄膜，图像通过瞳孔和晶状体投射到上面，但最终，看东西是一种大脑活动。变色连衣裙的图片暗藏玄机：照片上的光线非常饱和，接近一个阈值，蓝色织物的亮度会被一些人的大脑识别为白色。我们的大脑给世界着色，以利于我们区分事物，这是一个非常有效的生存工具，想象一下：要是我们的祖先不能通过颜色来区分灌木和躲藏在其中的捕食者会如何？

为区分一个想法何时是客观的，何时是错误、想象或偏见的产物，大卫·休谟制定了一条标准，你应该从现在就开始遵循："让我们检查一下在这种想法的基础上是否有一个印象。如果我们发现有，那么这个想法是合法的；如果没有，那么它就是非法的。"休谟的真理标准可以归纳为一条简单的规则，即人只能知道自己能感知到的东西。如果我的学生将这一规则应用于互联网百科的文章，他们很快就会发现，他们根本不应该相信它：有什么经验数据可以证明宇宙存在一个所谓的智能"创造者"吗？休

第十八章 该信赖搜索引擎吗？

谟在应用这一标准时非常激进：他曾经说过，如果一本神学的书落入我们手中，我们就应该把它扔进火里，因为它除了谬误和幻想之外，什么都不可能包含，要是烧了的话至少还可以暖暖房间。休谟并不否认上帝的存在，但他确实否认我们可以知道的关于上帝的一切事情。上帝在我们的感知领域之外；因此，我们不能对他说什么。

要是有效的话，就一定是真实的

实用主义是美国非常流行的哲学潮流，由哈佛大学的两位教授查尔斯·桑德斯·皮尔士（1839—1914）和威廉·詹姆斯（1842—1910）创立。大体上，他们认为，一种理论的真理性取决于它在与环境的斗争中给一个人或一个群体带来的优势。休谟用印象一词来指代我们的感知，包括外部和内部的感知。如果看到蓝色的裙子有助于你知道怎么将它与紫檀色的高跟鞋搭配着穿，成为派对上的女神，那么裙子就是蓝色的，就是这样。

对于哲学家兼科学家查尔斯·桑德斯·皮尔士来说，如果有实验或经验数据来证实，那么那个说法就是真实的，但对于他的同事威廉·詹姆斯来说，真理并不那么基于可观察的事实。在威廉·詹姆斯的著作《宗教经验种种》中，他将应用实用主义解读上帝，并得出结论，鉴于信仰对人类有用，我们就必须接受上帝的存在，将其作为一个真理。威廉·詹姆斯所说的实用性是指一切为人在社会中的发展服务的东西。从这个意义来讲，爱、同情或宗教都能达到有效的社会效果：它们作为社会黏合剂发挥作用，使我们成为更好的人。没有绝对的真理，因为我们所认为的真理是人根据自己的需要而构建的。如果我们将实用主义应用于搜索引擎上那篇有争议的文章，那么皮尔士会建议你在资料来源部分寻找支持它真实性的科学研究，以检验其真伪。而威廉·詹姆斯则会告诉你，如果文章的内容具有有益的社会影响，那你和你的老师就应认真考虑接受它是真实的。

不要相信任何人

在哲学史上曾有那么一个人，据说他既不相信感官也不相信理性，因此被视为怀疑学派之父，他就是来自伊利斯的皮浪（约前365—约前275）。

我们需要更多像他这样的思想家：他的哲学一定给他的同胞带来了很大的帮助，以至于他们决定，从那时起，哲学家就不应该再缴税了……但愿财政部部长能读到这几句话，并向可敬的伊利斯公民学习！

皮浪是一位伟大的旅行者，他曾在亚历山大大帝的一次远征中陪同大帝前往印度，了解了各种信仰、传统和思维方式。这个希腊人的思想可能会引起你的兴趣，因为若你应用得当的话，你将能够证明老师强迫你考试和做家庭作业是没有意义的。要是皮浪做我给学生布置的宇宙学练习，他不是上互联网查阅，而会交出一张白纸，认为我没有客观标准来评估他的作业。皮浪认为，我们无法知道事物的真实情况，只知道它们看起来是怎样的，问题就在这里，因为同样的东西在不同的人看来可能是不同的，我

第十八章　该信赖搜索引擎吗？

们永远不会有一个标准来确定所有意见中哪一个是正确的。如果我们分析人类的知识，且不得不得出结论，我们不应该说"这是事实"，而只能说"我觉得这是事实"或"这可能是事实"。因此，下一次考试时，你唯一要在试卷上写的是"没有人知道，也没有人能够知道任何事情"。

皮浪的一个追随者是阿塞尔西劳（前315—前241），他的教学方式会让你目瞪口呆。如果这个麻烦佬教你宇宙学，第一天他就会用非常好的论据来批评"宇宙是无限的"这一说法，使你相信宇宙并非无限的，当然，这就是胡扯。第二天，他将在黑板上写下"宇宙无极限"并做完全相同的事情。你惊奇得双眼瞪得跟盘子一样大，而就在那一刻，这位怀疑派教授会邀请你采取圣人的态度：对一切都漠不关心。我们没有办法确定什么是好的、公正的或真实的，因此应该避免做出价值判断，无视一切，一笔带过。在下一次圣诞晚宴上，当你的家人开始提高嗓门争吵时，你无动于衷，趁机给自己的盘子塞满火腿，酒杯盛满酒，无视所有人和所有事。

科学人士和废话检测包

在笛卡儿的教条主义和皮浪的激进怀疑主义之间有一些中间派。英国哲学家伯特兰·罗素则认为既不是这样也不是那样。不要认为你的观点是正确的，但也不要认为没有办法确定哪个观点是正确的。教条主义者会说"我绝对相信是这样的"，不听取其他观点，因为他已经预判这些观点是错误的，并认为错的总是别人（有些人容易陷入教条主义）。另一个极端是激进的怀疑论者，他们很懒惰，试图用把无知说成是一种美德来为自己的无知辩护。这种人经常会说"每个人都有自己的观点，且都应获得同样的尊重"。面对这两种样式，罗素认为应采取科学人士的态度，也就是说："我认为这是这样，但我不确定或我不知道这是怎么回事，我希望能找到答案。"

卡尔·萨根（1934—1996）是有史以来最伟大的宇宙学家和科学普及者之一，他认为每个人，不仅仅是科学家，都应该采取适度的怀疑主义。如果我的学生在把他们的宇宙学论文交给我之前咨询了萨根，自己就会发现搜索引擎上的文章是一派胡言。通过不同来源独立确认事实是必需的，严谨的记者在发表信息之前，必须从三个来源听取专家们的各种观点和讨论。

- 不要把专家和权威混为一谈：在科学中没有权威，只有专家。权威人士的意见不容置疑，专家的意见总是可以辩论的。请记住，主管当局在过去也犯过错误。小心虚假的权威，一个为切片面包做广告的科学家不是专家，而是靠广告赚钱的人。

- 请记住，总是可能有不止一种解释：不要盲目相信你想到的或别人提供给你的第一个解释。搜索引擎搜索出来的第一个条目不一定是最好的！想一想就一个事件所能有的所有可能的解释方式，然后排除每一个假设，直到剩下最可能的那一个。

第十八章 该信赖搜索引擎吗？

- 不要固执己见：不要因为一个解释是你的，就紧紧抓住不放。假设只是通向知识之路的一个步骤。问问自己，为什么你真的被这个解释所吸引，以免自负使你偏离真相。将它与其他解释公平比较。认为如果有理由的话，最好是你自己做否定你自己的人，而不是别人。

- 如果你能测量和量化，那就更好了，因为这将更容易检查，而模糊的和定性的东西总是可以有各种不同的解释。

- 论证中链条上的所有环节都必须起作用（包括前提）；仅有大部分观点是真实的还不够。

- 请记住，最简单的假设（最容易被推翻的假设）通常是最有可能的假设；这是英国哲学家奥卡姆（约1285—约1349）设定的一条规则；从此之后，科学家们一直在使用这条规则，而且效果相当不错。

- 如果有人向你提供一个无法证明或反驳其有效性的论点，你要知道这就是垃圾。如果你不能为你所辩护的内容提供证明，或重复实验得出相同的结果，那么它就没有用。

在卡尔·萨根看来，怀疑主义是你在日常生活中所采取的一种态度，即使你没有意识到这一点，也会给你带来很多好处。例如，如果你要在一家二手店购买手机，你可能会想："这家店的员工看起来是个诚实的人，这样的人不可能会骗我的钱。他给我的第一件东西我就买。"但你也可能会怀疑:"这样的商店可能以欺骗买方来出售货物。"

于是你会采取一些措施,例如,检查手机是否正常运行,向卖家提出适当的问题,将他的答案与设备的官方网站上的信息进行对比,阅读专家评论,比较类似商店的价格,咨询精通技术的朋友,等等。你知道,在这种情况下,你需要一些怀疑的态度,以使事情能顺利进行而不被宰割。如果你相信销售人员告诉你的一切,迟早你会付出双倍的代价,并为没有运用自己的怀疑精神而后悔。

如果你认为怀疑论在购买二手手机这样的情况下是有益的,那么你也应该对其他事物持怀疑态度,如互联网上的文章、政治家的演讲、广告、媒体提供的信息、顺势疗法药物、替代疗法、伪科学、星座、那些认为你家里的Wi-Fi信号可以杀死你和疫苗不能免疫的人、神奇的减肥饮食、那些认为国家隐藏了针对男性的性别暴力数据的人以及你通过通信应用程序收到的似乎是假新闻的信息或者这个网站的页面本身,又或者是你现在正在读的这本书的书页,因为你确定我告诉你的,关于卡尔·萨根的事情是真的吗?

第十九章
你会在下次选举中投票吗?

西蒙娜·薇依、葛兰西、柏拉图、罗素

投票日之前进行辩论,你邀请朋友来玩桌面游戏,间或讲一些笑料,一袋袋薯片和重新加热的比萨摆满客厅的桌子。游戏结束后,其中一个朋友对你说:"你明天打算投给谁?"

你回答说:"我还不确定,我整个星期都在考虑这个问题。"你的另一位客人,也就是正在吃最后一片比萨的人,评论说:"我才不管呢,要是投票能起作用的话,早就被禁止了。"

接下来,两人看着对方的眼睛,展开一场激烈的讨论。你置身事外,仅就些闲事插嘴。这时,你爷爷进了屋,把钥匙和一包药放在大厅的桌子上,摘下帽子和围巾,走进你们所在的客厅,问你:"你们喊什么呢?"

"他俩在争有没有必要明天去投票。"你的一个伙伴回答道。

"我在你们这个年纪的时候不能像你们现在这样争论，因为当时没有民主，投票不是一种权利，但我们这一代人争取让它成了一种权利。我还记得1977年去投票时的兴奋心情。人们面带微笑，互相谈论着我们对几年后的西班牙的想象。我理解你的怀疑态度，我也对我们国家的政治感到失望，但我相信，投票是我们对所有那些为我们今天能行使权利而战斗的人的道德义务。"

你仔细听了你爷爷的话，但还是不清楚：你不想投票这件事就一定意味着你什么都不在乎或你不是一个负责任的公民吗？你们这一代人应该做出什么承诺呢？不投票是对国家的政治漠不关心，还是一种政治行为？你能不能出于道德承诺而放弃投票？待在家里不投票难道不是对我们的民主模式的批评吗？为什么你要把你的自主权交给职业政治家？难道现在的技术不能让你直接表达自己的想法吗？

不必以投票在政治上做出承诺

很少有哲学家像法国思想家西蒙娜·薇依（1909—1943）那样致力于自己的政治理念。然而，如果你向她征求建议，她会让你不要投票。从很小的时候起，她就对人类的苦难极为同情，五岁的时候，发现有像自己一样的孩子买不起糖果，她就决定不再吃糖果。西蒙娜是个出色的学生：19岁时进入巴黎高等师范学院学习，这是法国大革命后建立的教育机构，以启蒙精神和批判性

第十九章 你会在下次选举中投票吗?

思维为该国培养最优秀的学生,以挑选和培养最好的教师、知识分子和科学家。你可能会惊讶,法国政府将这所学校的学生视同公务员,还给他们开工资。曾有13位诺贝尔奖获得者在这里学习过,使它成了世界上诺贝尔奖获得者数量与学生人数比例最高的学校。

巴黎高师的学生往往有两条出路:文学和科学。西蒙娜选择了前者,并越来越热衷于哲学,当她发现德国哲学家卡尔·马克思有关不公正和不平等的原因的看法时,她对哲学的热情达到了顶峰。另一位伟大的哲学家西蒙娜·德·波伏瓦,女权主义之母,是薇依的同桌。而谈及学生时代,薇依直言不讳对这位大学同窗的钦佩:"她的聪明和大胆声名远播,深深地吸引了我。当时,一场可怕的饥荒在别的国家蔓延,有人告诉我,当她听到这个消息时,她哭了。这些眼泪让我肃然起敬,比她作为哲学家的才华更让人敬佩。我很羡慕她有一颗能够为整个宇宙跳动的心脏。"

作为思想家,薇依对工人所遭受的苦难和不公正感同身受,她认为,如果她想与自己的政治理念保持一致,就必须站在最弱势的兄弟姐妹一边,毫不在意这一承诺可能给她自身造成的负面影响。当她已经是一名教师时,就曾领导了一次失业工人的示威游行,这导致她被立即停职,并被调往另一座城市。意识到教育是反对不公正的武器,薇依决定既要教育法国的知识精英,又要教育那些没有机会的人,于是她创建了社会教育小组,让工人们不仅接受各科培训,还深入了解马克思的革命思想,使他们意识到自己被压迫的处境，也意识到他们自己有能力改变现状。

由于她继续"添乱"，教育主管部门就一直调换她的工作地，但无论到哪里，她都能掀起风浪来。但是她从未加入任何政党或工会。她不信任这类型的组织，认为都是权力机构。在薇依看来，那些高谈阔论的政客对工人的真实现状一无所知。

忠于自己的想法，西蒙娜·薇依辞去了教师的职务，开始在巴黎的阿尔斯通电力公司担任操作员，然后在冶金行业工作，后来又任职雷诺公司。在工厂里，薇依切身体验了可怕的当代的奴隶制，发现奴隶制从未真正被废除，而只是被转化为雇用劳动的形式。在工厂里，她亲身经历了羞辱、疲劳、痛苦、压迫和不公正，这些都触动了她的内心，正如她在给一位好友的信中承认的那样：

> 我在那里所遭受的一切给我留下了深刻的印象，以至于即使在今天，当一个人毫不留情地对我说话时，我也无法避免产生一定是哪里出了错的印象。我的灵魂和身体都成了碎片，直面这些不快扼杀了我的青春。在此之前，除了我自己个人的痛苦之外，对其他痛苦没有任何经验，而在我看来自己的痛苦并不重要。另外它仅是一种繁殖的、生物性的、非社会性的痛苦。我很清楚世界上有很多痛苦，我为之而着迷，但我从来没有通过长时间的接触来体验它。别人的痛苦进入我的肉体和灵魂。没有什么能把我和他们分开，因为我真的忘记了我

第十九章 你会在下次选举中投票吗?

的过去,对未来没有任何希望,也很难想象在这些苦难中生存的可能性。我在那里永远接受了奴隶制的印记,就如同罗马人在最受鄙视的奴隶的额头上打上的红色铁印一样,从那时起我就一直把自己看成一个奴隶。

薇依去参加了查尔斯·卓别林的电影《摩登时代》的首映式,有了工厂工作的经历后,她觉得很少有艺术作品能够像这部影片一样如此充分地反映工人们生活的悲惨现实。薇依不但致力于改善工人的生活条件,还致力于捍卫自由和反对一切形式的极权主义。她曾前往德国,试图了解德国工人为何投票支持希特勒。之后,对自己政治理想的责任感使她毅然投入了西班牙内战,并加入了国际纵队,但她的战争经历非常痛苦,以至于她离开了前线。她发现没有正义的战争,因为没有一方尊重最低限度的人道主义原则。战争的参与者都试图消灭、侮辱、征服和摧毁对方。

她最后一次以行动声援弱势群体是在1943年,即她去世的那一年。她从法国逃到伦敦,以躲避纳粹的入侵并加入抵抗组织,但同年她因得了肺结核而不得不住进医院。卧床不起,无法继续为解放自己的祖国而战斗,这让她无法忍受。

于是,薇依决定以被纳粹抓进集中营的同胞所获得的食量进食。短短五个月,这次绝食抗议就要了她的命。所以,这样一位有政治抱负的女性怎么可能建议你下次选举不投票呢?请薇依喝杯咖啡,她会回答你:政党制度是我们社会的最大毒瘤之一。

而我们目前有一个政党制度来表达我们的意见,并不是继续维持它的充分理由。我建议研究政党的利弊,如果它们产生的坏处比好处多,那么用另一种形式的政府来取代它们就是合理的。薇依说,在我们开始对政党进行审查之前,必须界定什么是政治意义上的好处。如果我们说它是产生真理、正义和公众利益的东西,你怎么看?薇依会喝口咖啡,吸一口烟,看着你的眼睛,继续答道:你觉得,民主似乎是一个好东西,仅仅是因为你中等义务教育阶段的道德课本上是这么说的?朋友,民主不是全体人的政府,它只是多数人的暴政。你曾在考试当天的课堂上投过票,告诉我:辩论和投票的结果对所有人来说都是真实、公平和有益的吗?你觉得你实际上目睹的是大多数人的个人利益强加于其他人的利益之上吗?你的同学们在辩论中所使用的论据是在寻求真理,还是只是说服他人将自己的立场强加于人?请记住,只有公正的东西才是合法的。暴行、强加于人和谎言在任何情况下都不是。

但回到政党问题上,薇依会一边点另一杯咖啡一边告诉你,她在政党问题上至少看到了三大坏处:第一,政党是制造"集体激情"的机器,让正义不可能实现。理性是唯一有能力鉴别正义为何物的东西,但激情蒙蔽了它,使我们无法清晰地思考。我们都以同样的方式进行推理,可以得出同样的结果。对于任何一个理性的人来说,一个声明和对它的反驳不可能同时都是真实的。正如,你可能害怕蜘蛛,而我不害怕,或者我可能热衷于足球,而你不是。问题是,许多人把政治当作足球。他们对一个政党所表现出的盲目热情,就像对待一支足球队的一样。许多人不投

第十九章 你会在下次选举中投票吗?

票,而是"打卡"。有多少人读过他们投票支持的政党的选举宣言?在酒吧里,人们不辩论政治,他们争论、喊叫甚至生气。大多数人不是为共同利益考虑,而是把政治体验当作以击败对手为目的的斗争。我们被灌输一种将不认同我们观点者均视为仇敌的观念。而政党是怎么做的呢?滋养我们最负面的情绪:恐惧、仇恨和愤怒。

政党是一个向其成员的个人思想集体施压的组织。1991年,西班牙工人社会党著名领导人阿方索·格拉自以为是地在工人社会党内部推行这个观点,即成员必须服从和遵从领导者意志的党派原则。按这一原则,要是你想要分一杯羹就得保持缄默。政党成员及追随者会获得指示,详细教他们应如何思考,应如何维护政党,而与既定的标志性路线哪怕偏离分毫,都会被指责为叛徒。

薇依敦促你打开眼界,以免沦为为不公服务的工具。通常来说,这些天,你一直在考虑把票投给谁,根据各政党的宣传,最终选择为你认为公平和良好的事情辩护的政党。但即使假定那个政党忠实于它的纲领,也还有许多公众事务没有定论。一旦给出选票,就接受了你所忽略的立场。如果下次选举我们都不投票,那么国家就别无选择,只能看看能否寻找其他替代现行政党制度的办法。我知道要解决这个不容易,但我认为很显然,一个声称公平的政治制度一定不是这样的。

我讨厌"事不关己,高高挂起"的人

在薇依身后是一位绅士,他转过身来打算对你说些什么,这个人30多岁,身材魁梧,但身高只有150厘米,看起来很有知识,近视,戴着椭圆形眼镜,头发蓬乱。你不会相信,意大利哲学家安东尼奥·葛兰西(1891—1937)也在这家咖啡馆里。

与西蒙娜·薇依不同,葛兰西并不是后来成为穷人的,而是生来就很穷。学生时代他不像薇依那样享有巴黎高师的那些舒适条件。葛兰西获得的奖学金连交暖气费都不够,他不得不站着学习,身披几层毯子,在房间里走来走去,跺着脚取暖。他很年轻就从政,并一度成为意大利国会的议员。1926年,墨索里尼解散了反对党,其中也包括葛兰西所在的党派,且取消了新闻自由。一群警察冲到了葛兰西的家里,跳过国会议员的豁免权,非法逮捕了他。他被指控犯有阴谋罪、煽动犯罪罪和煽动阶级仇恨罪。有人说,在审判过程中,检察官说:"我们必须阻止这个大脑工作20年。"他一定是说服了五个法西斯法官,因为葛兰西被判处了20年4个月零5天的监禁,这位哲学家用这段时间写了他最有名的著作《狱中札记》。这位意大利哲学家没有服完刑,因其在被关押期间即得了重病。狱医曾告诉葛兰西,作为一个优秀的法西斯分子,他的使命不是让葛兰西活着,狱医成功地完成了自己的使命,因为安东尼奥·葛兰西年仅46岁就去世了。

安东尼奥·葛兰西会问你和薇依他能否坐到你们旁边,并说:"希望我没有失礼,但我一直在听你们的谈话。政治是我热衷的话题。我把我的一生都献给了它,并对它进行了大量的思

第十九章　你会在下次选举中投票吗？

考。我认为，这位女士的想法，无论多么善意，都是错误的。如果你明天不行使自己的投票权，你就错了，你的错误不仅会影响你，也会影响其他人。因此，我讨厌'事不关己，高高挂起'的人，即那些以无视政治为荣，对重要问题没有意见的人。活着就意味着要站队。'事不关己，高高挂起'的人就像是寄生虫，他们以牺牲别人的利益为代价，却享受别人通过斗争赢得的权利。"

漠不关心是历史的死穴。因为存在这群从众的人，社会不仅不向前发展，反而倒退。法西斯主义在欧洲风行，就因为这些人都不投票，还把所有的政治家都作为口号来反复强调。当法西斯主义掌权并开始剥夺权利和自由时，这群低能儿才意识到发生了什么，而这时已经太晚了。不公正的法律不能再通过投票废除，剩下的唯一解决途径是革命，而像往常一样，还是由其他人站出来为所有人的权利而战。那些无视政治的人是以那些为自由而入狱、遭受酷刑和流血的人为代价生存的。当法西斯主义来临时，有的人哭泣，有的人咒骂，但很少有人自问：要是我没忽视政治，法西斯还会获胜吗？如果你想了解我所经历的时代和我们所犯的错误，我推荐你看看电影《一九零零》（贝纳尔多·贝托鲁奇导演，1976年）。故事开始于1901年，两个孩子同时出生在意大利北部的一个农场：出身卑微的奥尔茂·达洛——农户的儿子，以及主人的孙子阿弗雷德·贝林盖里。两人成了亲密无间的朋友，但他们的关系随后因为两人对法西斯主义持不同态度而步入了危机。

民主滋生不公

一个留着浓密白胡子的大个子把手放在葛兰西的肩膀上,说:"葛兰西,不要再对孩子散布恐怖言论了。民主并不完全是一种万能药。它也没有任何价值,它只是一种政府制度,且不是最好的那种,因所谓民主造成的不公难道还少吗!"

和他说话的这位正是哲学家柏拉图,哲学史上第一部政治学著作《理想国》的作者。柏拉图只是一个绰号:他的原名是雅典的阿里斯托克勒,因他如健美运动员般胸宽肩阔,在哲学界被称为"宽肩膀"。

柏拉图一直是思想界的权威。事实上,甚至有人说,整个西方哲学都只是柏拉图思想的一系列脚注,这是指哲学所涉及的大部分主题都是由他提出的,而在所有这些主题中,政治始终是他最关心的问题。

这位希腊哲学家坐到西蒙娜·薇依和安东尼奥·葛兰西中间,从侍者那里要了一杯好酒,加入了辩论,用低沉的声音说:"我不相信民主,这点两位很清楚,但让我向你们解释一下。我所遭受的雅典民主制度曾将最善良、最公正和最有智慧的人处以死刑——我亲爱的老师苏格拉底。很少有政治制度会造就如此不公,其原因为民主是最糟糕的政府形式之一。民主的邪恶在于把权力交给了人民,却不了解他们的行为就像非理性的动物行为,人民是激情的奴隶,从爱到恨,迅速转移,没有丝毫的反思能力。职业政客们知道如何操纵这点,就像动物驯养人一样,他们知道要触碰哪些键才能让人民的情绪朝某一个方向转移。咱们的

第十九章 你会在下次选举中投票吗？

人民，愚昧如斯，在选举管理者时，以为演说的技能高就代表着管理能力强。但是，我们的政治家除了有学识来编造奉承无知大众的演讲之外，还有什么智慧呢？且即使演讲也不是出自他们自己之手，因为他们中的大多数都是用你我缴纳的税款来聘请顾问给他们撰稿。想想看，要是你去乘坐飞机，你觉得谁应该来开飞机？是最能用演讲说服别人的那个？最富有的那个？最强壮的那个？我们一起来开吗？还是我们抽签决定谁来？让学识最丰富的人来开飞机，怎么样？

"那么，我们怎么可能把国家的政府交给无能、腐败、没有受过教育的人呢？想象一下，如果不得不为是否要建座核电站为城市供电进行表决，让人民来决定是否公平？这样做意味着，一位知名的物理学家，即了解这种能源的真正风险和优势的专家，他的投票与一个连自己名字都写不好的白痴的投票价值完全相同。而社会上无知的人比杰出的物理学家要多得多。做出政治决策是一项非常困难的任务，比开飞机或经营核电站要难得多，普通人不适合做这个。既然人民没有政治能力，他们就不可避免地会出错。在英国，当人们被允许决定英国是否脱欧时，发生了什么？

"为了避免这些弊端，我所建议的是一个由充满智慧的人组成的政府，如果我们的社会中没有这样的人，就必须建立一个挑选和培训他们的教育体制。我们大家的能力不尽相同，如果每个人都能根据自己的才能在社会中占据应有的位置，大家都会从中受益。当公交车司机想当医生，或者医生想当政治家的时候，问题就来了。明天你的票投给谁并不重要,因为民主本身就是一场闹剧,一个严重的错误。

"你会激动地醒来,去投票站投下自己的一票,以为是在做一件能改善国家的事情,但实际上,明天会发生的事情是,大多数无知的人将不假思索地选出一群无能的人,在四年内做出影响我们所有人的最重要决定。实际上明天你应该做的不是投票,而是大哭一场。"

柏拉图是名纳粹分子

就在这位希腊人完成他的演说时,英国哲学家伯特兰·罗素,民主的坚定倡导者出现在现场。他平静地点起烟斗,理了理头发,整了整领带,直视着你的眼睛说:"小心柏拉图的思想,许多钦佩他在《理想国》中所提出的思想的人没有意识到,柏拉图真正倡导的是极权主义。希特勒曾认为自己是唯一有能力做出正确决定以拯救各自国家的人。好在历史告诫了我们这种精英主义思想的危险性。

"除了不公之外,柏拉图的建议在逻辑上也有缺陷:按照雅典人的说法,我们应该对未来的统治者进行治理技能的培训,但要做到这一点,我们首先需要一位智者来决定这种培训内容都包括什么。按照柏拉图的提议,为了拥有明智的统治者,在此之前必须已经有一位这样的统治者了,因此这就成了一个极为严重的恶性循环。"

罗素的结论是:"既然必须有一个政府,我宁愿它是民主

第十九章 你会在下次选举中投票吗?

的。民主的价值在于它作为政治制度,能避免最大弊病。然而,它的优点也是消极的:它不能保证你有好的政府,但它可以防止产生某些危险。这种制度的特点之一是,如果你是少数派的一员,就可以确信自己的权利将永远获得尊重。民主是唯一尊重少数派的政府形式,因此,明天你应该去投票,因为这么做是捍卫民主,也是捍卫你作为少数派存在的权利。"

太阳升起,今日就是选举日了。这几日陪伴你反思的哲学家们业已离开,留你独自觉悟,你要怎么做呢?

第二十章
男人应成为女权主义者吗?

西蒙娜·德·波伏瓦、何塞·奥尔特加·加塞特

想象一下,现在是3月7日晚上,你和你的一群朋友在一起玩得很开心,其中一个女孩正在用她的手机打字,这时她的日历闹钟响了,看完闹钟提醒后,她对你们所有人说:"明天是3月8日,我们一起去参加游行吗?"

"什么游行?"一位同伴一边问道,一边在网上搜索相关信息。

"不会吧,国际妇女节?别指望我!我可不想和那些'女权纳粹'掺和到一块儿。"

"你刚说的都是废话,"你的朋友冷笑着回答说,"又在展示你的大男子主义了,和往常一样。"

"我不是大男子主义,我只是在捍卫我的权利。"

第二十章 男人应成为女权主义者吗?

女权主义即反向的男权主义

你的朋友用以下论点为自己的立场辩护:女权主义是反向的大男子主义,仅因为他们是男人而歧视他们,女权主义更是一种性别意识形态,将男人作为敌人,你还记得高中时我们听的最后一次讲座吗?从市政厅来的女孩说,我们生活在父权制中,我们这些人必须接受男性化的再教育……这种想法让我害怕,因为它让我想起了集中营:如果你不认同当权者的意识形态,那就意味着你有病,你的大脑就必须被重新编程。那关于性别暴力的法律呢?你又怎么看?

只有男人施虐吗?这项法律是不公正的,因为它有损无罪推定:如果你是一个女人,你有权在被证明有罪之前被视为无罪,但如果你是一个男人,就不是这样。这公正吗?因为这样,你们这些妇女提出虚假指控才如此有利可图。

演员摩根·弗里曼的案件就是个好例子,他的生活被指控和诽谤毁了。这些性别保护的法律并不是在保护妇女,而是在歧视男性。暴力就是暴力,没有性别之分。我赞同我们必须打击所有类型的暴力,但我不认为两性中只有一方是暴力的。难道就没有女性对男性施加暴力吗?如果要分类的话,为什么不按国家、发色或年龄来区分暴力呢?我们是不是得制定法律禁止对金发女郎施加暴力?问题是,有许多男性因为这类意识形态的法律而失去了一切。我很抱歉,但你不能指望我去参加明天的游行。我怎么能支持一种捍卫女性比男性优越的意识形态?我不是大男子主义者,但也不是女权主义者。

女权纳粹和稻草人论证

你的女性朋友，在耐心等待对方完成他的陈述后，争辩说："你所说的，是歪曲女权主义，以便你更易于攻击女权，而你使用'女权纳粹'这个词本身就出卖了你的意图：这个词由思想保守的人创造，以诋毁女权主义，将女权主义者描述为一群不仅觉得自己比男人优越，而且仇恨男性的女性，认为她们对男性的仇恨如当年纳粹对待犹太人一样。但这糊弄不了我：正如你那天在课堂上所解释的，你所做的是所谓的稻草人论证，即丑化我的立场，偷换概念，使你更容易攻击女权。女权并不是与男权对立，而是寻求两性平权的运动，所以你们男人也必须成为女权主义者——难道19世纪的时候人们必须得是黑人才能在美国反对奴隶制吗？废奴主义者想要奴役白人还是废除奴隶制？你将性别意识形态与女权主义等同，这我也不能苟同。你这样做是想歪曲信息，把女权主义说成是一群想报复男人的女人的意识形态，而把大男子主义说成是一种旨在保护男性的立场。以捍卫平等为由批评有关性别暴力的法律，你想必是相当厚颜了。我很熟悉这种策略：你来这里说你所捍卫的是平等，或者声称平等早就已经存在，因为在内心深处，你想要的是继续享受我们的父权社会为你提供的特权，只因为你是一个男人。一部正确说明什么是女权主义的电影当数法国喜剧《男人要自爱》（艾兰诺·布夏导演，2018年）。我建议你看一看，弄明白以为大男子主义就是穿裙子的女权主义是错误的。"

第二十章　男人应成为女权主义者吗？

女人不是天生的，而是后天养成的

让我向你介绍一下被我们称为女权主义之母的哲学家：西蒙娜·德·波伏瓦。

无论你想谴责还是支持这一运动，你都需要了解这位哲学家的思想：如果不首先了解女权主义的信条是什么，你就不能加入辩论并采取你朋友的立场。

波伏瓦出生在巴黎最豪华的住宅之一，她的家庭富有，但奉行严格的道德和宗教标准。她的父亲是一位有名望的律师，非常保守，极具阶级观念，自带一种雄伟的气势；她的母亲是一位富有的银行家的女儿，笃信宗教，每日都做弥撒，也是忠实的妻子。波伏瓦夫妇是当时典型的资产阶级夫妇：男人在外面从事受人尊敬的职业，女人照顾家庭和操持家务，孩子在好学校接受基督教美德教育。西蒙娜·德·波伏瓦和她的姐姐都很好地接受了天主教和清教徒的教育。

想象一下，当年仅十岁的波伏瓦来到餐厅，用一个伶牙俐齿的孩子的高亢声音表明"我不相信上帝，我是一个无神论者，宗教奴役人"时，波伏瓦夫妇的表情。她的母亲差点没昏倒，父亲则认为这只是孩子的胡闹，她会长大的。

但他错了，小波伏瓦很小就开始独立思考，质疑一切了，她会给他们带来很多麻烦。

波伏瓦是来自良好家庭的坏女孩。但她不仅坏，还很聪明。她热衷于学习，因为她觉得日常生活很无聊。她喜欢写作，从很小的时候就喜欢在日记中进行反思。她的智力尤为惊人，总是在班上排名第一。她父亲夸奖她,说她有一个男人的大脑。不仅如此,他还经常向妻子和两个女儿抱怨没有一个儿子的遗憾。波伏瓦先生梦想有一个儿子能在世界上最好的学校——巴黎综合理工学院学习,成为家族姓氏的骄傲。他甚至认为上帝没有赐给他一个儿子,而只是两个女儿,实际是对他的惩罚。

几年后,波伏瓦先生用他糟糕透顶的经商能力毁了这个家庭,波伏瓦一家不得不搬到一个没有电梯、没有自来水、没有家政服务的五楼公寓。在雷恩街那间简陋的公寓里,生活如地狱,波伏瓦夫妇完美的天主教婚姻很快就破裂了。波伏瓦意识到父母的关系虚假。波伏瓦先生难以掩饰自己的不良嗜好,他好色、爱赌且嗜酒。

父母相互之间几乎不说话,即使说话也是为了责备或侮辱对方。波伏瓦家的家庭生活一日日恶化,但在一个只评判外表的虚伪社会中,他们必须维持表面的良好形象。于是,波伏瓦早早就离开了家。她在著名的巴黎高等师范学院学习哲学,在那里遇到了她生命中的真爱(后成为他的伴侣):哲学家让-保罗·萨特。这位年轻女哲学家的智慧和美貌让萨特惊艳,一见面就约她出来。

波伏瓦接受了邀约,但很快就后悔了,她说服姐姐代替自己去见萨特,并告诉她:"你会一眼认出他,因为他是个戴眼镜的丑陋男人。"

让波伏瓦爱上萨特的不是他的健美体魄和好莱坞帅哥的脸(那只是都会随时间消逝的昙花一现的外表),而是他的幽默感

第二十章 男人应成为女权主义者吗？

和智慧。萨特和波伏瓦是索邦大学聪明的年轻人中最出色的。每当他们中的一人参加口试时，大学里所有的学生都会来听他们讲话，他们的友谊日益深厚，并最终成了恋人。萨特亲切地称她为"海狸"，因为波伏瓦（Beauvoir）这个姓氏和英语的海狸（beaver）这个词很相似，也因为西蒙娜和这种动物有着相同的工作能力。

他们彼此尊重，相敬如宾，总是称呼对方为"您"。

一天下午，在卢浮宫的一条长凳上，波伏瓦忍不住哭了起来：他们都完成了学业，将被派往不同的城市当老师，萨特去法国东北部的勒阿弗尔，波伏瓦去南部的马赛。

这种分离让波伏瓦心碎，萨特为了安慰她，提出了一个解决方案：如果他们结婚，教育部会把他们送到同一个学院去。听完之后，波伏瓦的悲伤立刻变成了愤怒：她从母亲的例子中认识到，婚姻让妇女失去自由，让她们逐渐被限制在家务和抚养孩子的束缚中。婚姻会使她作为女性的义务成倍增长，因此她已决定永远不结婚，永远不生孩子。正如她后来所写的那样，"婚姻是一种令人厌恶的资产阶级制度，类似于卖淫，因为婚姻中，妇女在经济上依赖于她的丈夫，没有独立的可能性"。

但如果不结婚，两人又怎么维持异地恋呢？这两位哲学家的爱情让当时严格的性道德观念受到冲击：波伏瓦和萨特自愿决定建立一种开放的恋爱关系。他们签署了一份非常规的"婚姻契约"，其中规定双方可以自由地与其他人发生零星的关系，但他们相互承诺永远不会欺骗对方，并始终对对方诚实。这个想法与波伏瓦父母的生活方式恰恰相反，他们互相承诺忠诚，但互相欺骗。这对年轻的哲学家有多个伴侣，崇尚自由恋爱和自由的性生活。萨特说，只有对波伏瓦的爱是必要真爱，而其他的只是偶然风流韵事。他们的关系在法国让许多人感到震惊，却也成为法国一些地区的真爱典范。

萨特对他的"海狸"始终保持热情，这一点从作家自远方寄给爱人的这些话中表露出来：

> 我亲爱的女孩，我早就想在与朋友外出后的晚上给你写信。今晚我以一种你还不知道的方式来爱你，我正被我对你的爱所支配，并把它作为构成我自己的一种元素。这种情况比我向你承认的要多得多，但我给你写信时却很少发生。试着理解我：当你关注外部事物时，我却爱着你。在图卢兹，我只是爱你。今晚，我在一个春天的夜晚爱你。我喜欢开着窗户的你。你是我的，事物也是我的，我的爱改变了我周围的事物，我周围的事物也改变了我的爱……我全心全意地爱着你。

波伏瓦表示她对萨特也有同样的感情，然后他们对其他不少人也是一样。波伏瓦与另一名女教师和几名女学生发生了女同性恋关系，同时与萨特的一名年轻学生也有"露水情缘"。

但法国还没有准备好接受这种性自由，所以波伏瓦被暂停教师资格，被指控有煽动未成年人堕落的变态行为，而萨特却

第二十章 男人应成为女权主义者吗？

没有。

波伏瓦和萨特很快就成了法国知识界的大明星，尽管奇怪的是，她总是作为萨特的伴侣而为人所知——他是哲学家，波伏瓦只是他值得信赖的伴侣，直到一部革命性的作品出现：《第二性》。

波伏瓦分析了妇女在我们的社会中发现自己处于被奴役的状态，同时提出了解放她们的策略。这部作品源于一个启示，就像笛卡儿在灶台边的启示，或康德在阅读休谟后的启示。波伏瓦坦言："我开始意识到大多数妇女在前进道路上遇到的困难、虚假的回报、陷阱和障碍。我看了看，获得一个启示：这个世界是一个男性的世界，我的童年是由男人铸造的神话滋养的。"

《第二性》的出版取得了巨大的成功，仅在第一周，在法国就售出了22000册，在美国则达到了100万册。《第二性》是一个彻底反对父权制的定时炸弹，父权社会即由男性户主（族长）行使权力的社会组织，此外，男性还是财产、孩子和妻子的主人。一些男性认为该书对他们的权威和特权提出了质疑，因此没多久就出现了对这位哲学家的攻击。波伏瓦为此招来了各种各样的辱骂：饥渴、冷淡、淫荡、女色情狂、女同性恋、流产过一百次、非法之母等。许多书店拒绝出售这部作品。

如今，《第二性》已经成为"女权主义的《圣经》"。因此，无论是要批评女权运动还是为它辩护，你都应该花一些时间来阅读这部作品。

那么，波伏瓦在《第二性》中"胡扯"了什么？它们如何帮助你决定是否去参加游行呢?

波伏瓦的出发点是,尽管妇女已经赢得了投票权和受教育权,但她们还没有达到与男性平等的地步。波伏瓦穷尽自己所掌握的所有社会科学(心理学、历史学、社会学、人类学等)进行分析,以揭示妇女被奴役的状况。如果你是一位女性,她会向你解释,在你没有意识到的情况下,文化如何从童年开始将你塑造成为一些男人所设计的"模范女人"的完美副本。作为女性,区别于男性的女性气质,不是因为荷尔蒙,而是文化将你塑造成这样。不是自然,而是文化,使妇女成为男人的附属品,依附于男性,没有自主权利。从小女孩时起,你就被教育要顺从于一男性,并接受这样的观念:实现自我的唯一途径是作为一名妻子和母亲。如果你不清醒认识这点,你也会将这一切传给你的女儿和孙女。

公主,缄默不反抗,才更加美丽

要想验证这些想法是否属实,花点时间看看你小时候听过的故事,以及迪士尼搬上银幕的故事:白雪公主、灰姑娘、睡美人,等等。儿童故事中的女性必须服从男性角色,如果她们不服从,就会陷入困境。在所有这些故事中,女人都有好坏。好女人是美丽的,坏女人是非常丑陋的。如果你想成为一个好女人,你必须是美丽的。她们谦虚,从不生气,有良好的性格,是好女儿,听话,必须结婚才能幸福。相反,坏女人不结婚,试图过不屈从男人的生活,享受自由。好女人的基本特征之一是被动,好女孩必须耐心等待她的男人来救她,因为她不能自救。好女孩必

第二十章 男人应成为女权主义者吗？

须让她的白马王子来救她；如果这样做了，就会获得回报，得以嫁给他。等待坏女孩的结局很悲惨：残酷的死亡。男性暴力是针对那些不屈服于压迫者的控制和谴责机制的妇女实施的。这不是一个家庭问题，而是一种结构性的恶。导致这种暴力的原因不是施暴者的疾病、疯狂或邪恶，而是一种定义了某种身份和男女之间关系的文化。

让我们继续分析我们的文化：现在反思一下你到目前为止看过的电影和电视剧，建议你给它们做一下贝克德尔测验[①]，看看其中有多少人符合下列三个要求：

- 影片中至少要有两名女性。
- 这些妇女必须彼此交谈。
- 谈话的主题不应该是一个男性角色。

这个试验表明我们的文化是父权制的，反映了一个将女性归入"他者"类别的社会，女性被定义为与男性形成对比的第二性，被贬为低等角色，这个社会通过宗教、传统和一般文化，使得女性接受男性对她们的看法。

公主不是天生的，是后天养成的

《第二性》的主要观点在于：女性不是天生的，而是后天养

[①] 贝克德尔测验是一个致力于使性别不平等引起关注的简短测验，展示了女性在电影作品中因性别歧视而缺乏代表的现象。——译者注

成的。这意味着性别是对性的一种文化建构,因此,不存在女性的本质。

我们认为专属于女性的特征是从出生就开始培养的,它们将你置于被支配和被奴役的境地。在小孩获得的每个玩具,在你读的《圣经》文本,在每篇故事,甚至语言本身,都将你训练成"他者"。若你想成为一个好女人,你将不得不成为男人所期望的样子。"女性价值"是一种社会产物,而不是生物的产物,它试图将你禁锢在家里,将你排除在生产、决策、政治和任何其他权力领域的形成过程之外。

这种大男子主义文化的后果是,妇女被禁锢在家里,失去社会关系,无法获得自由。在西蒙娜·德·波伏瓦看来,人的本质是自由,即决定他或她想成为什么样的人的能力。但是,妇女要成为什么样的人是由男人决定的,因此妇女即使有政治权利,仍然要受制于男人。妇女迫切需要一个解放进程,让她们决定自己想成为什么样的人,为了实现这个目标,有两点是必要的:第一,妇女有工作且经济独立;第二,斗争是集体的斗争。

波伏瓦会邀请你和你的朋友为妇女解放而奋斗,以共建一个平等的社会。争取性别平等的斗争不是一个妇女问题,而是一个人权问题。你不一定非得是个女人,才能与异化、奴役和压迫女性做斗争。为女性的解放而战就是为所有人争取一个更公平的社会。

在一艘横渡大西洋的游轮上,一位年轻的西班牙哲学家和美国女孩们相遇了。

第二十章 男人应成为女权主义者吗?

西班牙哲学家何塞·奥尔特加·加塞特(1883—1955)当时正从布宜诺斯艾利斯乘坐一艘远洋轮船返回西班牙。据他自己讲述,在航行过程中,他走近一群年轻、美丽的美国女性,以男人对充满女性特质的女人说话的口吻和她们说话,其中一位女士觉得被冒犯,即回道:"我要求您像个人一样和我说话。"

"女士,我不认识你所说的这个'人'。"奥尔特加回答说,他确信这位美国妇女认为"作为一个女人"有什么优越性是错误的。我们的物种是由具体的人组成的,他们的性别不同。女性在本质上与男性不同,但并非低人一等。

奥尔特加本人在一次题为"走向她的短暂之旅"的广播会议上讲述了这一逸事,在这次会议上,这位西班牙哲学家对波伏瓦的女权主义做出了回应。奥尔特加的主要观点是,两性是互补的,男人和女人通过相互参照而构成。但是波伏瓦和一般的女权主义混淆了这些,认为当女性脱离男性构建自己的存在时,她们才更像一个人。

以艺术为例,我们能理解妇女和女权主义正在发生什么,每一场艺术运动都把传统作为一个参照,从中寻求灵感,但当今艺术的指导原则仅仅是做与一直以来所做之事相反的事情。也就是说,主张"非艺术"的东西成了艺术。女权主义做着完全相同的事情:它要求妇女决定自己的身份,而非她们直到现在所持有的身份,迫使妇女成为"非女性",而且是以自由的名义这样做。迄今为止,男人并没有决定女人在过去是什么样子,女性气质是男人和女人自由决定的结果,这是事实。女权主义不仅是一个认知上的错误，还试图让男人和女人互相对立，让两性陷入争斗，而不是相互补充。女权主义把平等神话的暴政强加给我们，让我们相信事情在平等的时候会更好。

波伏瓦和女权主义者普遍认为，女性以男性为参照被认定是一种压迫，但人们不明白的是，为什么自由和被以另一个人为参照应该不相容。

我不建议你去参加在我们的社会中宣扬平等暴政的游行示威，有一种不同的做人方式，与阳刚之气有深刻的区别，我们称之为女性气质。所以我们不应寻求相互对等，而应相互完善和补充。

现在波伏瓦和奥尔特加已经完全讲述了各自关于女权主义的一切看法，你的决定是什么？你想生活在什么样的社会？你又是否支持这场游行示威呢？

第二十一章
如何知道你感受到的就是爱呢？

柏拉图、狄欧蒂玛、叔本华、阿伯拉和埃洛伊莎

你目前处在某种情感关系中吗？你有没有自问过，你对自己伴侣的那种感觉是否就是大家所说的爱情呢？想象一下，有一天你的伴侣为你准备了晚餐，做了你喜欢的食物，用蜡烛装点了桌子，并播放了柔和的音乐来调节气氛。等你吃甜点时，他或她拉着你的手，直视你的双眼问你："你爱我吗？"如果你想对他或她以及对你自己诚实的话，在回答这个问题之前，你应该问问自己：我怎么知道我的感觉是不是爱？什么是爱？爱有什么表现？是有益还是有害的影响？爱会使我们成为更好或更坏的人吗？有不同形式的爱吗？有一些爱比其他的爱更好吗？只有人类能够爱吗？而这些是众多问题中你可自问的几个。

柏拉图的灵魂伴侣说

柏拉图可以帮助你找到这些问题的答案，因为他最著名的作品之一就致力于爱这个主题，在题为《会饮篇》的对话中，公元前380年，历史上最著名的一场晚宴开始了。宴会由诗人阿加顿组织，以庆祝他的最新悲剧首演成功。受邀的客人有五位：两位年轻的恋人、一位医生、一位喜剧演员，当然还有伟大的哲学家苏格拉底，他因在去主人家的路上沉浸在自己的思绪中而晚到了。按照医生的建议，食客们决定适度饮酒，因为他们中的一些人还未消除前一天聚会的宿醉。

他们中的几个人承认自己"昨天才喝得酩酊大醉"，乞求其他人不要遵循要求他们在希腊式宴会上喝到醉的规矩。他们还决定送走乐师，这意味着宴会不会在纵欲狂欢中结束，因为在希腊的宴会上，乐师最后承担了其他功能，不仅愉悦客人的听觉，也取悦他们其他的需要。于是在苏格拉底面前，他们决定用哲学对话取代狂欢。（也许对他们来说不是，但哲学史却从这个决定中获益）

他们在宴会上要谈些什么呢？医生提议讨论爱情，大家都同意了，每位客人都做准备并对此发表演说，苏格拉底最后一个发言。在喜剧演员阿里斯托芬的演说中，他以著名的亦男亦女的"阴阳人"的神话，向我们解释了什么是爱。在远古之时，人类的形体是一个巨大的圆团，有四条腿、四条胳膊、一对生殖器官，头上有两副面孔，面向前后两个方向。人类可以向两个方向行走，当他们快速奔跑时，就会像杂技演员一样翻筋斗。人

第二十一章 如何知道你感受到的就是爱呢?

类强劲有力,自高自大,据说曾试图登上奥林匹斯山,因此众神决定惩罚人类。宙斯把人类切成两半,命令阿波罗把人类的脸翻过来,把伤口缝合,留下肚脐和一些皱纹作为罪孽的标记。这样,每个人都被劈成两半,每一半都想念着其另一半。宙斯出于怜悯,下令从那时起,人类应该通过生殖器官交媾另外一半以繁衍。这个神话还有助于解释所有的性倾向都是自然的:有的男性的另一半是女性,有的男性的另一半是男性,也有的女性的另一半是女性。如此,你就能明白"另一半"这个说法的由来。

如果你再使用这种说法,请记住它的起源是阿里斯托芬在《会饮篇》中讲述的神话……谁知道呢?也许这个故事会帮助你求得心中所爱。如果真是那样,可就不要说哲学毫无用处了。

那么,这个神话向我们揭示了什么呢?它提出了一个观点:爱是一种与生俱来的东西,包括一种恢复我们旧有本性的愿望(这几乎成为一种需要)。我们是不完整的生命体,只有爱才能使我们重归完整;只有爱才能赋予我们残缺的存在以意义,让我们不断寻找被诸神残忍夺走的那一部分。

伍迪·艾伦在电影《午夜巴黎》(2011年)中将这个神话搬上了银幕,在这个故事中,诸神不仅在空间上而且在时间上把一对恋人分开。有趣的是,导演欧格斯·兰斯莫斯在《龙虾》(2015年)中更好地运用"另一半"的神话传说创造了一种可怕的反乌托邦二元论。影片描绘了一个单身者没有地位的未来社会,如果你没有伴侣,就会被逮捕并被带到一家酒店,在那里你有45天的时间去认识一个人,并终身与其相爱;如果你没有做到，就会被变成一只动物，尽管你可以选择变成什么。

无论有伴侣是一种恩赐还是处刑，它真的能使我们完整吗？要想在生活中感到充实，必须有伴侣吗？只有一个人能够使你完整吗？或者你可以在一生中拥有不同的情感关系，它们整体上使你获得人生圆满？这个神话中是否有真理？或者它仅仅是一个神话？

柏拉图式爱情

苏格拉底在对话中说了什么呢？哲学家承认，他所知道的关于爱的一切是由一位女性教给他的，她就是哲学家狄欧蒂玛。她在这个问题和其他许多问题上都充满了智慧。她会告诉你，吸引我们的不是对另一半的认可，而是对美好的向往。

当你爱上一个人时，你会被他身上的善与美所吸引。爱是通向良善的，当我们企及它时，我们的生活就会变得快乐和充实，因为我们不需要其他东西。爱应该指导你的一切行动，每个人都明白这一点，但狄欧蒂玛说，接下来的事情不是每个人都能做到的（别紧张，不要合上书，作为苏格拉底的弟子，你已经有资格理解"爱的奥秘"了）。

狄欧蒂玛提醒，我们已经明确，爱是对美的渴望。但美丽的东西不是"美"，它是非物质的东西。美丽的事物只是对更大的、完美的、永恒的美丽的指望。没有什么比对这一伟大之美的沉思更充实、更快乐的生活。为了得到它，我们必须训练自己的情感，否则将永远无法学会捕获它。这就是说，我们必须使我们

第二十一章　如何知道你感受到的就是爱呢？

的爱更纯洁、更高尚。我猜想，你们开始恋爱时喜欢的是美丽的肉体，但很快会意识到，有比这更有价值的东西。如果吸引你的是一个人的灵魂而非其健美的身躯，你的爱就开始变得更高级了。如果你有了这种情感，你将能够一点点地感受到隐藏在正义和真理中的美。渐渐地，你会被一种越来越非物质的美所吸引，直到你达到爱的最高境界，即"柏拉图式的爱"：对一种"纯洁、干净、不掺杂质，不被人的肉体、色彩或任何其他凡物所污染"的理念的推崇。现在你明白为什么人们经常把不可能的或理想的爱情称为柏拉图式的爱情了吧？

这场宴会是如何结束的呢？苏格拉底的一名学生亚西比德醉醺醺地来了，开始敲打房门，然后被请进来坐在了主人的旁边。坐下以后，亚西比德开始奉承他的老师，最后成功博得了老师的欢心。苏格拉底又让他去冲个凉清醒一下。

一个正在狂欢的醉汉来到家里，打断了晚宴，而参加宴会的客人们也忘记了他们适度饮酒的承诺，一个个都醉得酣睡过去。只有苏格拉底保持清醒，他是个稳健的人，说了声再见就离开了。

不，你所感受到的那不叫爱，是迷恋

德国哲学家阿瑟·叔本华会警告你，你刚才在《会饮篇》中读到的一切不过是一派胡言，这位哲学家的性格是哲学史上最严厉、最尖刻的。叔本华大多数时候都是以粗鲁、自负和不礼貌的方式表达自己的观点。他开始学习的是医学，但第二年就放弃

了，转而学习哲学，因为他认为生命是最糟糕的问题，他应该把所有的精力都用在反思这个问题上。他出奇地傲慢、脾气坏。在听完当时伟大的哲学家之一费希特的讲座后，他说，教授说的话让他想用手枪顶住教授的胸口，告诉他"你就该死"。

一天，当叔本华和自己的和声老师共进午餐时，后者开了一个关于康德哲学的小玩笑，叔本华认为康德是所有哲学家中最伟大的，于是一脸愤怒和轻蔑地看着老师，喊道："你根本不明白康德哲学的重要性！不要再跟我说话，对你来说我太有学问。"

忍受叔本华一定不是件易事，甚至对他自己的母亲来说也不例外。完成大学学业后，他写信告诉母亲，说想搬回家和她一起住，这位女士回信说："你令人厌烦，让人难以忍受，我觉得和你一起生活让人痛苦至极。"

叔本华酷爱音乐，尤其是意大利人罗西尼创作的乐章。有一次他曾有机会与偶像交谈，因为罗西尼在叔本华经常去吃午饭的那家酒店投宿。但叔本华不想见音乐家，因为正如他告诉酒店老板的那样："那边的那个不可能是罗西尼，他只是一个胖胖的法国人。"

他对人类憎恨极深，却喜欢走路和爬山，因为那样可以从天才的高度俯视人类，然后看到愚蠢的人群。他鄙视人类这种动物，只喜欢他的狗阿特玛，甚至曾说如果这些动物不存在了，他也宁愿不活了。他对阿特玛感情深厚，甚至开始感觉到对它有类似于对人的爱，事实上，当这只贵宾犬行为不端时，叔本华会对它大喊："可恶的小人！"

第二十一章　如何知道你感受到的就是爱呢?

哲学家死后,将自己所拥有的一切遗赠给了他忠实的四条腿的朋友。

对叔本华来说,什么是爱?你完全可以想见:只是性爱,繁殖物种的本能,纯粹生物学上对欲望和肉体的饥渴,而不是其他。爱是所有生物都经历的维持生命和自我繁殖的冲动在人类身上的表现,浪漫主义不过是一个大谎言,是人类为了让自己觉得自己比其他动物特别和优越而发明的。爱情中没有任何非凡、美丽或美好的东西,它只是一种简单的生物冲动,是自然界比我们更强大的表现。当我们"坠入爱河"时,我们就成了完全遵循生物学指令的机械人,只会交媾和繁殖!在叔本华看来,爱是盲目的,它在我们没有意识到的情况下作用于我们;爱是一种无意识的力量,操控着我们。

自然给我们的具体指令是什么?是生育,我们的后代进一步进行繁衍。他们越强壮、越聪明、越有吸引力,就越有可能播种繁殖。大自然在玩弄我们,使我们"爱上"那些抵消我们不足(包括身体和性格上的缺陷)的人。因此,好女孩在高中会被坏小子吸引。大自然欺骗我们,让我们与那个可以成为最好孩子父母的人结合,但一旦完成了所谓爱的指令,也尽其所能地交媾够了,恋人们往往会看着彼此问:"但我到底爱这个人身上的什么啊?"爱只是一种幻觉,一种妄想,一种我们为了忍受悲惨生活而创造的虚幻。《爱乐之城》(达米恩·查泽雷导演,2016年)这部影片很好地诠释了叔本华的爱情观,因为在剧中我们不得不区分开虚幻和现实。两个主人公最终都成了一个美丽梦想的受害者。最终,现实必然地成了主导。当激情消逝,爱就变得不可能了。

哲学家之间的爱情:一场灾难的故事

谈论哲学中的爱情时,我们总会想起那个让彼得·阿伯拉和埃洛伊莎走到一起的故事,他们是哲学界的罗密欧与朱丽叶。在11世纪的巴黎大学,一位年轻英俊的教授彼得·阿伯拉正在成为最有影响力的哲学家之一,学生们从欧洲各地涌来听他的讲座。

阿伯拉当时已获艺术硕士学位,也就是说,他掌握了所谓的博雅教育的学(文法、修辞、逻辑)和四术(算术、几何、天文、音乐)。当大师们在大学课堂里公开辩论的时候,阿伯拉屡辩屡胜,甚至击败了自己的老师,他不仅是一位优秀的哲学家,还是诗人和音乐家。

这个故事的另一个人物埃洛伊莎,是那个时代最聪明、最美丽的女人之一。按照年轻贵族妇女的惯例,她在阿让特伊修道院接受教育,年仅17岁就掌握了希腊语、拉丁语、希伯来语、文学、哲学和神学;她能与最聪明的人辩论,雄辩滔滔;她声名远播,在离开修道院到巴黎继续学习之前,就已经是镇上的焦点人物了。人人都想认识她,彼得·阿伯拉也不例外。

富尔伯特,埃洛伊莎的叔叔,是这个故事中的反派,把埃洛伊莎从修道院里带到他在巴黎的豪宅里,让她继续学习,但最重要的是为她安排一桩婚姻,将她嫁给一位与她的社会地位相称——富有且有贵族头衔的人衔,这两样都是阿伯拉所不具备的。

第二十一章 如何知道你感受到的就是爱呢?

富尔贝特成功说服阿伯拉给自己的侄女上哲学课,以完成对她的教育。为了方便起见,他建议彼得和他们一起住在他的房子里,彼得立即接受了提议。但让富尔伯特万万没有想到的是随后在这些哲学课上所发生的事情。阿伯拉自己也承认,在那些"私教课"上迸发了最肆无忌惮的激情:"书本仍然敞开,但我们对话围绕的往往是爱情而非阅读,我们彼此交换的吻多于明智的想法。"

"经院哲学"一词来自拉丁文的scholasticus,意思是"在学校里教书或学习的人",我们指的是在中世纪大学里实行的基督教哲学。学者们设计了他们自己的方法,其中关于争论性话题的辩论是最重要的部分。哲学的问题在于,它有时过于热情了。

阿伯拉和埃洛伊莎沉浸在禁忌之爱中,他们的关系当时令人诟病的不是年龄差(阿伯拉有30多岁而埃洛伊莎年仅17岁),也不是两者间的师生关系,而是社会阶层的差异以及在当时大学教授必须保持独身的惯例。在进行这种"新型教育"两年后,埃洛伊莎怀孕了,这对爱情鸟逃离了巴黎。年轻的女哲学家躲到她以前待过的修道院里生下了孩子,然后这对恋人秘密结了婚,以便阿伯拉能够继续他的学术生涯。但是阿伯拉不断地去找她,并禁不住诱惑,偶尔给她上上"私教课"。在给埃洛伊莎的信中,阿伯拉回忆:"婚后不久,当你在阿让特伊修道院隐居时,有一天我偷偷地去看你,在那里我难以抑制的情欲在食堂的一个角落里得到了满足,因为没有其他地方……"

阿伯拉和埃洛伊莎之后继续过着秘密的婚姻生活,但富尔伯特无法忍受家族声誉蒙羞。埃洛伊莎的叔叔，像《教父》中马龙·白兰度饰演的角色一样，派杀手阉割了可怜的阿伯拉，并将埃洛伊莎终身囚禁在修道院里，而她最后成了那里的修道院院长。我们这位哲学教授从此吸取了教训，自那以后手里就只会握着《圣经》了。

富尔伯特得以斩断阿伯拉和埃洛伊莎之间的激情，但却没能扼杀他们的爱情。这两位哲学家在他们的余生中一直相互通信，在近千封信中回忆着对彼此的爱。

如果你认为修道院的餐厅不是一个适合享受激情的地方，我建议你读一下作家安赫尔·冈萨雷斯的诗歌《享爱的清单》。

阿伯拉于49岁去世，埃洛伊莎要求将他的遗体安葬在修道院，并下令在自己死后，将自己葬在爱人身边。但是，阿伯拉和埃洛伊莎之间的是爱情吗？或者他们所感受到的实际上只是叔本华所说的情欲？

第二十二章
偷窃有错吗?

蒲鲁东、马克思、洛克

你是否曾有在购物中心偷东西的想法?想象一下,你和你的一群朋友在逛一家商店,你看到他们中的一个人偷偷地往自己的大衣口袋里塞点东西。离开商店后,你们走进一家咖啡店,你的朋友向你展示他刚刚在商店偷的东西,吹嘘他的"壮举"。你会对他说什么呢?

让我们看看另一个案例:2013年,一个来自雷克纳(巴伦西亚)的年轻母亲被判处一年零九个月的监禁,因为她用在街上捡到的信用卡为她的孩子购买了尿布和食物。你认为这个判决公平吗?最后一个案例:2018年10月,最高法院裁定,应由银行而不是客户来支付在公证处登记抵押贷款时必须支付的税款。但似乎是受到银行强大的压力，该法院几天后出尔反尔，修改了这项裁决。

"与创办银行相比，抢银行算什么？"德国作家贝尔托·布莱希特曾自问。有人认为这一裁决是银行对客户实施的抢劫。你同意他们的观点吗？

这三个案例让我们自问：没有财产也会有盗窃吗？财产是一种盗窃吗？财产是一种权利吗？是什么赋予了这种权利？为什么要尊重他人的财产？会存在一个没有财产的社会吗？这样是可取的吗？

财产就是盗窃

法国哲学家皮埃尔-约瑟夫·蒲鲁东（1809—1865）是对财产和盗窃问题思考最多的人之一。蒲鲁东没能完成他的学士学位学习，因为他来自一个非常贫困的工匠和农民家庭，没能负担起学费。但不要以为经济困难就妨碍了他接受良好的教育。蒲鲁东通过自学得了广泛的文化知识，并成了一位风格卓越的作家。因此，如果你一直碰到糟糕的老师，记住，你还有书籍。蒲鲁东写了一部作品，提出什么是财产，对这一问题他极具争议的答案是："财产就是盗窃"。

蒲鲁东所捍卫的观点认为，财产权是掠夺工人劳动成果的工具，施工人建造了宫殿却得睡在马厩里，他们织造了精美的布匹却只穿着破烂的衣衫。一个将我们从智能手机应用程序上订购的食物送到家的外卖员坦诚道，他每天工作十小时，每周工作六

第二十二章 偷窃有错吗?

天,但工资还不到一千欧元,且没有固定的工资和合同。他是自营个体户,但得依靠手机程序找活,得自己承担社保费用,当然,也无权享受失业保险金或假期。外卖公司针对外卖员设立了评分系统,他们根据各自的评分选择上班的时段。如何获得好的评分呢?不得拒绝任何一张订单。实际上,就意味着无法决定何时和如何工作。蒲鲁东并没有攻击所有形式的财产,而是攻击一些人剥削他人所得的财产。不要紧张,因为他的想法并没有说别人有权拿走你的摩托车、你的手机或你的钱包。

偷盗柴火的议会

德国哲学家卡尔·马克思也有这种想法,他作为一名年轻的记者,报道了地区议会令人窒息的会议。在沉闷的辩论中,有一件事激起了他的怒火和愤慨:一项关于森林木材所有权的法律修订法案被通过。在此之前,任何人都可以拾柴火,即使森林是私有的。唯一被禁止的是砍伐树木。但该法律被修订后,从地上捡柴火就会被认定为盗窃。马克思不同意这一决定,因为他认为从树上自然分离的东西也已经从财产上分离,因此不再是森林所有者的财产。散落在地面的木柴不是主人培育出来的产品,应属于努力收集木柴的人。自此,年轻的记者明白,真正的盗窃是私有化,因为曾经属于每个人的东西现在只属于一个人。因此,是那个人在偷窃我们所有人。

产权是少数人将自然商品私有化的制度。马克思会看着你的眼睛问:自然界能成为私有财产吗?贫穷的村民从地上捡柴火时并没有犯罪，而议会剥夺了村民的生存手段才是犯罪。其罪行是通过一项法律，将过去属于大家的东西认定为是他们自己的。马克思会告诉你，今天真正的盗窃是那些将公共部门——教育、卫生、通信等私有化的人所为。如果马克思知道现在的抵押贷款事件，他就会向你表明，银行利用法律和法院来窃取客户的利益，那是一种货真价实的犯罪，而不仅是在购物中心行窃那么简单。这些思想深深影响了意大利电影导演埃里奥·贝多利。1973年他拍摄的影片《私有财产并非脏物》，对资本主义提出了尖锐的批评。贝多利用恐怖片的叙事手法来展现了银行业务和资金的流动。影片讲述了道达尔的故事，他是一名年轻的银行职员，努力工作多年仍一无所有。为了让父亲理解父子俩所处的不公正环境，道达尔要求他给动词"有"进行变位。可悲的现实是他们发现，每个人都有，唯独他什么都没有。他意识到在腐败体系中做诚实的工人毫无意义。从那一刻起，道达尔就成了一个与体制斗争的马克思主义战士。剧中的一幕极具讽刺意味，却恰恰能让我们进一步反思偷窃的道义。贝多利在这里营造了一出"向小偷致以敬意"的戏码。

几个同行聚在一起，向行窃时当场丧命的小偷，绰号阿根廷人的巴克致敬。其中一人满怀感情地发言，说一位拥有各种美德（幻想、活力、技巧和勇气）的人走了。他本可从事其他职业，却选择成为一名小偷。他本可成为那些外表看起来老实的人之一，但他拒绝虚伪。与道貌岸然的股票经纪人不同，他公开说："我是个小偷。"但若没有小偷，世界会变成什么样呢？想想看，有多少诚实的白痴会失业？若是没有小偷，锁匠该怎么办？保安公司呢？银行雇员呢？警察呢？律师呢？法官呢？监狱工作人员呢？保险公司呢？事实上，公开行窃的小偷掩盖了以合法的名义行窃的人的行为，并为其开脱。

财产是一种权利

英国哲学家约翰·洛克表示完全赞成蒲鲁东和马克思的看法。洛克在牛津大学学习哲学，他一点也不喜欢这段经历。他的老师们强迫他学习含义非常混乱的陌生单词，纯属浪费时间。他认为在牛津大学，被教导实践的哲学只是在消磨时间，没有任何实际作用。（不幸的是，在一些学校里，仍然以这种方式教授哲学）洛克对思维锻炼的热情源于对笛卡儿作品的阅读，尽管并不完全是因为他同意笛卡儿的观点。洛克对物理学、化学、医学、经济学和政治学都很感兴趣。他担任过医生、教师和外交官等职务。他的政治思想被重新编写在美国《宪法》中，每当总统和国会发生冲突时，我们就会看到它在起作用。

洛克被认为是自由主义之父，自由主义是最重要的政治思潮之一。你想知道你是不是一名自由主义者吗？如果你想知道的话，建议做做以下测试：

- 我喜欢"放任自由，货流通畅，世界自会运转无碍"这句话，指国家应该尽可能少地干预公民的生活。
  是（1分）；否（0分）。

- 我不喜欢别人告诉我应该相信或思考什么。在道德和宗教问题上，我认为必须有绝对的宽容。国家不应该对这些问题进行立法，也不应该把特定的宗教或道德强加给公民。

  是（1分）；否（0分）。

- 我有无论如何都必须得到尊重的权利和自由。任何当局都不得越权而侵犯我的任何权利，即使这将是为了所有人的安全。我的邻居也必须尊重我的权利，就像我必须尊重他们的一样。国家的真正作用应该是确保我的权利得到实现。

  是（1分）；否（0分）。

- 我的财产是神圣的，没有我的同意，任何人，甚至国家，都不应使用它。

  是（1分）；否（0分）。

- 只要我尊重法律和他人的权利，我可以对我的生命和财产做任何事情。

  是（1分）；否（0分）。

- 没有普遍的道德原则：一个人认为不道德的事情，在我看来不一定是不道德的，所以不应该就道德问题进行立法。

  是（1分）；否（0分）。

- 只有我可以决定什么是有价值的或对我有好处的，我不需要别人为我做这件事。

  是（1分）；否（0分）。

第二十二章 偷窃有错吗？

- 我认为自由合同和自愿合同对缔约双方都有利。所以，不应由法律来规范。

  是（1分）；否（0分）。

- 税费和国家开支应该是低的。我宁愿服务减少，也不愿意支付更多的税费。

  是（1分）；否（0分）。

- 资本主义是创造财富最佳的制度，因为它激励人们勤奋工作。

  是（1分）；否（0分）。

如果你得到了10分，你从里到外都渗透着自由主义，你就会喜欢洛克的财产权理论。这一概念的核心思想是，财产私有制的权利产生于劳动。起初，自然界的财产是共有的，不属于任何人，一切都属于每个人，但事物只有经我们加工后才能被使用。例如，为了喝泉水，你需要用壶来盛水；为了吃苹果，你必须从树上把它摘下来。你的工作使曾经隶属所有人的共有财产变成只属于你的财产；当你把你的劳动与某一事物混合在一起时，你使它脱离了"所有人的共有财产"的状态，而变成了你的"私人财产"。从树上摘下一个苹果，你就给水果增加了一个它之前没有的价值：你的劳动。土地财产也是以同样的方式获得的。当一个人砍伐森林中的树木，耕种土地并播种时，土地及其所产生的东西都属于这个人。没有耕种就没有土地能产出小麦。因此，这里面根本就不存在什么偷窃。当你偷窃时，你真正窃取的是别人的辛勤劳动。如果你是那些非法下载音乐和电影的人之一，我都不用告诉你洛克对此会怎么评论。事实上，这位思想家认为，我们有捍卫自己财产和惩罚侵权行为的自然权利。

捍卫私有财产面临两个严重的问题：首先，有些人在捍卫私有财产和实施惩罚时有可能做得太过。你可能还记得珠宝商的女婿杀死入室盗窃的小偷的那个案例。其次，不是所有人都有力量为自己辩护，尤其是哲学教师。因此人们决定建立国家，以便由其机构来规范和保障我们的权利。警察和法官必须看管好我们的财产，如果你偷东西，你就知道自己会面临什么。那个母亲，擅自使用捡到的银行卡，清楚地知道自己在做什么，以及这样做将面临什么。警察和法官只是做了他们本职的工作而已。

但我们要注意：洛克的理论并没有证明有人有权无限制地积累财产。我们应该只占有我们可以使用的东西。因此，只有那些我们可以耕种、播种并为我们自己的利益所用的土地才是我们的。除此以外的一切都属于他人。赋予我们财产的同一性质也限制了它。一个人不可能对34000公顷的土地拥有所有权，因为他既没有能力耕种这些土地，也不可能在一生中吃完这些土地产出的所有果实。34000公顷，是摩纳哥公国国土面积的170倍，即阿尔巴家族主事人大概拥有的土地面积。那这是偷窃吗？

第二十三章
说"我也是"和说"我爱你"一样吗?

洛克、弗雷格、罗素、维特根斯坦

想象一下以下情况:你非常喜欢一个人,终于鼓起勇气告白。一天晚上,在聚会上,你趁机与其独处,看着对方的眼睛说:"我爱你。"这样你已经迈出了艰难的一步,剩下的就是等待对方的反应。

你很幸运!对方拉着你的手说:"我也是。"你们随即接吻,浪漫的音乐响起,镜头微微上移,屏幕渐渐变成黑色?一切看起来都很完美,但你心中冒出一个疑问:对方说"我也是"是什么意思?"我爱你"和"我也是"是同一个意思吗?冷静,不要紧张,不要做出任何可能让你后悔的草率决定。最重要的是,不要想着问你的新伴侣这些问题,如果你还想留住对方的话。

不同的词可以用来表达相同的意思吗？我们所使用的词的含义是如何形成的？词汇的含义对于听者和说者来说完全相同吗？英国哲学家约翰·洛克认为：语言代表我们心中所想；通过语言，我们把自己的想法传达给听众。例如，在与伴侣的对话中，你的头脑将思想编码为声音，而你伴侣的头脑将这些声音解码为想法。洛克认为，我们头脑中的想法是由经验形成的，包括外部（我们对世界的感知）和内部（我们对自己头脑的感知）的经验。如果是这样，你就面临一个问题：你怎么能知道当你和你的伴侣使用"爱"这个词时，指的是同样的经历呢？使用同一个词能保证你俩分享的是相同的含义吗？你怎么知道对方心中对你的话进行的解码是正确的？对方的情绪和你的情绪是一样的吗？回答这些问题可以让你避免和伴侣没日没夜地争吵。

出售"狮子"香肠

哲学家兼数学家戈特洛布·弗雷格（1848—1925）就被语言的模糊性逼疯了。另一方面，数学语言对他来说是近乎完美的，因为就数学而言每一个意义都由一个单独的符号来代表，不可能发生混淆。但在日常语言中却不是这样，所以才会混淆意义。当我的朋友冈萨罗还是个小男孩时，他的母亲让他去肉店买东西，他回来时吓坏了，因为他在店里看到一个牌子写着出售狮子香肠。他的母亲不得不安慰他，告诉他丛林之王并没有被杀死做成香肠。而是莱昂这个地名"León"也意为狮子，出售的实际上是莱昂地区产的香肠。

第二十三章 说"我也是"和说"我爱你"一样吗?

为了解释为什么会发生这样的混淆,弗雷格创造了意义和所指的对象这两个术语:所指的对象是我们用符号指定的对象,而意义是我们表示该对象的不同方式。例如,晨星和黄昏之星所指的都是同一对象,即金星。因此,你可以完全放心地继续亲吻你的伴侣,因为"我爱你"和"我也是"是指代同一个对象的两种意义表述:你怀有对对方的一种强烈情感,一种使周围的人被甜腻到反胃、恶寒的情感。

弗雷格用他对意义和所指对象的区分来分析那些没有所指对象的名称,如飞马座、美人鱼、独角兽或合理工资。如果这些名称的意义只包括它们的所指对象,那么当你的小妹妹说"我生日想要一个独角兽的笔记本"时,你将无法理解,当你未来的老板对你说"在这家公司你会获得公平的薪水"时,你也无法理解。

这些名称都含有意义,但没有所指对象。对弗雷格来说,一个词的意义既包含它的所指对象,也包含它的可能具有的意思。等等,别再拷问你的伴侣了,因为西班牙皇家语言学院已经就"爱"这个词给出了多达14种不同的含义。你确定你不会混淆"爱"的含义,就像我的朋友冈萨罗混淆了"León"这个词的指称(莱昂)和意义(狮子)吗?如果你想弄清楚这些疑问,我建议你咨询两位研究与语言的本质和词语的意义有关的问题的专家:伯特兰·罗素和他最喜欢的学生路德维希·维特根斯坦。两人的人生经历和个性都非同寻常,留下了很多传奇故事。

两个人精彩绝伦的人生经历

罗素是一位哲学家、数学家、剑桥大学教授、贵族、政治活动家、和平主义者、旅行家、企业家、作家、诺贝尔文学奖得主和演员。

在其回忆录的开头,罗素承认:"有三种简单而强烈的激情支配着我的生活:对爱的渴望,对知识的探求,以及对人类痛苦的深切同情。"如果我们必须用几个词来描述他,我们可以说他是一个热衷于了解他所生活的世界并使其成为一个更好的地方的人。但有一件事,即便思维敏捷的罗素最终也没能弄明白,那就是战争。他曾写道:"我曾相信人们最喜欢钱,但最后我发现他们最喜欢毁灭。"

罗素一生都在为反对他所经历的战争而斗争,并两次为此入狱,第一次他被关了六个月,护照被吊销,并因在第一次世界大战中出于良心反对对年轻人强制征兵而被三一学院开除。罗素说,他不明白为什么那么多人宁死也不愿意思考。这位哲学家利用他人生的至暗时刻写下了自己的一部逻辑学作品。这并不是他最后一次被捕入狱。89岁时,他因领导支持核裁军的活动而再次被关进了监狱。

罗素调解了古巴、美国和苏联政府之间的"导弹危机",并召集了一个由科学家组成的委员会以阻止核武器的发展,其中包括他的朋友爱因斯坦。有人说,如果这不完全是真的,那也是一个非常好的故事,当著名的拳击手穆罕默德·阿里因拒绝参加越南战争而被监禁时,罗素从大西洋彼岸致电告诉他:"恭喜

第二十三章 说"我也是"和说"我爱你"一样吗?

您,您让我为人性感到自豪。"

而且事情远没有停留在这通电话上,罗素表达了他对这位拳击手和政治活动家的声援,并给他寄了一封信,信中的这些话对拳击手很有启发:

> 在未来数月里,华盛顿的统治者将试图用他们所掌握的一切手段来伤害您,但您知道,我也确信,您已经为您的人民和世界上所有反抗美国权力的受压迫者说话了。他们会试图打倒您,因为您是一种他们无法消灭的力量的象征,即整个民族已觉醒的良知,决心不再被恐惧和压迫所毁灭。您有我的全力支持。

在越南战争期间,罗素主持了审判美国军队所犯战争罪的国际法庭。他为世界和平进行了激烈的斗争,是跟随他的整整一代年轻人的典范。他不是一个天真的和平主义者,能够为盟国在第二次世界大战中的干预进行辩护,因为他明白,法西斯主义是对自由和民主的最大威胁。他于98岁时去世,并宣称他发现自己的生命是有价值的,如果有机会,他还会再活一次。

如果你去剑桥大学三一学院,你会看到墙上有一块纪念他的牌子,内容如下:

> 罗素伯爵三世,本学院教授,以数学逻辑作家和诠释者为世人所瞩目。晚年深受人类悲苦所扰,却仍以年轻人

的热情，完全致力于维护各国间的和平，至暮年，荣获无数荣誉，享誉世界，于1970年长眠安息，享寿98岁。

罗素性格中最让他的学生和同行欣赏的特点之一是他具有一种古怪的幽默感，这为我们留下了一些精彩的逸事。其中一个是在一次关于逻辑学原理的辩论中，罗素声称诸如"如果你在考试中得了5分，你就及格了"这样的条件性命题只有在前提为真而结果为假时才是假的。由此可见，在前提为假时，我们可以确定该命题为真。其中一个人向罗素提出了以下问题。

"那您是说，如果'2+2=5'，就能推导出您就是'教皇'吗？"

对此，罗素随即给出了一个巧妙、风趣又尖刻的回应，将自己推导成了"教皇"。

"若'2+2=5'。那么您就是同意两边同减2可得'2=3'。据换位法等量减等量其差必等，两边换位再同减1即得'2=1'，好了，罗素与教皇是2人，但既然'2=1'，那么罗素与教皇就是1人，所以'罗素是教皇'。"

为了向你介绍维特根斯坦，我们来讲讲他与罗素的第一次见面。在剑桥大学最初的学习阶段结束时，维特根斯坦找到罗素教授并对他说："您能不能好心地告诉我，我到底是不是一个十足的傻瓜？"

"亲爱的同学，这我不知道，"罗素答道，"为什么问我？"

第二十三章 说"我也是"和说"我爱你"一样吗?

"因为若我是一个十足的傻瓜的话,就会去当航空工程师,要是不是,我就会去研究哲学。"

罗素要求维特根斯坦在假期里就某个哲学问题写点东西,然后再告诉他,他是不是一个十足的傻瓜。在下个学期开学时,维特根斯坦交上来一篇论文。读完第一句话后,罗素说:"不,你一定不能成为一名航空工程师。"

维特根斯坦也过着不平凡的生活。他出身在欧洲最富有的家庭之一,但他放弃了自己的遗产,确信金钱使人堕落,并选择谦虚地过活。在完成大学学业后,他决定暂时隐居避世,并在挪威的一个峡湾上为自己建造了一座小屋。他在发射炸弹时写下了自己的第一个哲学思想——在第一次世界大战期间,维特根斯坦在奥地利炮兵部队作战。他在背囊里塞着一个笔记本,用来写下自己的想法。之后他被意大利人俘虏,大概是因为他更关心的是哲学而不是炸弹。维特根斯坦利用自己被俘的时机,把自己的论文整理好,然后寄给了罗素,那本战争笔记就是《逻辑哲学论》——世界哲学史上最重要的作品之一。

在书中,这位年轻的士兵声称已经解决了所有的哲学问题。(谦虚并不是维特根斯坦的美德之一)随后,维特根斯坦在一家修道院当园丁,取得了教师资格,并在一所农村学校给儿童上课。他还为自己的妹妹当过建筑师,他建造的建筑至今仍是理性主义建筑的典范。在朋友们的坚持下,维特根斯坦回到剑桥大学,给一个学生都是经过精挑细选的小班上课,学生包括他自己的老师罗素。1947年,他辞去了大学教授的职位,前往爱尔兰海岸居住，静静地创作他的第二部巨著《哲学研究》。在那里，维特根斯坦罹患癌症并去世。据说他对医生说的最后一句话是："告诉他们我的一生过得很精彩。"

唯有你自己才是那个明白你口中所说"我爱你"为何意的人

在做了必要的介绍之后，让我们问问罗素，当爱人说"我也是"到底是什么意思。这位英国哲学家研究了我们语言的逻辑结构，发现它与世界的结构是相同的。语言就像一面镜子，我们人类可以用它来反映世界。你使用的每一个事物的名称都有一个特定的对象作为参照物，而每一个谓词都代表一个属性。与弗雷格不同，罗素认为，名称的意义只是它们的指称。当你说话时，你描述的是世界上发生的事实。如果你的描述有一个事实作为参照物，它就是真的；如果没有，它就是假的。例如，"现在的法国国王是秃头"这句话就是假的，因为现实中没有任何对象与我们刚才的描述相一致。而就你的经验可以看出，"哲学教授赚高薪"这一说法同样也是假的。

在罗素看来，有两种知识：一种是直接或通过熟悉过程获取的知识，另一种是通过描述获得的。第一种包括与已知对象的直接接触，即对事物的认识。例如，如果我说"我的朋友玛丽亚认识梅西"，我所肯定的是，她本人认识这位足球运动员。正如你可以推断的那样，这种类型的认识需要由感知提供数据。相形之下，通过描述获得的知识是通过一个来源，或通过推理产生的，它不是与事物而是与整理有关。如果我说"我的朋友胡安知道梅

第二十三章 说"我也是"和说"我爱你"一样吗？

西是阿根廷人"，我并不是说他本人有幸认识这位球员，而是说胡安知道这句话是真的。我知道现在不是谈论足球的时候，但相信我，我们离弄明白你伴侣话语的意义仅一步之遥了。

在日常语言中，一个词的意义是对它所指向的对象的直接认识，即你过去对该对象的感性认识和经验（且仍保留在你的记忆中）。当你说"扁豆"时，你赋予这个词的意义是你吃过这道菜的所有记忆，不管你想不想吃，都包含这份记忆。让我们继续谈论扁豆，你很快就会明白是为什么。众所周知，扁豆这道菜在每家做出来味道都不同。如果你曾经在朋友家吃过，你就会注意到他们家扁豆的烹调方式与你家里的不完全相同。甚至可能出现这样的情况：两个食客在吃同一道菜时，一个人觉得口味淡，而另一个人则觉得味道刚刚好。想象一下，如果我对扁豆这道菜有童年创伤，因为小时候我总是被迫在学校食堂吃这道菜，对于我而言，扁豆这个词的含义就会包括"创伤"。

我们从中得出的结论是，"扁豆"这个词对于每个人来说意思都不一样：词语代表了说话人的看法，而这些看法可能与听众的看法不同。我们的日常语言是模棱两可的；它可以有不同的理解方式，或者可以有不同的解释方式，从而引起怀疑、不确定或混乱。为了使我们能够沟通，我们需要巧妙运用这种模糊性。因此，说话人和听话人用同样的词来指代他们各自的经验，而这些经验不一定是相同的。但是，如果我们要构建一种追求完美的语言，它将代表说话者的隐私，因为其中的词语的含义只指代他或她的看法和经验。

唯有你自己才是那个明白你口中所说"我爱你"为何意的人。你的语言描述了只有你自己能解释的内心体验。所以要有心理准备，因为在一段关系中，即使有很多爱，你们两个人对它的理解也不尽相同，你们会陷入争吵，两人的对话会像是名副其实的笨蛋之间的对话。

在争吵的时候，请记住，尽管你们使用相同的词语，但你们所指的可能是完全不一样的事情。当你们的伴侣说"我爱你"时，他指的是他对你的一种感觉，但也指过去的经验和他过去在这个家里可能经历的事情。平心而论，我们不应该说"我也是"，仿佛我们认为我们的经历是一样的似的。而另一方面，如果场面变得不好看，对方指责你没有回应他的爱意时，你总是可以用罗素的意义理论来推脱责任。但要小心，得弄清楚对方确没有读过奥地利哲学家维特根斯坦的理论，因为这位罗素的弟子可并不赞同自己老师的 "私人语言"理论。

维特根斯坦认为，语言是由语词构成的，即指只能由讲话人知道的东西，直接的、私有的感觉。因此，没有其他人能真正理解这种所谓的语言。有私有感觉的事实并不意味着有一种私人语言。如果情绪的名称以这种方式获得了意义，那么当我们彼此交谈时，将无法理解对方，而情况似乎并非如此。

说话就是用语言来描绘

为了解释语言是如何运作的，维特根斯坦提出了所谓的意义图像理论。我们的语词是世界上事物的代表，就像一张照片代表

第二十三章 说"我也是"和说"我爱你"一样吗?

一个人,一张地图代表一个地区,一个乐谱代表一个旋律。表征取代和反映另一种现实。画家勒内·马格里特的系列画作《图像的背叛》很好地说明了这一观点。其中有一幅画了一个烟斗,烟斗下面为法语题词:这不是一个烟斗。确实,这不是一个烟斗,而是一个烟斗的图像。说话就是用语言来描绘一个现实,使其作为模型发挥作用。当这位奥地利哲学家读到巴黎法院用玩具车来模拟交通事故的发生方式时,他产生了这个想法。他自问:人类怎么可能用文字来表现世界上发生的事情呢?他认为,语言的逻辑结构和世界的逻辑结构是相同的。因此,一个没有逻辑形式的图形不代表任何东西,比如波洛克的抽象画。当你对你的爱人说"我爱你"时,你是怎么做的?你是在用语言描绘你对对方的爱意。而当对方说"我也爱你"时,对方又是怎么做的?是在用声带传递的声音塑造一个形象,代表其内心的爱意。

语言游戏,而非情感游戏

你喜欢意义图像理论吗?要是不喜欢,别担心,维特根斯坦还有另一个理论。经过长时间的思考,有了在小学教孩子的经历后,维特根斯坦抛弃了原先的意义理论,转而提出了另一种理论。这位奥地利哲学家意识到,语言不仅可以代表世界,我们还可以用它来讲笑话、提出讽刺、进行祈祷、撒谎、讲故事等等。维特根斯坦明白,语词就像车间里的工具:当我们知道如何使用它们时,就知道它们的意义了。

语言的本质不是逻辑结构,而是功能。维特根斯坦用游戏来解释它。游戏是由规则和用法定义的,把你的话语比作国际象棋的棋子:棋子不是由它的材料、大小或颜色定义的,而是取决于使用规则和可能移动的位置。这与语言是完全一样的。而维特根斯坦劝告我们,有了棋子,我们可以玩其他的游戏,或者发明一个新的游戏。同样,一个词的意义就是它的各种不同用途。理解一个语言表达的意义意味着理解我们在玩什么游戏。如果在你刚表白了自己的爱意之后,在开始接吻之前,对方说了"我也是",你就应该评估一下这么说是否在讽刺、挖苦、说谎、同情……别是你最后自尊扫地,躲开了!

第二十四章
要是怀孕了，你会堕胎吗？

阿德拉·科尔蒂娜、朱利安·马里亚斯、
朱迪思·贾维斯·汤姆森

想象一下，你去看医生，因为你已经呕吐了几天，月事迟迟不来，测试结果显示你已经怀孕。你不明白这怎么可能发生，因为你已采取了一切妥当的预防措施，一定是哪里出了问题。这下天都塌了，你太年轻了，还不能做母亲。你很害怕，不知道该怎么做。你认为堕胎可以是一个解决办法，但你又严重怀疑：你有权利堕胎吗？如何证明你有这个权利？在什么条件下，你堕胎在道德上是可以接受的？堕胎是你自己可以单独决定的吗？这只取决于你，还是准父亲也应该参与进来？

辩论规则

堕胎是最严肃的哲学问题之一，也是我们社会中最敏感的问题之一。如果你想与你的朋友对此展开讨论，建议你为理性和富有成效的辩论制定一些规则。也许这份根据西班牙哲学家阿德拉·科尔蒂娜的建议拟定的辩论规则清单可以帮助你：

- 在这个问题上与你意见相左的人并不邪恶。
- 不要侮辱谩骂。不要在对话中指责你的伙伴是在"为死亡文化辩护"或"反对妇女"。也许有例外，但即使是支持堕胎的人也不是在捍卫死亡文化，或想取缔堕胎的人不是在反对妇女。
- 不要贴标签。在这个问题上，既没有落后的保守派，也没有不负责任的进步派。这样贴标签往往会让你听不到你的对话者的论点。
- 不要将男性排除在这一对话之外。怀孕是一件双向的事情，把决定和责任都留给妇女是一种性别歧视。
- 努力想想，对方可能是在表达一个合理的观点，即使你并不赞同这个。
- 可以有分歧，你不必放弃你所有的见解。
- 必须尝试达成共识：可以规范每个人生活的最低道德标准。

提议完对话的规则，我想向你介绍两位哲学家，他们提出了很有意思的论点，可能有助于你做出决定。第一位是西班牙

第二十四章 要是怀孕了，你会堕胎吗？

思想家朱利安·马里亚斯（1914—2005），第二位是美国人朱迪思·贾维斯·汤姆森。

在你身体里的是另一个生命，而不是一个肿瘤

朱利安·马里亚斯因为批评佛朗哥政权而被弄得很惨，为了能够教授哲学和发表他的思想，他不得不离开西班牙。他本可以保持沉默，在马德里大学获得一个教授职位，但在童年时代，他就与自己的哥哥达成了一个协议，他们承诺要为真理而战。这位哲学家承认从那天起就没有说过谎，而且他非常不喜欢说谎。1977年，他被任命为过渡时期制宪法院的参议员，这是对他作为自由和民主的伟大卫士的认可。他热爱电影，事实上，他正是用电影来教授哲学，因为正如他的老师奥尔特加·加塞特教他的那样，"看就是用眼睛思考"。他一直为女演员葛丽泰·嘉宝着迷，以至于当他住在美国时，在纽约的中央公园一待就是很长时间，因为有人告诉他，嘉宝经常在那里散步，但没有收获。朱利安·马里亚斯被描述为一个善良的人，脸上带着智者的笑容，粗大的眉毛之下是一双湛蓝的眼睛。如果智慧如朱利安·马里亚斯能在你所处人生交叉路口陪伴你，他不会事事顺从你，但会真诚以待。朱利安·马里亚斯认为，如果我们想在这个堕胎问题上达成共识，我们首先要做的是把宗教信仰和意识形态放在一边，因为我不能强加我的"个人道德观点"给别人。我就没有权利这样做。我们可以尝试从科学上解决这个问题，但这种知识不是人人都了解的，这样做的话，许多人将被排除在辩论之外。此外，有时科学对某些人来说是一种宗教,他们不承认某些立场是因为"对科学的信仰",如果某个东西是科学的,那么它就是好的,没有必要事先审查它。

那么,然后呢?朱利安·马里亚斯提出,我们通过确定我们所观察到的、我们所体验的和我们所经历的来面对堕胎这个问题的现实。让我们试着说明显而易见的东西,睁大双眼看清楚,不要背离事实。让我们就以我们发现的为依据,不做任何干预。抛开我们的宗教、意识形态或科学偏见。要做到这一点,我们可以看看我们对语言的使用:我们任何人都可以区分什么时候应该说"物",什么时候应该说"人"。此外,如果有人在使用这些词时用错,就会让我们听起来感觉不适。想象一下,房间外传来敲门声,一个交换生一脸懵地问"什么事?"。如果我们良善友好,想帮助她正确使用西班牙语,我们会纠正她,教她这个时候应该问"是谁?"。

你身体里的东西不是一个"什么",而是一个"谁"。它不是一个东西,而是一个人。那个"谁"必须被称为"你",因为它有一天会说"我"。胎儿不是你身体的一部分,而是"寄居"在你体内,被"植入"里面的。反思一下,你不会说"我的身体怀孕了",通常会说"我怀孕了"。怀孕与患肿瘤绝对不同,这种根本性的区别是由语言本身造成的:你不会说"我将会生一个肿瘤"或"我怀了一个肿瘤"。肿瘤隶属你的身体,属于你,因它是你的一部分。它不是一个独立于你的客观实际,但你子宫里的胎儿却是,尽管还没有出生,但如果我们不阻止它,它将成为

第二十四章 要是怀孕了，你会堕胎吗？

一个现实；而肿瘤永远不会变成这样，无论我们如何允许它发展。有些人甚至会暗示你，这个胎儿不是一个人，因为它不能沟通，不能推理，不能知道或做决定。既然胎儿没有这些能力，也没有人的生命，那么它就不是一个人。但如果是这样，我们就可以对新生儿说同样的话，在婴儿的最初几个月里终止他的生命，终止一个处于昏迷中的成年男子的生命，终止一个在手术中被麻醉的病人的生命，或者也可终止一个失去意识的人的生命，等等，这些都没有错。如果你这样想，你应该在所有情况下都持有同样的想法，认为只要孩子藏在你的子宫里，你还看不到，杀死他是正确的，但如此辩护是矛盾的。

这个未出生的孩子是一个即将到来的现实，如果你不在半途杀死它的话，它就会成为现实。用胎儿还不是一个人，还在成长中的论点来为胎儿的死亡辩护是不符合逻辑的，因为我们中谁又已经长成了？又有谁完成了自己的成长？难道不正是活着即在成长为人吗？

无论你做什么，都要一针见血，不要用终止妊娠这样虚伪的表述来指代堕胎。为死刑辩护的人就没有这种称谓的问题，而是实事求是，毫不遮遮掩掩。

当有人被绞死时，没有人想到说我们在"终止他的呼吸"，好像过一会儿他就能接着喘口气儿似的。当你绞死一个人时，你不是让他终止呼吸，而是杀死他。如果你堕胎，你不是在终止妊娠，而是在杀人。

你询问过孩子父亲的意见吗？因为这个决定不应是唯独由你

来做的。如果你决定堕胎，父亲对孩子的死亡却没有发言权，这就不公平。你子宫里的孩子不是属于你的东西，更不是一个可以切除的东西或肿瘤。孩子不属于你的身体，而是身体被植入你体内的一个人。你没有权利随心所欲地处置自己的身体。如果你带着一罐汽油出现在一个广场中央，决定烧死自己，那里的每个人都会尽力阻止你，警察会强行制止你。想象一下，如果你不是打算点燃自己的身体，而是别人的，当局会怎么做？

堕胎的错误在于将人非人格化。那些为奴隶制辩护的人之所以这样做，是因为他们剥夺了其他人的人格，把他们当作物品。但是，如果你不把孩子当作一个东西或一个肿瘤，而是用"你"和"我"来对待，所有的意识形态的理由都会消失，摆在你面前的将是一个畸形的现实。社会接受堕胎不是一种进步，而是我们人类进步史上的一种倒退，这类似于再次容忍酷刑或奴隶制。

OT选秀歌手试验

现在听听朱迪思·贾维斯·汤姆森怎么说。这位麻省理工学院的道德哲学教授参与了美国关于堕胎法的辩论，发表了一篇为堕胎辩护的著名文章，引起人们的广泛思考和讨论。如果汤姆森教授发言，她会告诉你，即使你接受你腹中的胎儿是一个人，并且有生命权，你也没有义务生下胎儿。如果你希望堕胎，只要你满足一些条件，你就可以堕胎。

汤姆森教授首先会分析构成朱利安·马里亚斯用来劝阻你堕胎的论点的前提。我们把它总结为以下几点：

第二十四章 要是怀孕了，你会堕胎吗？

- 胎儿从受孕的那一刻起就是一个人。
- 每个人都有生命权，因此每个胎儿也都有生命权。
- 你有权对在你身体里发生的事情做出决定。
- 生命权比决定你身体里发生什么的权利更重要。
- 不能杀害胎儿。

汤姆森教授会告诉你，虽然这个论点看起来很有说服力，但如果你仔细观察，会发现它并不真正有效。为了瓦解这些论点，汤姆森设计了一个著名的思想试验，即一些哲学家和科学家用来理解和解释一种现象的手段。设计一个假设的情况，以测试我们所断言的逻辑后果。幸运的是，你很快就会明白，没有执行测试的必要，它们只是证明或拒绝某种理论的一种工具而已。话虽如此，还是向你介绍一下这个"OT选秀（西班牙国内最著名的音乐选秀比赛）歌手的试验"。

在论文原文中，朱迪思·贾维斯·汤姆森使用的是一个"著名的小提琴家"来假设试验，但这是因为这个思想试验是在1971年设计的，那个时候，哲学家完全不了解大卫·布斯塔曼特的美妙音乐。

在一个美好的早晨，你醒来时发现自己与上一OT选秀比赛的获胜冠军住在一个病房里。这位歌星被诊断出患有严重的肾病，将在几个月内死亡。歌手的粉丝俱乐部查阅了医学档案，发现你是唯一匹配能帮助他的人选。因此，他们绑架了你，并将歌手的血液循环系统与你的连接起来。你发现了其中的勾当后,医院院长却告诉你:"歌迷俱乐部对你做了这样的事情,我们深感抱歉。要是我们之前就知道,就不会允许他们这样做了。但事已至此,歌手的血液循环现在与你的相连,如果拔掉连接的话,他就会死。但不要担心,这种尴尬的局面只会持续九个月。过了这段时间之后,就可以安全地断开连接,不会对他造成任何危险。"

我想让你回答的问题是:你在道德上有义务接受这种情况吗?毫无疑问,如果你这样做,你肯定是一个慷慨的人。但你有义务这样做吗?如果医院的院长对你说:"你很不幸,这一切都很不幸,我深感同情,但现在你必须待在床上,与歌手保持血液循环相连,持续九个月,因为你得记住:歌手是个人;每个人都有生命权,因此歌手也有生命权;你有权对在你身体里发生的事情做出决定;生命权比决定你身体里发生什么的权利更重要,因此你不能断开与歌手的血液循环连接。"

强迫你这样做的行为穷凶极恶,这表明那些想说服你没有权利堕胎的人,他们的推理存在某种缺陷。如果世界上有一件事让我觉得是肯定的,那就是如果你伸出手来,拔掉把自己与歌手的血液循环连接的东西,你也没有犯下谋杀罪。歌手要活命,就得继续使用你的肾脏九个月,但并不意味着他有权利这样做。没有人有权利使用你的身体,除非你把它交给他们,如果你肯用自己的肾脏来拯救歌手的生命,确实是非常慷慨之举,但不是任何人都有权利要求你。

别人拥有生命权并不意味着可以使用你的身体,即使他们需要你的身体才能继续活命。你和胎儿并不像是两个租户,由于一个不幸的错误而合租了个小房子——你是房子的主人。因此,生命权并不能用来论证你没有权利堕胎。

我们再更详细地研究一下这个问题:拥有生命权意味着什么?许多人将其定义为获得延续生命所需的最低限度的权利。如果某人为延续生命所需的最低限度的权利是他们无权获得的,怎么办?

让我们分析另一个心理实验,即可称为"马里奥·卡萨斯的冰凉的手"的试验:让我们想象一下,我已经病入膏肓,唯一能挽救我生命的是用马里奥·卡萨斯的冰凉的手抚摸我的额头。如果他决定横跨大西洋来救我,这将是一种善意的表示。但要是我的朋友们绑架了可怜的马里奥·卡萨斯来救我,事情就不是那么美妙了。仅仅因为我需要他来拯救我的生命,并不意味着我有任何权利使用马里奥·卡萨斯的手(从任何意义上讲都没有)。我并不是说人没有生命权,我只是表明生命权并不赋予我使用他人身体的权利。

在最初的试验中,汤姆森教授使用的是"亨利·方达的手",但由于这位美国演员已于1982年去世,在我看来,现在他的手肯定已经像葡萄干一样干瘪了,在死者身上做试验是不明智的,哪怕是思想试验也一样。

我相信现在肯定已经有人试图说服你没有权利堕胎,说:"之前你就应该想到""如果你已经到了发生性关系的年龄,你就已经到了做母亲的年龄""你应该预见到,发生性行为之后,就有可能会怀孕，因此你要对你身体里的胎儿负责"。对于这些人，我有以下类比论证，称为"窃贼论证"：

让我们想象一下，我打开房间的窗户通风，一个窃贼溜了进来。声称我对窃贼的进入负有责任，因为当我打开窗户时，我应该预见到有窃贼闯入的可能性，这是荒谬的。声称通过打开窗户，我已经给了窃贼使用我的房子的权利，我不能再把他赶出去，这是愚蠢的。如果有人对此进行辩护，那就更荒唐了，哪怕我家里安装的安全系统因工厂缺陷而无法使用。

类比论证涉及将一个有问题的案例与一个明晰的案例（不产生任何辩论）进行比较，以得出结果，但为了使其发挥作用，其相似之处需要具有相关性。

第二十五章
OT选秀比赛的演唱会算得上艺术吗?

亚里士多德、高尔吉亚、西奥多·阿多诺

终于等到OT选秀比赛的决赛晚会！你等这一刻已经等了整整一年了！你把电视和音响系统连接起来，确保一切工作正常；你的朋友开始陆续抵达；你们一起评论、预测和分享激动的氛围。主题曲正在播放，主持人上台，你打手势让大家安静。你崇拜的艺术家在表演你最喜欢的歌曲，你在客厅里一起伴唱。他们的音乐就是你的声音。每一个音符和每一句歌词都为你的生活配上了节奏。一切都开始变得有意义了。你全情投入：你的灵魂在飞翔，你的身体在舞动，就好像没有明天一样。

每个人都陪着你一起疯狂，让你快乐……除了一个友人的男朋友。那个戴着万事通那种眼镜、在音乐学院学习的白痴，整晚都在抱怨：这首歌的原版要好得多，这个编曲不适合他，那个音调不准……你后悔邀请了你朋友的混蛋男友，但你保持镇定，因为你不想让他毁掉你期待了一整年的夜晚，但当他在"你"家的客厅中间说"这个OT选秀不赖，但歌剧要好得多，那才是艺术"时，你愤怒的火焰瞬间爆燃。你的男朋友，非常了解你，把你从可以扔的物品旁拉开。你捏碎了手中的塑料杯，因为要捏碎这个"眼镜潮男"的喉咙是违法的。你问他是什么意思，而他在炫耀一番自己多年学习音乐的经历（尽管无人问他这个）后，回答："嗯，你知道的，OT选秀不赖，你可以或多或少地喜欢，它很有趣，但艺术是另一回事。"

这个"潮男"说得对吗？不是所有的音乐都是艺术吗？何为艺术？它的功能是什么？为什么有些人把不具娱乐性或能感动人心的东西称为艺术？喜欢一首歌就能把它变为艺术吗？我不喜欢的东西能有艺术价值吗？一首歌一定要优美动听吗？一首歌的艺术价值是客观的还是主观的？

OT选秀比赛和模仿的艺术

如果亚里士多德在你的客厅里，他就会很享受OT选秀比赛的音乐，并教导你朋友的男友一两件有关艺术的事情。这位希腊哲学家将艺术作品定义为模仿，也就是完成或完善原作的复制品或模仿品。因此，艺术之间的区别在于它们用来进行模仿的手段：诗人用文字进行模仿，画家用图像进行模仿。这是人类与生俱来的东西，使我们有别于动物，而且我们从小就开始这样做了。例

第二十五章 OT选秀比赛的演唱会算得上艺术吗？

如，观察一下我们是如何通过模仿获得知识的。我们欣赏模仿，因为即使我们不喜欢某个形象的再现，但如果它被尽可能忠实地再现，我们也可能会喜欢上它。

亚里士多德指出，一件好的艺术作品在于它对原作的忠实。正是这种亚里士多德的艺术理念导致一些人欣赏宜家的人造植物，因为它们看起来很"真实"。当艺术家让我们相信虚构就是现实时，他的高超技艺就体现出来了；这需要掌握所表演的艺术的技巧，而OT选秀的歌手在这方面把握得炉火纯青。

罗马历史学家老普林尼（23—79）给我们讲了一个故事，诠释了这种艺术即模仿的理念：

赫拉克里亚的宙克西斯和以弗所的帕拉西奥是古希腊最著名的两位画家，据说他们之间的竞争非常激烈，两人约定各自画出自己最好的画作，再由一位公正的法官来裁决谁是最好的。两位画家在比赛当天都来了，各自的画作均以画布遮盖。法官让宙克西斯第一个揭开画布，展示他的作品，他于是照做，确信自己将成为赢家。在场的每个人都震惊地看到一串完美又引人垂涎的葡萄，它的逼真程度引得空中的鸟儿都开始啄食它。大家为宙克西斯鼓掌欢呼，确信他赢得了比赛，因为没有一幅画能与他的作品的现实主义相媲美。法官命令帕拉西奥展示他所画的东西，但帕拉西奥对法官的话充耳不闻。宙克西斯迫不及待地想被宣布为赢家，走到画前，去拉画布，发现面前的就是画本身。他没有等待裁判的决定，即称："我输掉了这场比赛，因为我蒙骗了鸟儿，但帕拉西奥把我都给蒙住了。"宙克西斯的绘画技术骗过了一些动物，但帕拉西奥的骗过了希腊排名第二的画家。

OT选秀，娱乐的艺术和欺骗性的艺术

古希腊人也明白，艺术作品的功能必须是为了娱乐。哲学家高尔吉亚（约前483—约前375）认为，艺术应该给我们带来快乐，让我们兴奋。如果你带这位哲学家去看一部被评论家认为是杰作的电影，但让哲学家感到无聊，他会告诉你这不是电影，并要你退还他的票钱。对高尔吉亚来说，艺术不能要求我们花费如此多的脑力，以至于只有少数人能够理解它。

人们去电影院是为了享受和获得乐趣，而不是为了被说教和受苦。任何人都应该能欣赏艺术作品。而为了欣赏艺术作品，想了解作者所表达的内容，就需要事先阅读"说明书"，这是没有意义的。真正的艺术作品是有能力使所有类型的观众都能勾起他们的情绪，引起他们的共鸣。高尔吉亚会很欣赏OT选秀比赛的音乐，因为它能够打动大量形形色色的观众。

这位希腊哲学家认为，真正的被认为是艺术的作品，必须具备的另一个特征，即是欺骗观众的能力。因此，最好的艺术家是能最熟练地欺骗我们的人。所以要小心，如果你被抓到出轨，你总是可以辩称你是"出于对艺术的爱"。为了论证高尔吉亚的论点，请分析一下，比如在电影上发生的情况：使一部电影在你看来不好的缺陷之一是，影片的杜撰无法让你信服。同样的事情也发生在演员身上：当我们没办法信服时，就说演员演绎得很糟糕。然而，面对一部好的电影，尽管我们也意识到了那是杜撰虚

第二十五章 OT选秀比赛的演唱会算得上艺术吗?

构,但要是做得极好,那对我们来说似乎也非常真实,以至于我们都让自己被艺术家愚弄了。当一位OT选秀歌手演唱情歌时,我们并不关心他是否真的在恋爱,因为我们欣赏的是他唱的能力,让我们觉得歌曲演绎的感情是如此真挚,就像我们在那一刻听到的美妙声音一样真实。

葡萄牙诗人费尔南多·佩索阿用下列诗句来解释了这种艺术的理念:

> 诗人装腔作势,装得如此彻底。甚至装作痛苦,如真深受其苦。览其作中痛苦,读者纷至阅读。却非诗人之苦,实为未品之苦。就这样,生活其苦渗入,那让理性分心、搅动,那心灵的列车。

有许多电影对什么是艺术和什么不是艺术进行了反思,但我特别推荐你观看记录片《赝品》(1973年),这是奥逊·威尔斯的最后一部作品。影片讲述了三个骗子——一本假自传的作者,一个专门造假的画家,以及奥逊·威尔斯本人的故事,他给我们拍摄了一部几乎无法区分真假的纪录片。在这部影片中,威尔斯对那些为我们决定什么是和什么不是艺术的所谓专家进行了严厉的批评。对于导演来说,任何人都有能力对一部作品形成意见,当有人希望自己的意见对于他人来说是正确的,问题就来了。所谓的"专家"试图将我们应该如何看待艺术的问题强加给我们这些凡夫俗子。例如,如果一个"专家"认为OT选秀比赛的音乐不好，而你不同意他的观点，他就会把你当成一个对艺术一无所知的傻瓜，反之亦然。要是"眼镜潮男"认为瓦格纳的歌剧是音乐史上最伟大的篇章，而你却觉得那完全是无聊又令人疲惫的折磨，你就会被指责为对音乐一无所知。一件艺术品的价值取决于我们对它的看法，反过来，我们对它的看法又取决于专家的说法。奥逊·威尔斯对这种精英主义提出了抗议。他的影片向我们展示了所谓的专家是如何被造假者欺骗的，并向我们提出了这样一个问题：现在谁是专家？谁是无知者？

OT选秀比赛是商业产品，不是艺术

但不是所有人都认为OT选秀比赛的音乐是艺术。与你朋友的男友想法一样的思想家之一德国哲学家西奥多·阿多诺（1903—1969），他非常热爱音乐，因为他自己也是一位作曲家。事实上，早在他出生之前，音乐就已经在他家里回荡了，他的母亲是一位歌剧歌手，他的姨妈是一位钢琴家。在自己的一篇论文《四手联弹》中，这位哲学家回忆起童年的一段经历，家里的这两位女士坐在一起弹钢琴。对阿多诺来说，这个形象是人类应该如何生活在一起的象征：两个人一起创造一些东西，而不必牺牲他们各自的个性。家里的歌手和钢琴家负责阿多诺的音乐教育。阿多诺的音乐才能极为卓越。以至于才19岁就发表了自己的第一篇专业音乐评论。这位德国哲学家对20世纪20年代盛行的前卫音乐充满热情，尽管这种新的作曲方式在当时广受严厉的批评，但他仍然竭尽所能地捍卫它。阿多诺喜欢的音乐是强调十二音律且无调

第二十五章　OT选秀比赛的演唱会算得上艺术吗？

性的,这种风格只有受过广泛音乐教育的人才能欣赏。如果你不想造成尴尬,就建议你在下一次被邀请参加聚会时不要演奏这种风格的音乐。

阿多诺的另一个爱好是哲学,且从未将其与音乐分开:他创作了《新音乐哲学》和《电影与音乐》等作品,并且是哲学法兰克福学派的一员。请记住,这批思想家利用社会科学来分析资本主义社会。法兰克福学派的思想家们试图回答这样的问题:对阿多诺描述的这个形象的应用之一,是用工具来分析夫妻关系。

为什么我们的社会摧毁了产生自由公民的能力?为什么我们允许资本主义这样的压迫性的制度取得胜利?为什么像你我这样的普通人认同支配我们的权力,甚至为其辩护?为什么像你我这样的人没有意识到我们正在被支配?一般的文化,特别是媒体,是如何利用权力来操纵和征服我们的?为什么技术非但没有解放我们,反而成为控制和统治我们的工具?为什么科学成为一种意识形态的工具,为权力辩护?

阿多诺的思考集中在美学上,即哲学中涉及的艺术、美和伦理的部分。在他写的关于这些主题的数千页文字中,有一句话已成经典,经常被引用:"自奥斯威辛之后,写诗是野蛮的。"阿多诺的这句话并不是说艺术家应该放弃他们的职业,终生保持沉默。他并不是在建议他们应该停止写书或创作歌曲,但必须反思死亡集中营的恐怖绝不应重演。因此,他认为大屠杀之后的文化应该是彻底不同的。在数以百万计的人被灭绝之后,继续歌颂爱、美或善是装模作样,令人无法忍受。

想想看，比如，时尚行业不仅规定了我们应该如何穿着，并设法把我们变成了行走的广告（我们在身上的穿戴带有这些公司的标志，就像奴隶曾经在皮肤上戴着主人的标记一样），而且他们最惊人的成就是在我们身上创造了一种虚假的自由感，使我们相信这个行业是为我们服务的，而恰恰相反，实际上是我们在为这个行业服务。

新的艺术不能满足于仅仅成为公众的娱乐，而必须反映人类的痛苦，谴责不公和压迫。这句话背后的另一个理念是，艺术不能再成为为权力服务的工具。在纳粹主义时期，文化是为法西斯主义和极权主义国家服务的。纳粹利用电影、文学和音乐进行宣传。艺术再也不能这样"卖身"了，艺术必须永远是一个致力于质疑和批评社会的工具。一首说唱歌曲中的艺术性比整个OT选秀比赛灌制的唱片中的艺术性要多得多。阿多诺想邀请艺术家们创造一种新的艺术，让我们进行反思并防止那些野蛮行径的重演。

在阿多诺看来，OT选秀比赛音乐不是艺术，而是文化产业创造的消费品。在资本主义社会，人的主要活动是消费。这个制度把我们变成了一个消费者：我们活着是为了工作，工作是为了消费，我们通过这两个行为来维持这个制度。我们消费服装、技术、食品、文化，而在此讨论的这个情况下则是音乐。文化产业，制造标准化的产品，旨在将它们卖给尽可能多的人。当科技行业想销售一个新产品时，就会利用大众媒体（电视、电影、广播、互联网……）来影响我们，对我们进行说教。例如，如果想卖的是一种新型号的智能手机，就利用广告在我们心中催生拥有

第二十五章 OT选秀比赛的演唱会算得上艺术吗？

它的欲望，诱使我们购买它。文化产业的产品不是具有审美目的的艺术作品，也不是之后被转化为人们购买的商品的，它们从一开始就是为了销售而创造的产品。艺术作品一直被文化产业操纵和改造，以消除其引发我们思考的作用。

OT选秀比赛的晚会不过是一场大型的广告活动，旨在让你大量消费这个行业生产的音乐。这个运作体系设计精良，透过观看电视，你是在用自己缴纳的税金资助这场广告活动。OT选秀歌曲之于音乐，正如麦当劳的汉堡之于美食。但这还不是此类"音乐"最糟糕之处。阿多诺穷尽一生为建立一个没有暴力和任何形式的控制的社会而奋斗，但这种音乐是为权力服务的产品，操控大家的思想，让人人都想法一致。分析一下参赛歌曲，其歌词纯粹是一种娱乐，是为了防止你发散批判性思维而创作的。你有没有想过，为何没有一首参赛歌曲质疑我们的制度或我们的生活方式？节目中的参赛者有没有可能演唱一首反文化的歌曲，一首质疑节目赞助商所受益的制度并让观众思考的歌曲？你觉得为何大多数歌曲的主题是像爱情这样不具颠覆性的东西？

OT选秀比赛的歌曲，如其他文化产业的产品一样，其目的是让人们都以同样的方式思考和生活。文化产业的所有产品都传递着其体系所关注的价值观和生活方式。看看好莱坞行业电影是如何引导我们的生活方式，向我们植入价值观，影响我们的语言表达的。所有这些电影都是依照同一模式制作，它们之所以相同，是为了让我们的思维趋同。这种体系利用大众传媒操控民众的良知，将某种思维方式强加于民。纳粹主义上台后，阿多诺流亡到美国,其间潜心研究资本主义对电视、广播和其他大众媒体的操控。

在其所有著作中,阿多诺均告诫道,若不想被洗脑,最终沦为庞大压迫机器的另一个齿轮,对电视上看到或音乐里听到的内容,就得非常小心。诚然,文化产业已经大众化了。过去,音乐仅为宫廷所作。如今,技术让我们每个人都可以用手机随意听歌或观影。但这一切并不都是奇妙美好。在阿多诺看来,这种进步的代价不容我们忽视——文化越大众化,它的批判能力丧失得就越多。一位艺术家要更加成功、有名气,就必须卖出更多自己的作品,为此,必须尽量不要质疑这个体系,要甘被市场驯化。在OT选秀比赛中,一群有天赋的青年接受培训,学习该唱什么,怎么唱。通过OT选秀,这个体系确保了两件事:第一,我们购买和聆听的音乐都由这一体系决定;第二,抹去了艺术具有的一切反思和转化能力。我们的个人自由正被掌握在少数人手中的资本和大众文化所破坏。针对如OT选秀这样,为阻碍我们思考而创造的产品,需要有一种"真正的艺术",促进我们明辨思维。

要是把遥控器给阿多诺,他会果断换台。可能受这位哲学家青睐的电视节目该是《水晶球》,一款20世纪80年代西班牙国家电视台上播放的儿童节目。该节目将儿童视为聪明机智的成年人,教他们思考、质疑他们所生活的世界,而不是以娱乐他们为目的;它一反当时的文化主流,对当时的制度提出质疑(节目里的坏蛋,女巫阿维里亚的战斗口号就是"邪恶万岁!资本万岁!")。该节目的新闻辛辣、讽刺,也会对政治家、作

第二十五章　OT选秀比赛的演唱会算得上艺术吗？

家和记者进行采访，或演出经典剧目。每一期都发人深省，节目里的口号也广受欢迎，如："独自一人不行，和朋友一起你可以！""你为何不试试？""要是不想跟他们一样，就多读书！""你有15秒的时间想象一下……要是什么都想不出来，就少看点电视。"阿多诺会听从这个节目的建议，关掉电视，并告诫你不要也成为一名从众者，要停止消费这种"大众艺术"，学会享受"真正的艺术"，帮助自己独立思考。

第二十六章
患阿斯伯格综合征的同学考试时间比你的长,这样公平吗?

柏拉图、亚里士多德、洛克、约翰·罗尔斯

我们的教育法采取了一系列措施来关爱有特殊教育需求的学生。为此,教师必须做出各种调整,让这些学生融入班级、正常学习,并确保他们不受歧视,使其在接受教育方面实现"有效平等"。这就是为何你患有阿斯伯格综合征的同学可能在某些方面(比如哲学考试)比你有更多的时间的原因。阿斯伯格综合征是一种影响神经发育的紊乱症状,患有这种综合征的人智力正常,但其认知风格特殊(他们的感知、学习或推理方式与常人有异)。此外,他们在理解社交方面有障碍,导致其行为怪异,甚至会让人觉得无理。一些学生尽管同情同学的缺陷,但他们认

第二十六章 患阿斯伯格综合征的同学考试时间比你的长,这样公平吗?

为这些措施是区别对待,对其他学生不公平。高中毕业时,学生必须参加大学入学选拔考试,考试分数的60%由该教育阶段的平均成绩决定。这一制度意味着,为了获得某些名额少报名需求多的学位,学生之间的竞争很激烈。批评这种制度变化的学生认为,他们没有在竞争时享有同等的机会,并要求考试选拔遵循和体育比赛一样的原则:规则对所有人相同。比如,在篮球比赛中,不会给患有阿斯伯格综合征的运动员更多的控球时间。

在体育运动中,卓越和尊重会赢得嘉奖。卓越是对自我的要求,它使我们在运动场上和职业领域表现最好的自己。尊重则是对自我、自己的身体、他人和规则的尊重,即公平竞争和反服用兴奋剂。有些人认为在非义务教育阶段,关爱有特殊需求的学生的措施就是一种"兴奋剂",他们说错了吗?正面的区别对待是否有助于建立一个更公平的社会呢?我将提出两种针锋相对的观点——对公平的两种不同的理解,如此,你之后就可以自行决定两者中哪一方是正确的。

精英制:因为我有价值

古希腊人不会采取确保"有效平等"的措施,在他们看来,平等本身就是不公正的。柏拉图和亚里士多德等哲学家认为,社会必须遵循个人功绩原则:人们按照自己的能力、自我要求和付出的努力,获得相应的社会地位、职位或福利。这种对正义的理解通常被称为"精英制",其前提是有一种不平等是合法的。社会学家迈克尔·杨在其著作《精英主义的兴起》（1958年）中创造了这个词；这部作品中提出了一个未来的社会模型，其中，国家只重视年轻人的资质和能力，并挑选未来的精英成员。在这个社会里，功绩等于智力加努力。最有价值的人在幼年就被发掘，并被选中接受适当的强化教育。有才能的人有机会达到与其能力相称的受教育水平，因此，社会底层的人由那些能力较差或选择不努力的人构成。

民主的发明者伯里克利（约前495—前429）解释了雅典人所遵循的精英制社会模式是如何运行的：至于其名称，因行政管理的行使有利于大多数人，而非少数人，所以这种制度被称为民主；在法律方面，所有人都以平等的权利来维护自己的个人利益；就荣誉而言，任何人只要在任何方面出类拔萃，就可获得公职，且获选更多是因为他获得的功绩而非他所处的社会地位。

在柏拉图看来，因某人的家庭出身或所拥有的财富嘉奖他，这样是不公平的，应嘉奖他获得的功绩和所做出的努力。柏拉图认为，在一个公平的社会里，每个人都应根据各自的能力和努力占据其相应的位置。教育体系必须选择最优秀的人才，让他们在将来能够担任决策职位，为正义做出贡献。柏拉图的弟子，亚里士多德则将公平解释为对每个人按劳分配，他认为教育不应推动平等，而应鼓励追求卓越。

第二十六章　患阿斯伯格综合征的同学考试时间比你的长,这样公平吗?

工作让我们与众不同

自由主义之父约翰·洛克是捍卫智力和努力应是证明社会不平等的基础这一观点的先驱之一。没有什么比工作更具功利性，因为它将我们与动物区分开，让一些东西比其他东西变得更有价值。精英制重视工作中所付出的努力，因为这种努力不仅让个人获得满足，还让社会获得进步。

在一场为纪念伯罗奔尼撒战争期间牺牲的战士举行的葬礼上，伯里克利发表演讲，并说了这段话。希腊历史学家修昔底德将它们记录了下来。在这次演讲中，伯里克利提醒他的同胞们，让这些战士流血牺牲是为了捍卫民主。

若我们奖励努力工作者，大家都会受益，因为这样我们会有最好的医生、教师、警察或工程师。洛克如大多数自由主义者一样，会反对正面的区别对待措施及任何会触动自由竞争的干预。无论是在教育上还是在任何其他社会领域，都必须遵循机会平等原则。自由主义者对这一原则的理解有异于咱们的教育法，因为对他们来说，机会平等意味着规则面前人人平等。

自私使人优异

美国国家模式类似于确保所有公民的权利得到尊重的警察，在一个人行使其权利就意味着侵犯他人的权利时，进行调节，从而尽可能少地干预自由公民之间的关系。相反，在苏联，人们服务的对象是国家，因为集体比个人更重要。苏联政府消除了人们的自由和权利,干预人与人之间的关系,创造出一种终结了功利主义和努力文化的人为的平等。

- 必须理性。理性是人的真正本性,它使我们区别于任何其他动物。理智必须是辨别对错的唯一工具。而人必须始终将理智置于情绪和情感之上。
- 为生存而斗争。理性告诉我们,首要的伦理原则是顾及我们自身的生存,它凌驾于其他任何生命之上。
- 自私是好事。为了生存必须学习自私。它常被当作一种邪恶的代名词,但只要理性分析,就会发现,这种想法是错误的。为自己着想是一种美德,而非缺陷。若你是理性的人,将感情用事置于一边,就会发现你应该自私,即为自己的生活利益努力,为你个人的幸福奋斗。我们真正的责任是关注和享受我们自己的生活,承担自己所犯的错误,为自己的成功自豪,而不必为他人的错误或厄运负责。
- 任何形式的利他主义都是有悖常理的。传统道德使我们相信,政治上正确的做法是为他人牺牲,关心弱小;所有行为,只要是为了他人的利益就都是好的,但要是为了自身的利益就是坏的。但利他主义对我们的要求实际是一种谬误。
- 任何人都不应牺牲自己成为他人实现目的的工具,或者强迫别人为他人牺牲自己。每个人都必须关心自己,为

第二十六章 患阿斯伯格综合征的同学考试时间比你的长,这样公平吗?

自己的人生目标而活。
- 没有人能强迫我帮助别人。我们可以帮助他人,但不应是被迫,而是出于我们自身的意愿,自己选择助人。

如果把这些道德准则应用于我们正在讨论的这条教育措施上,就会发现它是不道德的,因为它迫使我们无私奉献。安·兰德(1905—1982)不赞同这种正面区别对待的另一个原因是因为它破坏了精英制和努力的价值。她主张按照我们的能力和个人努力建立一个金字塔形的社会,这对所有人都有利。处于智力金字塔顶端的人对居于他之下的所有人的福祉贡献最大,因此他也应处于社会金字塔的顶端。我们都受益于设计互联网的工程师们的智慧,或创造财富和工作岗位的企业家的首创精神。若我们抛弃那些处于技能金字塔底层的人,让他们听天由命,他们是会饿死的。无能的人对他上面的人毫无贡献,却从那些比他更有头脑的人那里得到所有的好处。鼓励智力强大者和智力低下者之间的"竞争"对所有人都有利。

公平起见,你必须是无知的

美国人约翰·罗尔斯(1921—2002)是对精英制思想批评最甚的哲学家之一,认为这种制度不公正。在投身哲学之前,罗尔斯曾在美国军队执行情报任务,但投在广岛和长崎平民头上的两颗原子弹使他放弃了军旅生涯。之后,罗尔斯余生都在哈佛大学教授哲学。1971年,他出版了一本彻底改变政治思想界的著作《正义论》。在罗尔斯看来,一个理论无论多么好,要是不真实,就应被排斥;同样,当规则不能产生正义时,也应被同等对待。但何时能知道规则是公正的呢?

为此,罗尔斯提出了一个叫"无知的面纱"的思想试验:若必须审议政治或社会问题,例如关照多样性的教育措施的情况,可从一个假设的情况出发,假定无人知晓自己的初始条件为何。在无知的面纱下,人们都不会知道各自的性别、经济地位、种族、智力及疾病情况等等。

罗尔斯认为,我们在讨论政治时,几乎没人是真正在寻求正义,大多数人基本上只是将符合我们个人或所属阶级的利益当作"正义"来捍卫。若我出身富贵,那么认为比别人缴纳更多的税金不公平,这实属正常。但若我出身贫寒,就会辩说,拥有更多的人应多缴税才公平。我的正义观会随我的经济条件变化而改变,但这样不妥。为了避免正义概念中的这种任意性,讨论税收问题时,应首先不知道我们的家庭是富有还是贫穷。让我们把无知的面纱应用于关照多样性的教育措施——你不知道自己的初始条件为何,看看会发生什么。当面纱被揭开时,你可能中选为阿斯伯格综合征患者。当然,你这会儿就认为提出这类措施确保所有人的受教育权是合理的,你自己是需要这些措施的人。只有无知之幕才能保证我们达成自由、公平和公正的协议。罗尔斯坚信,如果我们要从这层面纱中寻求什么是组织社会的最公平的原则,我们都会同意以下观点:

每个人都有权尽可能广泛地享受自由,但这不得妨碍他人的

第二十六章 患阿斯伯格综合征的同学考试时间比你的长,这样公平吗?

自由。

在以下情形中,应允许有经济和社会的不平等:

第一是为弱势群体创造更大的利益。比如,医生工资高是有益的,因为可以鼓励有医学天赋的人努力行医,从而保证大家有优质的医疗服务。但必须明确,医生的薪酬差异不是因其工作难度大或拥有特殊才能,而是因为其所产生的社会效益。

第二应尊重公正的机会均等:每个人都应有机会获得任何职位或职务。按照这一原则,有点难以解释为何足球运动员里奥·梅西在2018年的工资高达4600万欧元。

罗尔斯批评精英制,因为机会平等是创造公正社会的必要条件,但还不足以实现社会公正。在一个社会中,如果有一种抽奖活动,给10%的新生儿提供足够的资源,让他们生活美满,却其他人仅够维持其生存的资源,这是一个机会均等的社会,但却非常不公正。社会上的不公平,大多数情况与个人努力无关。那些获得职场业绩的人并不完全是因为他们工作努力,还有其他的因素影响个人的成就,如家庭出身或其出生的国别。例如,阿曼西奥·奥特加的职业成功并不全是源于其自身的聪明才智和辛勤工作,要是他出生在叙利亚,不得不生活在难民营中,他就永远不可能创建Inditex集团。不同的社会,相对于某些人才,会更重视另外一些。如果你是一个板球天才,且出生在印度,你有大把机会功成名就,赚得盆满钵满。但要是不凑巧出生在西班牙,你就不得不靠做其他你没那么有天赋的营生来谋生了。我们所取得的许多成就取决于真正的运气。因此需要采取一系列措施来抵消这些不平等。为了解社会是否公正，应查看最弱势群体的情况。如果我们的教育体系使患有阿斯伯格综合征的学生运用其个人能力，实现与其他同龄人相同的目标，我们就成功地建立了一个公正的教育制度。

第二十七章
你应成为素食主义者吗？

毕达哥拉斯、彼得·辛格、彼得·卡鲁瑟斯、
汤姆·里根、笛卡儿、康德

想象一下，你正在食堂排队，轮到你前面的同事时，他餐盘递到正在供应炖牛肉的餐台前，说自己是素食主义者，要求给他不含动物肉的替代餐食。你坐到他的身旁，一边吃自己的饭菜，一边忍不住问他为何不吃肉。于是，同事向你讲述了你所食用的动物被饲养的条件：在工厂化农场里，小牛被当作商品对待。为了赚取更高的利润，它们会被尽快养肥，仅享几个月的"自由"，在户外吃草，之后就被关到催肥饲育场，环境极不健康，动物们全挤在一起，不得不与自己的排泄物生活在一起。从那一

刻起，这些牛就会开始被喂食动物源饲料。由于它们不是肉食动物，新的饮食会给其带来严重的消化问题。这些牛会被注入大量的生长激素和抗生素。当小牛长到14个月大，被人为地弄到体重超过500公斤时（就像长着成人体格的孩子），就会被用卡车运到屠宰场。运送的途中，动物既没水也没食物。抵达最终目的地后，每头小牛都会被关到"致晕箱"里。操作员会拿枪抵住动物的额头，一枪把麻醉剂射入其大脑。小牛随之抽搐倒下。之后它会被钩住后腿，倒挂起来，脖子上被拉一刀来放血（在这个过程中，有些动物会恢复意识）。血放干之后，动物会被开膛破肚，再被肢解。

肉类被包装在无菌托盘中，盘里滴血不沾。而煮熟的肉类被装盘送到你面前，就像肉是直接从超市货架上拿下来一样。我食用动物的话，就是参与了我的物种对其他物种的系统性压迫，所以我是个素食主义者。

于是，你盯着炖肉，该怎么做？这会是你吃的最后一块肉吗？动物有权利吗？

素食主义的数学逻辑

选择素食，虽然看起来很时髦，但并不新鲜。在公元前5世纪，毕达哥拉斯的追随者就已经开始实行这种做法了。这位希腊哲学家在克罗托内省（意大利南部）建立了一个社区，在某些方面与佛教的寺院相似。他的门徒们寻求身心的净化，生活方式与同时代人截然不同，并遵循一系列的规则，包括不食用动物。西

第二十七章 你应成为素食主义者吗?

班牙皇家语言学院词典的旧版本中,"毕达哥拉斯"一词的含义之一是"不吃肉的人"。毕达哥拉斯出于怜悯和提升心灵而成了一个素食主义者。若有其他食物选择,仁慈和高尚的人就不能给另一个生命体造成痛苦。罗马诗人奥维德在他的《变形记》中引用了毕达哥拉斯反对宰杀动物和食用肉类的言论,你可以在其中读到这些话:"凡人,不要再用亵渎圣罪的盛宴玷污你们的身体。有谷物,有因其重量而压垂树枝的水果……大地为诸位供应了软嫩的食物,及无须屠杀和流血也可获得的美味佳肴。"

有些人则认为下面这些话是出于克罗托纳省的省长之口:"只要人们继续屠杀他们的动物兄弟,战争和痛苦就会在世间盛行,他们会互相残杀,因为散播痛苦和死亡的人无法收获快乐及和平",以及"永远不要用动物的鲜血或同伴的泪水来蘸食你的面包"。

肉食者? 非也,是物种主义者

就对动物权利的反思而言,彼得·辛格(1946—)的《动物解放》(1975年)影响力最甚。对这位澳大利亚哲学家来说,反歧视的斗争还没有结束。这场斗争始于解放黑人的运动,随后是同性恋解放和妇女解放。我们已经增强了意识,并打击了种族主义、恐同症和性别歧视,但我们还没有实现彻底的解放,因为最后一种形式的歧视——物种歧视还没被消除。现在我们必须实现最后一步:解放动物。什么是物种歧视? 有一种说法是这样的:"众所周知,大约10%的人类夫妇是不育的。假设发现这是因为事实上存在着两个不同的人类物种，只能通过生殖不相容来区分他们。在这种情况下，多数物种剥夺少数物种的道义权利，仅仅是因为各自分属于不同的物种，这显然是应受谴责的。这将是一个明显的物种间歧视的案例。"

为了打击物种主义，彼得·辛格以一个基本的伦理原则为出发点，提出：我们应该避免痛苦。鉴于此，必须接受"痛苦就是痛苦，无论什么物种都会经历"。人类和非人类动物具有相同的感知痛苦的能力。如果你仅仅因为它们不属于你的物种而忽视它们，你的思维和行为就会和三K党的成员一样。三K党致力于对黑人处以私刑，折磨、残害、焚烧黑人。

种族主义者或性别歧视者认为，那些不属于自己的种族或性别的人不具有与其相同的道德地位和权利。三K党的野兽"认为"，对白人所做的不道德的事，放到黑人身上就道德了。有些人为歧视动物辩护，理由是它们不像我们一样推理思考。但有些人也不具备这种能力，这并不是我们让动物受苦的理由。但凡有最起码的道德良知的人都不会想把婴儿关在笼子里养肥后，宰杀了吃掉，理由是婴儿没有能力进行高级的智力活动。我们也无法容忍在一种化妆品在被投放市场之前，用残障人士来测试它是否有毒的做法。我们对非人类动物的行为事实表明，人类仍然对它们抱有偏见，因为这对支配群体有利。并没有强有力的理由支持给予某些人优先权，只因他们隶属于智人这个物种。在一个道德发达的人类社会，动物应该有权利。你仍然可以吃肉，但没有办法在道德上为这点辩护。狂热的斗牛爱好者，歌手华金·萨比纳就意识到了这点,曾说他从不与反斗牛人士争论,因为他们是对的。

为动物权益辩护

与彼得·辛格一样,美国哲学家汤姆·里根(1938—2017)也认为我们不应该吃肉。

但是,尽管里根在法庭上一直是为动物争取基本权利最卖力的人之一,曾经的他不仅自己吃动物肉,还卖过动物肉。他自己在一次采访中曾承认:"至少在我生命的一半时间里,我没有自己所称的'动物良心'。除了与我共同生活过的动物外,其他的动物之于我来说都是木块。我的意思是,我早前甚至还当过屠夫,也做过木匠。因此,正如我所说,其他动物对我来说就像我当木匠时工作用的木块一样。"

里根认为,承认动物尊严的关键不在于它们拥有感知痛苦的能力,而在于它们拥有"精神生活"这一事实。动物能意识到它们生存在这个世界上,因为它们会在一些事情上体验到快乐,在另一些事情上体验到痛苦。它们能够表达自己的愿望和喜怒哀乐。它们会受到惊吓,也可以感知安慰。所有这些都意味着我们不能把它们当作物品,因为它们不是。这与你承认婴儿或智力残障人士是有权利的主体的原因同理:虽然他们也没有发展出高级的智力,但他们有精神生活。承认人类婴儿的生命权而不承认小牛犊的生命权,这纯粹是物种歧视。

法律应像对待人类一样,规定非人类动物的权利。反对这一观点的人经常以动物不能有权利,因为它们也没有尽义务这样的观点来辩护。里根认为这种观点毫无依据,因为我们的法律也同样保护那些不尽义务的人的权利,比如说儿童。要享有像生命权这样的基本权利,不一定要尽义务;拥有权利只是意味着,由于拥有尊严,期望不会被任意对待是合法的。

这是对他人行使自由的一种限制。任何人在行使其自由时,都无权折磨我,哪怕是在像阿尔茨海默氏病这样的疾病使我无法尽到自己的义务的时候。

要是勒内·笛卡儿读过辛格和里根的观点,会认为这两位作者都错得离谱。在这位法国思想家看来,考虑制定保障动物权利的法律的荒谬程度,和赋予我们工作时为我们打扫房间的机器人吸尘器权利一样。他认为,动物就像智能吸尘器一样,是由机械驱动的简单机器,带着受自然界支配的说明书。在笛卡儿看来,只有人有里根所说的"精神生活"。认为狗是有意识的,能感觉到疼痛或快乐,这是错误的。一个孩子看着一个由天才工程师设计出来的机器人,可能会相信它是有感情的,因为机器人的机械使它能对头脑中出现的情绪做出反应,以类似于人类身体动作的方式活动。虽然工程师的编程,已经成功地让机器人在被人拍打时哭泣,但机器并不知道什么是痛苦。动物的痛苦只是如机器发出的"嘎吱"声,汽车发动机出现问题时亮起的灯,或手机在电池快用完时发出的提示音而已。美国电视剧《西部世界》(乔纳森·诺兰等导演,2016年)完美诠释了笛卡儿关于动物的看法。西部世界是一个主题公园,里面的机器人看起来跟真正的人别无

第二十七章 你应成为素食主义者吗?

两样,被编程后的机器人表现得像是具有人的意识,以满足游客们的所有欲望。

这些机器的行为就像人一样(事实上,剧里有时会迷惑观众,让人无法区分访客和"主人"),但它们不是有意识的生——它们没有情感、没有感觉、没有欲望、没有意志、没有信仰,最重要的是,没有感知痛苦的能力。主题公园的"主人"只是一个个带有齿轮和电线的金属物,披着类似人类的皮肤。它们不是人,而只是东西。这就是为什么法律允许我们按照自己的意愿与它们互动的原因。若我要踢自己的汽车几脚,没有警察阻止我,因为我有权这么做。汽车是我的财产,在不影响他人的情况下,我就可以对它为所欲为。我不应该亏待自己的车,只是出于一个实际的问题:我越善待保养好它,它能服务我的时间越长。但这不是因为车辆有尊严或连带着具有某些权利。如果我弄坏了自己的机器,只能说明我这个人有点白痴,很野蛮,但是,看在老天的分上,可别告诉我机器会为此受苦!动物没有意识,因此也不知道什么是痛苦。笛卡儿在《方法论》中指出:一个人,无论看起来多么愚蠢,都能将词语拼凑到一起,来表达自己的思想;而动物,无论多完美都没办法做到这一点。这并不是因为动物缺乏用来说话的器官。例如,鹦鹉能说出几个字,但无法表达任何思想。而天生的听障人士却能发明一些符号手势来交流他们的想法。这表明的不仅是动物的意识比人少,而且是它们根本就没有意识。

虽然许多动物的表现表明它们在某些方面比我们更强,但在其他方面却完全无能为力。由此我们可以推断,动物没有思想,更没有智慧。是大自然根据它们器官的配置来指导它们的行为,就像只由轮盘和发条组成的手表,比起我们,能更好地测量时间和报时。

人权是为人类而设的

康德一直是当代伦理学中最具影响力的哲学家之一,以至于被视为人权思想的先驱。这位德国思想家认为,人有一种特殊的尊严,使我们不能被当作单纯的"物"对待,也就是说,我们有权利。当一个物体对我们来说有特殊的价值时,我们就不会像对待其他东西一样对待它。例如,对于一名爱国者来说,国旗不只是一块布,因此他绝不会在打喷嚏后用它来擦鼻涕。那么想象一下,我们应该如何对待一个在尊严上远胜于世界上任何物体的生命呢?为何人类是特殊的?因为我们有一种理性能力,使我们能够自主地采取行动。我们对自己的行为是有意识的,可以决定自己的行为。我们有能力思考并决定是否做一件事或另一件事,甚至什么都不做。

动物不是理性的生物,因此,它们没有自主权或尊严,不能拥有权利;动物是"物",因此,我们可以利用它们作为实现我们目的的手段:将它们做成食物或衣物,或用它们来试验药品。另一方面,人本身就是目的,永远不能被用作手段(无论你对皇马多么忠实狂热,用巴萨球员的人皮做靴子都是一种道德暴行)。

然而,即使动物没有权利,也并不意味着我们可以随意对待

第二十七章 你应成为素食主义者吗？

它们。在康德看来，我们对动物没有直接的义务，却有一些间接的义务，比如不虐待动物的义务。对动物的虐待使我们变得残忍不堪。当动物为另一人所有时，我们也有尊重动物的间接义务。我们必须尊重这个人的动物，就如我们尊重他的房子一样。康德认为，动物的尊严不可与人的相提并论。在康德看来，动物的所谓尊严是不能与人的尊严相比的。请考虑以下假想情况来证明这一点：一栋公寓发生了一场可怕的火灾。你是一名消防员，正和你的同事一起拯救被困在大楼里的人。你最后一次冲入火场，检查是否还有人被困。火势迅猛，近乎失控，你发现若非冒生命危险就不可能再闯进去。当你打开一个房间的门时，发现小床上有一个婴儿，旁边还有一只猫。你却不可能同时救出他们，因你只剩第二罐氧气了。因此，你必须决定拯救这两条生命中的哪一条。常识和理性告诉我们，拯救动物的生命而放弃人的生命，是不道德的。如此，（对康德而言）便辩无可辩了。

第二十八章
你会在自己孩子的脑中植入家长监控装置吗?

奥古斯特·孔德、汉斯·乔纳斯、赫伯特·马尔库塞

互联网已彻底改变了我们的生活方式,以至于衍生出一种新的社会:数字社会。网络革命的首要后果之一是信息的普及化。任何人都可以在网上发布信息,只要在手机上进行简单的搜索,就可以浏览任何内容。未成年人通过智能手机和平板电脑访问互联网可浏览海量的信息,因此,有越来越多的家长通过安装监控装置和过滤器来防止子女不当使用互联网。我们的大多数电子设备在出厂时都有这么一个选项,以便父母可以防止自己的孩子接触可能的有害信息。

在英国电视剧《黑镜》第四季第二单元的故事《方舟天使》

第二十八章　你会在自己孩子的脑中植入家长监控装置吗？

（朱迪·福斯特导演，2017年）提出了这样一个问题：如果我们将家长们的监控装置转移到现实生活中，会如何？方舟天使是一家技术公司，该公司通过在儿童的大脑中植入一个芯片，让父母可以通过一个应用程序，从任何设备上随时监控自己的孩子，在孩子失踪的时候锁定他们的行踪，检查他们的生命体征，甚至可以直接给令父母困扰或忧虑的图像打马赛克。如此，父母和孩子双方都获得了惊人的安全感。有了"方舟天使"，家长们终于可以安心了。尽管《黑镜》是一个反映可能的科学和技术进步的系列剧集，但该剧集从2011年开播以来，其中的一些预言已经成真。因此，想象一下，如果这项技术已经成为现实，你会把它用到你孩子的身上吗？解决这一问题的关键却不是我们是否可以，而是我们是否应该这样做。科技进步应该有界限吗？它们应该以什么目的和为谁服务？何为科学家的道德责任？公民的道德责任是什么呢？

为科学设限，就是为进步设限

　　法国哲学家奥古斯特·孔德（1798—1857）的观点非常明确：如果能够做到，就必须做到。科学是进步的动力，限制它将会延缓我们作为一个社会的进步。孔德经历了法国大革命后的动荡岁月，他一直倡导的理念是改革社会，让其由精英科学家们来管理。孔德出身于一个非常传统的家庭，却是个叛逆的年轻人。一对极端保守的夫妇生下了他这个支持革命的孩子，还声称自己既不信上帝也不信王权（可惜当时的医药科学还没有开发出抗焦虑剂和抗抑郁剂来帮助这些可怜的父母）。年轻的奥古斯特曾在声名显赫的巴黎综合理工学院学习精密科学和工程。从那时起，就有两件事让这位哲学家着迷：科学和政治。起初，他担任政治哲学家圣西蒙伯爵的秘书，但在为伯爵服务了七年之后，两人分道扬镳，因为孔德完全不赞成伯爵的政治思想——太乌托邦化。因此，孔德决定从伯爵那里独立出来，以担任数学教授来谋生，并将自己其余的时间都用来拓展自己的思想，孔德将其命名为实证主义。关于孔德的生活，并无多少可赘言，除了他是为数不多的结过婚的思想家之一以外。米格尔·德·乌纳穆诺指出，大多数哲学家都逃避婚姻，如笛卡儿、帕斯卡、斯宾诺莎、康德等等。孔德不在这些单身汉之列，但不得不明确的是，他在婚外恋对象——年轻的克洛蒂尔德身上找到了真爱。

这场爱恋结局并不美好，女孩英年早逝，这件事让孔德悲痛至极，以至于最后创立了一种宗教，其中他用人性取代了上帝，用牛顿、伽利略等伟人（当然，还有他心爱的克洛蒂尔德）取代了圣人的位置。

受孔德政治思想影响者众多，尤其是巴西共和国的创立者们。共和国宣布成立后，新领导人做出的第一个决定是，将充满君主象征意义的旧帝国旗帜换成象征他们正在建立的新社会的旗帜。为此，他们决定将孔德的伟大口号之一——"秩序和进步"放在旗帜上。奥古斯特·孔德认为，只有科学才能推动社会进步，而历史似乎也佐证了他的论点，因为19世纪是个科学发展令人难以置信的时代。其间发现了X射线、电、电磁学、人类大

第二十八章 你会在自己孩子的脑中植入家长监控装置吗？

脑的无意识部分、遗传规律及生命的进化过程，新医学治愈了一些致命疾病，如肺结核或霍乱，这些疾病至这一时期以前是致命的。在这一时期，麻醉开始用于外科手术（你能想象以前的外科手术是什么样的吗？），还发明了电话、电报、无线电等，以至于科学和技术的发展成为经济和进步的引擎。

孔德对科学异常热衷，以至于他最终创立了一门科学：社会学。这位法国哲学家希望实现社会的现代化和改革。为此，必须了解人类社会的演变规律，以便将其应用于政治，其中最主要的是所谓的三阶段法则。孔德认为，每个人类社会在其成熟过程中都会经历三个伟大的阶段：社会就像个人一样，因为两者都有一个智力发展过程，从童年到青春期，再到成熟期。

孔德认为，一个社会的智力发展会影响其在其他一切领域的进步。智力成熟度的最低水平是宗教阶段，在这个阶段，人们在想象力创造的超自然生物中寻求自然现象的原因。在这样的社会中，权威拥有绝对的权力，维护秩序是以阻碍进步为代价的。

社会智力发展的第二个阶段是哲学阶段。在这个阶段，人们运用理性而不是想象力，用自然或物质等抽象概念代替神灵。就像青春期一样，这是一个走向完全成熟的过渡阶段，只有在科学的帮助下才能实现。

孔德的主要观点之一认为，宗教阻碍了科学发展，从而阻碍了人类的进步。有部科幻剧集主角很好地诠释了这一想法：主角斯图尔特和布莱恩随机穿越其他宇宙，直到他们到达了一个科技进步惊人的未来社会。

"我们在哪儿?"布莱恩问道。

"在我们的城市里,"斯图尔特回答说,"且在同一年、同一时间。但在这个宇宙中,基督教未曾出现过,这个宇宙的科学未曾遭受中世纪的镇压,所以人类要更先进一千年。"

但这个无宗教的宇宙也有缺点,由于没有基督教激发米开朗琪罗的灵感,西斯廷小教堂的穹顶画《创世记》也就从未出现过,取而代之的是贴在天花板上的几张名人海报。

无论是剧集的创作者还是在奥古斯特·孔德看来,宗教和道德均是阻碍人类发展的累赘,进步只能源于科学。

因此,孔德主张建立一个由精英科学家治理的社会,只有他们能够为整个社会做出最明智的决定。政治家的唯一职能是执行科学精英的指令。例如,在孔德设计的社会中,最好的物理学家将负责决定是否在城市建立一个核电站。这种决定不可能由人民来做,因为正如黑格尔所说:"人民是国家当中不知道自己需要什么的那一部分人。"将一个需要由科学知识考量的决定付诸公投,如是否建造核电站或开发转基因食品,这样做是愚蠢的。普通公民对核物理或基因工程了解多少?开公交车或卖面包的人如何在这些问题上做出正确决定?

科学技术的进步不应受到道德或宗教原则的限制。只有社会学才能负责为其他科学制定标准,根据社会效用选择适当的研究。简而言之,不应该是由你决定是否开发"方舟天使"技术,除非你是科学研究高级理事会的一员。

第二十八章 你会在自己孩子的脑中植入家长监控装置吗？

小心，你要为发生的事情负责

德国哲学家汉斯·乔纳斯（1903—1993）认为，科学技术的进步应受道德的限制。他的观点与孔德的相反，是合乎逻辑的，因为乔纳斯生活在一个与孔德的时代截然不同的历史时刻，其所处的时代以乐观主义而著称，把所有的希望都寄托在科学的突飞猛进上。乔纳斯时代也是两次世界大战和原子弹的时代。

当纳粹在德国大行其道时，这位犹太裔哲学家决定前往以色列，加入一个犹太自卫旅，任炮兵军官。在第二次世界大战期间，他自愿加入英国军队，与法西斯在欧洲的推进做斗争。关于那段时间，乔纳斯如此向我们讲述：

在抗击希特勒的战争中，我在英国军队中当了五年的兵，远离书籍和一切有关研究的东西，但致力于更重要的事情。物质世界的末日情形，世界毁灭的威胁，死亡的临近，所有这些都为重新思考我们本质的基础提供了足够的空间……因此，回归我的起源，我被再次抛回到哲学家的基本使命和他与生俱来的行动——思考中。

汉斯·乔纳斯被人类的破坏力所震撼。在广岛和长崎爆炸的原子弹表明，我们人类所获得的能力对我们自己来说是一种危险。曼哈顿计划是开发第一颗原子弹的科学研究代号，该计划由核物理学家罗伯特·奥本海默领导，带领一大批知名科学家执行。第一颗核弹于1945年7月16日在特尼狄核弹试爆中被引爆。当奥本海默亲眼看到自己的研究结果时，引述了《薄伽梵歌》中的这句话："现在我已成为死神，世界的毁灭者。"

汉斯·乔纳斯提出了一种对科学技术进步的后果及其不当使用负责的伦理学。受康德"绝对命令"的启发,他设计了一条用来指导和限制科学技术发展的原则:"以这样的方式行事,使你的行动效果与真实生活的持久性相一致,不要危及人类在地球上的世代相传。"

乔纳斯指的不是人类的肉体毁灭,就像《生化危机》(保罗·威廉·斯科特·安德森导演,2002年)等电影中呈现给我们的那样,开发生化武器的公司所进行的一个研究项目失控,最后爆发了丧尸危机。乔纳斯心目中的毁灭是对人类本质及我们所居住的星球的毁灭。我们必须维持真正的人性。难民营里当然有人类的生活,但那里还有真正的人性吗?

我们要对人类科学技术发展造成的后果负责。仅仅说我们没有预见到,就对科技研究或普通公民利用技术发展产生的后果免责,是不够的。"它失控了"或"我们不是故意的"这样的托词并不能让我们对自己的行为、我们所创造出来的事故或我们所造成的破坏免责。因此,如果我们不知道该研究的最终影响是什么,就不要进行研究,这是最明智的。

就"方舟天使"技术而言,乔纳斯的态度很明确:首先,必须提出证据,证明该技术不会改变人类的尊严,它将尊重我们的环境,而且我们将能够随时控制这种技术的影响。只有满足所有这些要求的那一刻,才能启动研究。但"方舟天使"技术真的无害吗?

第二十八章 你会在自己孩子的脑中植入家长监控装置吗？

"方舟天使"想要掌控你

"不！"德国哲学家赫伯特·马尔库塞会这样说。"方舟天使"和其他许多技术一样，只是一种监听控制的工具。它的系统会向我们出售本该使我们的生活更加舒适和便利的小程序，但事实上，他们的设计却是为了监视、制伏我们。技术给了我们自由的假象，而实际上我们只是系统服务的齿轮。马尔库塞很了解间谍活动，他曾为美国国务院的情报部门工作过。

马尔库塞出身在柏林一个富裕的犹太家庭，但他并没有成为一个保守的自由主义者，相反，他支持左翼立场，然而之后的一件事——对哲学家兼活动家罗莎·卢森堡的残酷处决，确实让他远离了政治。1919年1月5日至12日，柏林发生了大罢工，作为后来的德国共产党的创始人，罗莎支持了这次罢工。政府总统对罢工的回应却是派来一帮暴徒折磨她，用枪托砸碎她的头骨，并将她的遗体沉到了沟渠里。后来罗莎被誉为"红玫瑰"，为人们熟知。

马尔库塞学习哲学并加入了法兰克福学派，但同年，纳粹夺取了政权，强制取缔学派，学派成员纷纷搬到了美国。马尔库塞最终加入了美国籍，并先后在哈佛大学、波士顿大学和加州大学伯克利分校等大学任教，在那里他成为质疑既定秩序和传统文化的学生运动的领导人物。鼓动学生闹革命的大学教授，简直闻所未闻！受这位哲学家的运动启发，学生们发起的一次运动被称为法国五月风暴或五月事件，它始于反对消费导向型社会的学生团体发起的一系列抗议活动，后来工人也加入其中，接连不断的学生运动最终演变成了法国历史上最大规模的罢工，获得了900多万人的支持。

马尔库塞谴责道：在我们民主制度的表面自由之下，隐藏着某种形式的压迫和社会控制，其作用是不惜一切代价防止革命。尽管我们是自由的，但我们所处的是历史上屈从最严重的时代。在古代，奴隶知道自己的奴性，在中世纪，农奴知道自己受制于封建领主，但今天我们不仅和过去一样受制于人，且还不自知。你可能在想，你没有觉察到你正在被掌控，因此马尔库塞是错误的。问题是，以前控制是显性的，通过恐怖来实现，但现在它是通过技术悄无声息地实现。当你把一个应用程序下载到你的手机上时，你有没有停下来先读读你接受的所有条件？你有没有想过，是否你的手机是一个监视你的工具，而你还为它掏钱，以为用它会让你的生活更舒适便利？西班牙足球联盟发布了一款应用程序，但它真正的功能不是为你发布球场上发生的所有信息，而是让你成为他们在酒吧里的"告密者"，从而控制那些无证转播比赛的场所。这怎么可能呢？非常简单，这个应用程序利用你手机的麦克风和你的定位来查找你和你的朋友看比赛的酒吧是否在转播比赛，是否有转播许可证。现在问问自己，你不用掏钱的东西，比如社交网络，为何是免费的？还有会员卡、虚拟助手或像"方舟天使"这样的技术到底是为谁在服务？你以为是在购买舒适便利，但实际却是给自己套上更多枷锁。我们创造了一个由心甘情愿的仆役组成的社会，他们出卖自己的自由以换取安全和舒适。

第二十八章 你会在自己孩子的脑中植入家长监控装置吗?

在马尔库塞看来,资本主义也是极权主义,在这种制度下,自由都会被消除,生活都会被规划,个人的思想也都会被控制。

在资本主义社会中,现代人已经沦为单纯的消费者,因此马尔库塞称其为"单维人"。资本主义利用技术创造的不只有产品,还有消费者。因此,技术把我们塑造得都一样,我们把自由和消费混为一谈。我们为商品盲目狂热,被灌输虚假的需求。当我们购买苹果手机时,我们买的不是手机,而是社会地位、现代化、年轻、美丽、自由等概念。一些宗教所崇拜的塑像被宗教赋予了超自然的力量,而我们对消费品亦是如此。

资本主义的生产过剩,必须加以处理。因此,这个制度利用技术在我们身上制造消费模式,把我们变成这个制度齿轮上的一齿。技术不是用来把我们从工作中解放出来,而是用来征服我们。在一个像我们这样技术先进的世界里,我们工作的时间难道不应该更短吗?我们难道不应该把大部分时间花在做让我们自己成长的事(学习新事物,发展一项技能,抚养孩子,写一本书,与我们的同胞进行对话,等等)上吗?而技术反让我们变成了什么?"做着讨厌的工作,生产我们不需要的垃圾的人"。

第二十九章
有理讲理的艺术

是否有某个有权管教你的人曾以"因为我这么说了"来主张他的决定,但你不敢苟同?你想反驳他却不知该如何说?在与人争执的过程中,你是否曾因不知不觉中被人带偏而怒火中烧,开始疯狂喊叫发泄?你能想象拥有"抨击"任何试图操纵你的人的权利会如何吗?在这一章中,你将学习如何有条不紊地提出自己的想法,以及如何发现那些试图将你当白痴耍的侮辱性谬论。在一个充斥着假新闻和咄咄逼人的诱导性广告的世界里,锻炼批判性思维可以帮你避免犯傻或受制于人。阅读本章能让你在任何一场争论中舌战群雄,所向披靡。但请记住本叔叔在《蜘蛛侠》(山姆·雷米导演,2002年)中对小彼得·帕克说的话:"能力越大,责任就越大。"

第二十九章 有理讲理的艺术

什么是争论？什么不是？

英国诗人塞缪尔·约翰逊（1709—1784）以一个优美的形象来比喻说明好论据的力量："证据如大弓射出的箭，出箭力道取决于拉弓射箭的手。论证则是从弩机中出，利箭即使是由孩童射出，其力道也不会减弱分毫。"

论证这个词来自拉丁语词汇arguare，意思是"揭示""澄清"。当我们争论时，我们用其他不应争论的观点（前提或理由）来为一个可争论的观点（论题或结论）进行辩护。好的论证必须满足的条件之一是只依据理性和证据。正因如此，当你与人争论时，你应该始终坚持要求对方给出说服你改变看法的理由，而自己的情绪、情感、信仰或偏见放在一边。让我们做个假设，想象一下，你正在和你的母亲争吵，母亲打感情牌逼你就范，说："你怎么能这样对我说话？！亏我千辛万苦把你生下来！"你母亲是高明的辩论艺术专家，她清楚自己没有很好的理由或证据来为自己的立场辩护，所以就给你下套，把你从思想对抗的舞台上骗到情感的舞台上。如果你不迅速回到理性的辩论中，她将完胜你。有效的论证还须满足另一个条件，即论点和前提必须逻辑相关。在好的论证中，若前提属实，结论也必然属实。但有些拙劣的论证也被许多人（你可不要与他们为伍）认定为有效。诀窍在于，尽管该论证所包含的前提属实，但要是你分析它的逻辑框架，你会发现，前提真实并不能确保结论可靠。在这种类型的伪论证中，即使提供的理由或证据是真实的，所辩论点也可能变成虚假的，如果你没有意识到这一点，你就只能被迫照单全收。

请看下面这个例子:"这次考试我那么努力学习却还是不及格,这不公平。"分析一下这句话的逻辑框架:

- 前提:我已经很努力地学习了。
- 论点:我不应该考试不及格。

仔细观察你的论点,就很容易发现其前提的真实性并不能确保你论点的可靠性,哪怕你已经挑灯学习了数周,你也可能在考试的时候出错,或者可能你努力学习了,但努力得还不够,或者你可能有学习障碍,诸如此类。

现在看看下面这个论证逻辑缜密的例子:

- 前提1:这门课的课表包含的评分标准指明,在评分中,若小数点右边第一位数等于或大于5时,将四舍五入到个位。
- 前提2:我的平均分是4.65分。
- 论点:我不应该被判不及格。

若这些前提均属实,那么你的论证就无可辩驳,教授无法否认"你是对的"。要是他为人不正直,以某种方式威胁你就范,就借艾萨克·阿西莫夫的至理名言警醒他:"武力是无能之辈最后的手段。"

第二十九章 有理讲理的艺术

寻找暗藏的王牌：假定

在争论时，有时我们并没有明确说清所有的前提。有一些信息被省略了，而这些信息对于我们认定论证有效至关重要。假定往往不是不言而喻的，也就是说，有时我们并未仔细考虑就硬着头皮接受了这些假定。当有人论证你不赞成的东西时，在你开始质疑他们的论点之前，问问自己："他或她认为有理的是什么？"弄清楚之后，再把它们拿出来，质疑有何证据证明这些假设据理可依。

想象一下，在一场有关堕胎的辩论中，你的对手表示："我们必须说清楚何为堕胎：它是直接杀害一个无辜的人。衡量一个社会是否真正文明的标准之一是看它如何对待最弱势和最无助的群体。"开始反驳对方之前，在一张纸上写下他的论点，问问自己他假设的是什么。如果你这样做了，你就会意识到，除非你要求说明，否则对方所依仗的两个前提不会被证明属实：

- 假定1：一个胚胎是一个人。
- 假定2：不管怎么说，杀人就是谋杀。

你随即发言，要求对方提供证据来证明这两个假定。若对方不这样做，就提醒他，既然这样，你就不必接受这个论点有道理。将这些假设转换为问题，质疑对方，是为你省去自证的烦琐工作的窍门，因为这样重担就落到对方的身上，他必须提供事实证明其有理；如若没有，在这场论证中他就立即会被淘汰出局。下面就列举一些问题，可用来驳斥我们分析的论点：

- 你的论点基于胚胎是人的假设，但你必须明确，人的生命究竟何时开始？你是鉴于什么如此认为？
- 你的论点还假设，杀人就是谋杀。你可以证明这个论点吗？自卫杀人算是谋杀吗？士兵在战场上杀人算谋杀吗？

辩论中明智的做法是听而不说，要有耐心，仔细分析对手的论点，并提出好的问题。请记住，切中要害地提问杀伤力比陈述强得多。在一个著名的广播节目中，记者仅用一个简单的问题就拆穿了她所采访的一名议员的讲话：

"我觉得说没有男性暴力……和说所有男性都是施暴者一样可怕。"这名政客表示。

"谁说所有男性都是施暴者？"记者问道。

"嗯，在不同的演讲中，其中似乎……"

"具体是哪位的？"

该政客没能说明是谁说的，他的论证就原形毕露了。

辩论中的陷阱

谬误（来自拉丁文的fallacia，意为"欺骗"）是一种看似有效但其实无效的论证；它暗含缺陷。谬误伪装成一种正确的论证形式，但实际上漏洞百出，所以好的论证是不包含谬误的。

有时，谬误的产生是出于无知，因为争论的人不知道如何做；但是，在广告或一些政治演讲中的谬误完全是有意为之，意在说服你或操纵你，想当然地以为你是白痴。

无论你面对的是无能者，还是自以为是之辈，你都不该容许他人设套说服你。在本章中，我将介绍一些非常有名的争论中的陷阱，以便你能发现并轻松避开它们。

善于思考是我们能够行使和享受民主的一个必要条件。为了说明谬误，我将引用咱们的一些政客的讲话，但不要搞错：没有谬误的意识形态，因为谬误不是由意识形态犯下的，而是由捍卫它们的人犯下的。检验看看，你会发现，在所有的政治谱系中都能找到谬误。

最后，善于思考同样意味着要谦逊，要分析自己的思维，且大方接受自己可能是出错一方。2004年7月21日，英国科学家史蒂芬·霍金，当着与会的来自50个国家的800名物理学家的面，承认自己关于黑洞的理论中有一个说法是错的。比起自己的尊严，伟大的思想家更爱护真理。

不实的两难选择的谬误

这种类型的论证给你提供两个备选，并迫使你从中二选一。想象一下，父母在发现心爱的儿子还有六门功课不及格后，教育他说"要是你完不成高中学业，最后就会沦落到超市门口行乞"。

这个可怜的男孩所面临的困境比一张千元大钞还要虚假，因为他没有被告知可能的所有备选。其他选择可以是：更改课程、更换学校、休学一年、改修职业培训学位，开始工作，诸如此类。一个不实的两难选择会强迫我们在一个必选和不可取的选项中二选其一。其逻辑是：要么选我，要么完蛋。在政治上，不实的两难选择常被用来推行不得人心的措施。一些统治者试图用它为自己的决策甩锅："我们要么这样做，要么就会混乱不堪。"要消除这种谬论，你要做的是列出被隐瞒遗漏的其他选项，并问与你争辩的一方为何未考虑这些选项。

还有另一种类型的不实的两难选择，被用来迫使你在两个排他的选项中做出选择。还记得是不是曾有傻瓜问你，是更爱你的爸爸还是妈妈？好吧，我指的就是这种两难的问题。这种谬论经常被用来为反恐政策辩护："要么支持政府反恐，要么你就是恐怖主义组织的帮凶。"这句话反映的就是一种不实的两难选择，因为批评政府并不意味着你就支持恐怖主义团伙。这两种选项你都可以拒绝。

人身攻击式的论证

在西班牙的一档真人讨论电视节目现场，记者梅赛德斯·米拉曾与科学家何塞·米格尔·穆莱特就《惊人的酵素》一书中提出的伪节食进行辩论。穆莱特认为，书中所说的内容不仅缺乏科学依据，且全书都是彻头彻尾的谬误。记者回呛："我要告诉你的第一件事是读读这本书并减肥，因为你很胖。

第二十九章 有理讲理的艺术

我这样说是看你肥胖的腰身已危及你的心脏了。"

可别搞错了,这个记者的回答可不是什么"犀利反驳",而是另一种谬误,被称为人身攻击(ad hominem),其在辩论中攻击的是说话的人而非对方的论点。这种类型的羞辱实际上是一种避免对所提出的论点或证据做出回应的伎俩。在辩论中,重要的是论据和事实,至于是谁或如何发言则无关紧要。穆莱特随后的回应让人拍案叫绝:"你跟我说这些真有意思,就我提出的全部论点,你唯一觉得不妥的居然是我腰身的尺寸。"

人身攻击在大多数情况下都是圈套,会让你在辩论时紧张得抛弃理性,这时你的对手就占上风了。因为拿不出科学论据,这个记者就试图将辩论带入侮辱和谩骂的泥沼里。如果类似的事情发生在你身上,请记住作家马克·吐温的忠告:"永远不要和白痴争辩。因为他会把你的智商拉到和他同一水平,然后用丰富的经验打败你。"如果科学家穆莱特用"你真是个蠢货"来回应梅赛德斯·米拉,他就会输掉这场辩论,因为在羞辱人方面,她经验可是要老到得多。

有另外一种"你也是"的版本在政治上应用广泛,可称之为"而你这样的事儿干得更多"的谬论。为简要证明一下这点,可以想象一下在议会辩论中,反对派议员就电价不合理上涨向政府提出疑问,而电力部部长回答说:"你无权质疑政府,因为在你任职的时候,也是这么做的。"根本不用费劲儿想象,这种情形就实实在在发生在我们的议会中。这种谬论被用来逃避为其所负责的行动的解释，但是该议员任职期间和卸任之后的言行不一并不构成这个部长不必对自己所采取的措施做出适当澄清的理由。

有时人身攻击可变得更含蓄，因为它并不总是陷入侮辱之流，只是利用一种居高临下的傲慢态度。想象一下，你正在和一个成年人争论，他告诉你，你还太年轻，无法理解有关问题。如果发生这种情况，你可以回应说："想象一下，这不是我，而是其他人（这里说出一个被你的对手认可的、与你有类似观点的权威人士），你有什么理由拒绝这样做呢？"

戈德温法则

美国作家迈克·戈德温制定了一条以他的名字命名的法律，以确定一种在社交网络讨论中非常普遍的现象。该法则通常被表述为："当在线讨论不断变长时，参与者把用户或其言行与纳粹主义或希特勒类比的概率会趋于100%，这时讨论即告结束。"一次，时任教育部部长的长篇大论被打断，一群学生对他大喊："法西斯！"这个部长用了同样的形容词来指代那些抗议其有争议的教育法的学生，如此，戈德温规则得到了实现，辩论还未开始就已告终了。如果在讨论过程中有人说你是法西斯，或类似的东西，提醒他们这个规则的内容，并问其为何要以这样的类比自动认输来终结讨论。

第二十九章　有理讲理的艺术

希特勒归谬法

这种谬误是由哲学家列奥·施特劳斯确立的，它包括试图通过声称希特勒也这样认为来反驳某一观点。

想象一下，若有人想以希特勒是素食主义者为由反对素食主义。只要你仔细分析这个论点，就会发现豆腐和毒气室之间没有任何逻辑上的联系。在美因茨和沙尔克04这两支球队对战的一场德国足球甲级联赛比赛中，主队的球迷侮辱了沙尔克的球迷，称他们是纳粹。侮辱的原因是，阿道夫·希特勒除了是一个种族灭绝者外，也是一个足球迷，其球队队服的颜色鲜明一致：来自盖尔森基兴的沙尔克04的蓝白色。若按照美因茨狂热球迷的这套糟糕逻辑进行推理，我们将不得不得出结论——养宠物的人也都是纳粹，因为希特勒也有相同的爱好。

在我们国家，我们有一个这种谬论的本土版本，可称之为"佛朗哥归谬法"，一些人试图用这种方法得出结论，若你在某一点上与佛朗哥观点一致，那么你就是在所有事情上与其观点一致；佛朗哥支持的就都是坏的，而佛朗哥反对的就都是好的。西班牙右翼政党呼吁在马德里举行口号为"西班牙团结起来"的示威，在网络上发布了一张旧报纸的图片，其中显示有独裁者弗朗西斯科·佛朗哥及他身旁的标题"最重要的是西班牙的统一"。事实上，尽管活动发起者赞同佛朗哥的口号，但并不意味着他们认同佛朗哥的法西斯主义和极权主义思想。

诉诸权威的谬误

根据罗马哲学家西塞罗的说法，毕达哥拉斯的追随者运用"权威之和"这个公式，承认其久负盛名的老师所宣称的一切论点均是真理。如果毕达哥拉斯说了这句话，你就可以省去证明这个论点真实性的烦琐任务。

为何如此推理是错误的？因为观点的真实性并不取决于谁提出的，而是取决于所提出的证据或论点。无论试图说服你的人所说的内容是在维基百科上看到的，还是老师告诉他的，或者是在某个纪录片中看到的，这完全无关紧要；因为若他无法重述这些论点，或者没有数据来证明他所说的话，你就不必认为他所说的是事实。某次，西班牙的一位前首相曾经说，他不相信气候变化，因为他的一个在塞维利亚大学担任物理学教授的表弟向他保证，"甚至明天的天气也不可能预测出来"。但必须说，值得为其叫好的一点是，一段时间后，他为此言论道歉了，并承认"当一个人犯了错误，最好是纠正它，我已经纠正了很多次，因为我经常犯错"。这位前首相之所以犯错，是因为他谈及自己表弟的智慧，却并未提供任何事实数据佐证，这样并不是论证。若有人用这样的谬论攻击你，有三招儿可以击溃对方：

- 要求对话者说明为何其所引用内容的提出者是所讨论问题方面的权威。
- 要求提供这个所谓权威提出这一观点的论据。

第二十九章 有理讲理的艺术

- 请记住，没有任何权威可以终止争议，因为每个人都可能犯错，你可以举出科学家或机构犯错的例子。

当负责人的权威与专家的权威相混淆时，就会出现这类谬误的另一种变体。如果警察给你开罚单，质疑他的决定是不合适的；球队的教练或老板给我们下命令时也是如此。但专家的权威是不同的：他的知识是可以被批评的；我们可以而且必须审查他说的是否真实。

虚假权威的谬误

几年前有一个电视广告，科学作家爱德华·庞塞以客观的科学专家的身份现身说法，说服人们应该吃面包，要是宾堡牌的，那就更好了，因为这种产品是"100%纯天然，无人工添加剂的"。这个广告，就像大多数利用名人效应推销产品的广告一样，是虚假权威谬误的一个例子。其所依仗的权威毫无价值，因为这一权威要么不公正，要么就是在所讨论的领域没有能力。尽管据面包品牌方的报道，爱德华·庞塞的广告所得已尽数转入其名下的基金会，但只要其中涉及金钱，就会有损所谓专家的公正性。拉菲尔·纳达尔有关如何反手击球的建议值得我们重视，因为他是这方面的权威专家，但要是他对我们应买何种车型发表看法的话，其意见的价值也就和你邻居的意见一样。如果有人用这种谬论攻击你，你就为其划定专家的专业领域或指出其缺乏公正性即可。

诉诸群众和诉诸大多数的谬误

一个观点只要获得大多数人的支持,它就是真实或公平的,民粹主义谬误即以此为依据。在20世纪90年代,清至口香糖公司以这个谬论为基础搞了一个广告宣传。在广告中,伴随画面中的完美笑容,广告旁白说道:

"喜欢清至的理由有数百万个,但现在,我们只想让你回忆这32个(画面为牙齿的特写)。清至,百万人的选择不会错!来自亚当斯,你会喜欢的!"但这数百万人就真的不会错吗?这个论点的缺陷在哪儿?这种谬误在于认为一个观点的真理性取决于为其辩护的人数:有相同观点的人越多,它的真理性就越强。但是你应该知道,事实上,仅仅是受众多人赞同并不意味着它一定是正确或真实的。如果这种逻辑是正确的,我们将不得不认为,贝伦·埃斯特万是一个比巴尔加斯·略萨还要出色的作家,因为她的书要畅销得多。若个人意见可能是错误的,那么集体意见也可能是错误的。一个声明的真假与相信它的人的数量无关。这种谬误经常被用来试图让我们闭嘴,禁止辩论:"大多数人都投了赞成票,所以你闭嘴吧。"你必须非常清楚,大多数人批准了一项措施,或选举了一名候选人,并不能证明他们的做法是正确的,更不能证明你不能对此提出批评。1932年的德国选举中,纳粹党以三分之一的选票成为得票最多的政党,阿道夫·希特勒被任命为总理。你能想象有人认为,你不能批评希特勒所采取的措施,因为这些相对来说是多数德国人所希望的?嗯,好吧。有时,这种说法具有双重的误导性，因为它声称大多数人赞成某件事情，而没有任何统计数据或民意调查来证明这一点。下次有人以"我们都知道，大多数人……"来开始他们的发言，请问他们："你怎么知道大多数人都这么想？"

总而言之，如果有人用诉诸大多数的谬论攻击你，你可以用以下策略为自己辩护：要求对方提供其信息来源，问其是怎么知道大家的想法的。

提醒对方，如果个人意见可能是错误的，那么集体意见也有可能。举个例子，比如哥白尼，在他的时代，他是唯一一个认为地球不是我们宇宙的中心的人，而他那个时代的整个社会都持相反意见。

要求对方以正确的方式论证，并提供证据证明他们的观点没有错，因为一条真理的真实性与捍卫它的人数无关。

举证责任倒置的谬误

小心这种谬误，因为若你不专心，就可能在讨论过程中被过度消耗。举证责任是一种表达方式，我们用它来命名理性辩论的一个基本原则，决定谁有义务证明所主张的观点。

应是主张的一方。一条古典罗马法典名言指出，"谁主张，谁举证"。有人主张某事，然后要求你证明它不是真的，这是不对的。让博尔索纳罗在巴西总统选举中获胜的活动，就采用了这种策略。其团队向选民发送了手机信息，散布与其对手有关的谎言。其中一些写道："工人党候选人写了一本书，为父母和孩子之间的性关系辩护。""在工人党崛起之前,有穷人的孩子成为医生。在工人党崛起之后,有工程师只得跑优步谋生。"

不幸的是,巴西选民的手机收到这些消息时,他们并没有要求提供任何证据证明这些说法的真实性,而是不假思索地转发了这些信息。博尔索纳罗的竞选顾问设法倒置了举证责任,要求是另一名候选人必须证明这些指控是虚假的。记住,如果一个人因某事指责你,那么应由他举证。

应是发表了与科学界认定的事实相反的言论的一方。另一条古典罗马法典名言说:"符合常理的被认为是已经被证实的,违背常理的则需被证实。"如果有人说了一些违背常识或科学规律的话,就要由他来证明他所说的话。在一个电视节目中,喜剧演员哈维尔·坎萨多说道:

"顺势疗法,有什么问题?我采用顺势疗法,有什么问题吗?'嗯,顺势疗法不起作用。'那就不要用。如果它对你不起作用,我的朋友,那就不要采用。这很简单,你可不用,就不要用,但是,我的朋友,如果你看到它对你有用,就用……它对我有用!"

"它对我有用"这句话不是证明,而只是一则逸事。在海地,巫毒也对许多人有效。顺势疗法和巫毒一样,都基于一套与化学规律相悖的原则。哈维尔·坎萨多制备顺势疗法药物的神奇方法是取一种物质并将其在99倍量的水中稀释,然后用力摇晃溶液(顺势疗法的发明者赫尼曼用《圣经》来拍打容器)。这个过程的结果是1CH（赫尼曼发明的"百分位等级"，每个等级代表将物质稀释100倍）的溶液，之后将该溶液的一部分提取出来，用99倍量的水再次稀释。为了获得最终溶液，这个稀释过程最多重复100次。化学定律证明，在12CH的稀释液中，原始物质的一个分子都已经不剩了。因此，顺势疗法并不能治病：只是缓解脱水的良方。

试图倒置举证责任，这样他就不必证明这种所谓的疗法实际上有何效用了。证明他发明的疗法没有用，那是别的科学家的事。

基于无知的论证或诉诸无知的谬误

你会遇到人试图以目前为止没有人证明某事虚假作为证据来证明这件事的真实性。发生此类情况时，你应该注意，这种形式的论证是一种谬误，因为对方既没有给出理由也没有提出证据来证明其所声称的事属实。记住，谁主张，谁举证。如果有人跟你说"这是真的"，那么这个人就应该拿出证据来，若对方声称没有人证明他所说的是假的，那是不可取的。在西班牙国家电视台的早间节目中，主持人马里洛·蒙特罗以以下言论反对器官移植："科学研究没有证据证明灵魂不随器官移植。"蒙特罗女士在逃避对其所说的话举证的责任，并试图将这一责任推给科学界，按照她的说法，科学界必须证明灵魂不存在，还得证明灵魂的可移植性。如果对手不够聪明，就会落入她的圈套；但如果对方足够机敏，就会问记者：你有什么证据证明灵魂被移植了？此外,你有什么证据证明有所谓灵魂这种东西?

这种类型的谬论经常被用来试图为典型的阴谋论辩护,从"没有证据表明人类真的登陆了月球"到所谓的替代医学("到目前为止,没有人证明灵气疗法不起作用"),所以你必须非常小心,不要被这种夸夸其谈所说服。

复合问题或既定观点问题的谬误

这种问题是谬误,因为它们暗含未经证实的观点,被用来肆无忌惮地否定对手,借口是其所做的只是提问题。事实上,使用这类谬论的人的理由是:"我只是问了一个问题。"要非常小心,因为这个谬论是个致命陷阱;你若回答了这个问题,就等于你接受了问题所提出的假设。正如你的女朋友问你"你在看那个女孩吗?"和"你能别再看那个女孩了吗?"是不一样的。

第二个问题假设你在看女孩,但没有提供任何证据,因此我建议你不要回答这个问题,除非有你的律师在场。这种谬论"巧妙地"试图将偏见偷偷带入对话,迫使我们接受以其他方式我们不会接受的前提。不是所有包含假设的问题都是谬误,只有那些包含未经证实的假设的问题才是谬误。

如果我们问"西班牙什么时候才能不在欧洲歌唱大赛惨败?",这个问题的前提是"西班牙在欧洲歌唱大赛的成绩糟糕",不幸的是,这回是事实。为了找到这种谬论的更多例子,让我们去看看众议院(对于那些寻找谬论的人来说,这可谓一个大宝藏)。加泰罗尼亚共和左翼的代表向当时在野的西班牙工人社会党提出了一个复合问题:"你不让我们发声,是要对国家的治理置之不理到什么程度?"

回击这类谬论的最好方法是不做回应,因为与你对话的人不是在问你问题,而只是在陈述观点,只是表述为问题而已。另一个选择是用另一个问题来回应,揭穿谬误。例如,工人社会党的领导人可以这样回应:"为何你认为我对国家的治理置之不理呢?"下次,试着问你的女朋友:"为什么你认为我在看其他女孩?"

看似合理

这种谬误非常古老,亚里士多德是它最早的发现者之一。它包括在我们的论证中使用一个尚待证明的论点。在精心设计的话语中,乍听之下,该论题似乎是合理的,但它未附有任何证明。想象一下,在课堂上你向教授询问他正在解释的内容,他回答说:"你需要做的是更仔细听讲或反思你自己。我解释得非常简单,你应能理解它。"这个论点看似合理,但隐藏着一个预期理由:这名教授在没有任何证据的情况下,假设他已经正确地解释了自己所讲的内容,且理所当然地认为除了提出问题的那个人之外,其他所有的学生都已经理解了他所讲的内容。

恶性循环

对这种谬误你更易感同身受,因为它和看似合理极为相似,伎俩是在同一个论证中包含两个前提,且以这两个前提相互为证。想象一下，鉴于你珍惜自己和伴侣的关系，你向伴侣坦诚曾对其不忠并恳请对方的原谅，但对方回应说："你要是真的那么爱我，就不会出轨，因为爱一个人就要忠诚。"论点看似令人信服，但事实上，是个死循环：

- 前提1：忠诚的人就是爱人。
- 前提2：爱就是忠诚。

借由这种恶性循环，你的伴侣刚逃避了举证为什么无论如何爱情都涉及忠诚的这个论题，而爵士乐歌手迭戈·埃尔·西加拉对此观点不敢苟同，他在一首经典波莱罗舞曲中即唱道，同时对两个人心生欢喜，这完全可以，而绝不是疯癫。

用果来解释因，用因来解释同一果，两者互为因果，而不提供相应的证据证明，这也是一种谬误。这种争论方式与经典的鸡生蛋还是蛋生鸡的问题如出一辙。想象一下，我们的首相要求议员们批准他所领导的政府的预算，因为这是能让我们的国家走出经济危机的预算；然而，一个反对派议员问他如何让西班牙走出危机，总统的回答是"用我们所指定的预算"。好吧，别想太多了，因为这种恶性循环也是我国议会辩论中惯用的谬论之一。

回击恶性循环的技巧是：拿一张纸，写下你对手的论证结论给他看，并问他："为什么你认为这是真的？"然后把他的答案写在另一张纸上，再问他："那你为什么认为这是真的？"如果他回答的就是他之前所说的结论,再给他看第一张纸,说:"这正是你应该证明的。你刚进入了一个死循环。"

恐吓论据

这种论证的特征是诉诸武力、恐吓或威胁来迫使我们接受某一观点。如果你曾经听到过"因为是我说的,我是你的父亲,如果你不想上床睡觉,就闭上你的嘴",你应该知道这不是争论,而是个大谬论。这种谬误被称为ad baculum,意为"(施以)棍棒",指古代用来标示主人对奴隶的权力的权杖,在主人认为必要时,也会用权杖来责打仆人,以示惩戒。我们来看一个例子:美国前总统唐纳德·特朗普以存在重大国家安全隐患为由,试图说服国会批准资金,以在美国与墨西哥的边境修筑边境墙。他的策略是细数一系列据称由非法移民在美国本土犯下的罪行,在美国群众当中散播恐慌,最终发问:"要流多少美国人的鲜血才能让国会做好他们的工作?"若仔细观察,会发现这种谬误实质上是煽动情绪的另一种变体,在例子中的情况下是恐惧。拆穿这种谬论的唯一方法是提醒你的对手,利用恐惧或威胁并不能合乎情理地推导出论题的真相。我们再看这类论证错误的另一个例子:有人试图为西班牙向沙特阿拉伯(一个与也门交战、不尊重人权的国家)出售武器辩护,理由是该合同的中断可能导致破坏加的斯的6000个就业机会。在此情形下,我们面临一个新的谬论,因为对失业的恐惧并不能使向暴政出售武器的决定变得公正。

莫须有的原因

许多论证都是基于两个现象之间的因果关系，但当他们把原因弄错时，就成了谬论。绝大多数广告活动都是利用这种论证方式来欺骗你，使你相信他们所销售的产品具有使其受欢迎的特质。例如，大多数可口可乐的广告都声称喝可口可乐会带来快乐；广告展示的都是喝着可口可乐的人都笑容满面，让你得出结论认为，可口可乐会给饮用者带来快乐。不要被愚弄，你比任何软饮料公司都要聪明得多：两个现象之间有关联并不意味着其中一个现象构成另一个现象的原因。要是在12月22日圣诞彩票揭晓日，你的邻居兴高采烈地喝着可口可乐，让他心情如此愉悦亢奋的原因绝不是这种气泡饮料，而是他手里面那张中了奖的彩票。

我的一位好友在街上被一个为非政府发展合作组织招揽会员的工作人员拦住推销，我的这位友人礼貌地拒绝了接受成为该组织会员的邀请，于是工作人员回问："难道你不关心儿童营养不良吗？"如果我的朋友没有发现这种影射背后的谬误，回家就会良心惴惴不安；但他非常清楚，加入这种组织并不是消除儿童营养不良问题的唯一途径，而他不想停下来和推销人员聊天的唯一原因也并不是对这种攸关人类的问题缺乏同情。

稻草人论证的谬误

"稻草人"是中世纪骑士用于武器训练的一种假人，即容易打翻的道具，用于战前练兵。这个形象被用来描述一种谬误，即歪曲别人的论点，夸大或改变他人话中的含义，以便以后更容易攻击他们。在辩论中你需要非常警惕，因为你的对手可能会使用这三种策略之一来歪曲你原来的立场：

当你把某件事情说成是"可能的"，你的对手就会把它理解为"肯定的"。

如果你说"某些"，你的对手就把它曲解为"所有"，如果你说"有时"，他就说"总是"。

你的对手也可以断章取义，篡改你的某句话的意思。我们有以下案例为例：1905年，坎特伯雷大主教前往纽约，他的秘书们警告他要小心美国媒体。抵达美国后，在港口举行了一次新闻发布会。其中一名记者问他："阁下对曼哈顿东部各区的妓院有何看法？"大主教疑惑了一会儿，问道："曼哈顿东边的各区有妓院吗？"第二天，纽约各大媒体的头版头条就刊登了新闻：坎特伯雷大主教抵达纽约后的第一个问题是"曼哈顿东区的社区有妓院吗？"

要想毫发无损地走出这个陷阱，你必须努力保持冷静，将你的话与对方引用你的话进行比较。做完这些，再问其为何要歪曲你说的话，并问其是否想在不设套的情况下继续讨论。

一概而论

正确的论证方式，是从对具体案例的分析中得出整体结论，但要使这些概括有效，必须满足以下条件：

取样必须具有代表性。牙膏品牌舒适达的一个广告活动使用了这样一句广告语："10位牙医中有9位在使用并推荐使用舒适达"。这种概括是有问题的，因为我们不知道取样的牙医总数。如果这项研究是针对在西班牙牙医协会注册的近35000名牙医中的100名中进行的，我们就不应认为这种一概而论的论证有效。

不应包含模糊的术语，如大多数、许多、很大比例，等等。应始终要求与你对话者提供概括所依据的确切数字和百分比。比如，如果有人说大多数基于性别的暴力案件是在移民中发生的，你应该要求他们提供确切的案件总数。当有人做出这样的概括时，最好的办法就是拿出你的计算器。

不应有反例来反驳这个概论。哲学家卡尔·波普尔发现，无论有多少案例支持，人们也不能从已知的特殊案例中普遍地断言什么。即使我们已看到了数以百万计的黑乌鸦，我们也不能断言"所有的乌鸦都是黑色的"，因为我们并没观察穷尽所有的乌鸦品种。另一方面，只要找到一只乌鸦不是黑色的，就足以断然说明"不是所有的乌鸦都是黑色的"。波普尔的这种分析迫使我们缓和我们提出论断的方式。

比如，你说"所有的老师都是混蛋"是不合适的；你应该修改你的论题，说"到目前为止，我所认识的老师都是混蛋"（言尽于此的话，好多了）。

这样才是有效的论据：

演绎论证，在这种类型的论证中，结论必然基于前提。数学就是一种基于这种推理的知识。让我们来看看下面这个演绎论证的例子：

第二十九章 有理讲理的艺术

- 前提1：一个三角形的内角之和总是180°。
- 前提2：在一个给定的三角形中，角A为90°，角B为30°。
- 结论：角C为60°。

请注意，由于该论证结构严谨，同时假设前提的真实性和结论的虚假性将是荒谬的。因此，当你试图反驳这样的论证时，你必须证明它结构很糟糕（结论不一定源自前提）或其中一个前提是错误的。

形式逻辑是一门描述正确演绎论证结构的学科，即它研究从一个真理推导出另一个真理的方法。最著名的结构之一是模因结构，即如果p和q是任意两个论题，那么若p，则q，且p为真，那么q也一定为真，对任何一个头脑正常的人来说，这从直觉上看都是合理的，但是，若p，则q，且q为真，那么p也为真，这样的推理是不正确的。

夏洛克·福尔摩斯有一个特别有天赋的推理头脑。电影《少年福尔摩斯》（巴瑞·莱文森导演，1985年）讲述了福尔摩斯和华生第一次见面的故事：当新手华生出现时，夏洛克正在学校宿舍的床上拉小提琴。双方初见的这一幕如下：

"你是新来的。"

"是，我刚从另一家学校来。我叫……"

"等等，让我……（注意，因为自此就开始了夏洛克的推理结论）阁下是詹姆斯·华生,来自英格兰北部,令尊是一名医生,至于大部分业余时间,您都在写作,而且您特别钟爱吃奶油冻。我错了吗?"

"所有一切（除了名字以外）……都对。您是怎么做到的?是施了某种魔法还是什么?"（华生要求这位将成为其挚友的人展示他的推论的前提）

"不,没有什么魔法,华生阁下,这纯粹是简单的推理:您床上的名牌上写着J.华生。我选择了以字母J开头的最常见的名字:詹姆斯或约翰。詹姆斯不对的话,就是约翰。这种鞋不是在城市里生产的,我只在英格兰北部的一次短暂旅行中见过一次。"

"那奶油冻呢?"

"很简单,您的衣襟上有一块清晰的黄色污渍。那是奶油冻的颜色,而您的体型让我相信您可吃了不少。"

"没必要出言损我。"

归纳推理是观察数据、识别模式并根据这些模式进行归纳的过程。

让我们举一个这类推理的例子。想象一下,两个朋友出去聚会,第二天早上,其中一个人醒来时浑身不适,拿起手机给他的朋友发信息:"伙计,我感觉糟透了。我想是因为我们昨晚散场时吃的烤肉串导致的。"

第二十九章 有理讲理的艺术

"我也吃了烤肉串,但现在健康无比。一定是啤酒的缘故,因为一晚上我只喝了两杯,而你喝的想必得有十五杯。"

我们从具体案例的分析中得出的概括也是归纳。虽然这种形式的论证是有效的,但应该牢记,我们得出的结论从来都不是确定的,而只是可能的。天气预报是基于推测,我们从来无法完全确定天气预报员所说的会成真。伯特兰·罗素用一则寓言警告我们仅仅通过列举来进行归纳的危险:很久以前,有一个人口普查员必须记录威尔士某个村庄所有户主的名字。他问的第一个人叫威廉·威廉斯,第二个也叫威廉·威廉斯,第三个也是,第四个也是……最后,他对自己说:"一个个记录简直太麻烦了;显然他们都叫威廉·威廉斯。我就这样把它们都写下来,然后放一天的假。"但他错了;村里有一个人的名字叫约翰·琼斯。伯特兰·罗素并不是想通过这个寓言告诉我们,归纳法是无效的,而是说过度信任该方法会使我们犯错。

捍卫一个观点的常见方法是用一系列的例子来支持它,但要使你的归纳成为一个强有力的论据,必须满足以下要求:

- **数量**:如果我们谈论的是少数案例,那么最好的论证就是把所有案例审查一遍。如果我们谈论的是数量庞大的案例,则需要选择一批有代表性的样本来分析。
- **代表性**:我们必须避免运用有偏见或不具代表性的样本。
- **可靠的信息来源**:你应该检查你所处理的数据的可靠性;你可以使用许多记者都遵循的规则,即至少向三个不同的信息来源求证。

- **不存在反例**。反驳这种论证的一个好方法是举出一个反例。
- **类比论证**，这种类型的论证有如下结构：如果两个事物在几个方面相似，那么它们在其他方面也一定是相似的。然而，要使类比发挥作用，必须极其相似。它们的共同点越多，相关性越大，类比性就越强。如果你发现被比较的事物之间有明显的差异，你就可以反驳它。朱迪思·贾维斯·汤姆森提出的有关小提琴家的论点就是这类推理的一个例子，我在关于堕胎的章节中已向你们介绍过。
- **因果论证**，因果论证指出，一件事是另一件事的原因。墨西哥女高音歌唱家苏珊娜·扎巴莱塔这样论述过拉丁说唱音乐雷吉顿："由于这些鄙视女性的歌曲，我们的价值观正在被摧毁。昨天，一个女孩拿着她父亲的手机来找我的时候，她用手机听着一首歌，歌词说一个女孩要被带去汽车旅馆，被扒掉裤子，而拿手机的女孩听得兴高采烈。那么等女孩13岁时会做什么呢？会被带到一家汽车旅馆，被扒掉裤子，那时你认为她会怎么做？好吧，这就是她的父母教给她的，而大家还以为很有趣。我们怎么能让一个孩子听这种贬低人格的歌曲，然后还一笑置之呢？让女孩子学成妓女样，这就是我们想要的吗？"
要使这样的论证有效，仅仅确定一个事件是另一个事件的原因是不够的，你还需要表明并解释一个事件是如何引

第二十九章 有理讲理的艺术

发另一个事件的。

- **归谬法**，归谬法是一个反驳对手论点的绝佳方法。你要做的是界定对方所捍卫的想法，或者其所仰赖的一些前提，证明它们所导致的是荒谬、矛盾、非法、不道德，或者与经科学确立的真理相悖的论点。

布里丹毛驴现象是一个著名的归谬法论证。它被用来表明，我们总是选择最佳方案的想法是错误的。在毛驴的版本中，一头驴在两捆完全等量的草堆之间。在亚里士多德的版本中，则是一个既渴又饿的人，位于两张桌子之间，一张上面放的是食物，另一张上面是水。如果我们总是选择更好的方案的想法为真，那么毛驴和人都会死于口渴和饥饿，因为他们没有理由做出决定。

如何展示你的思维：论文

在哲学中，有一个以有序和推理的方式介绍自己对某一问题的想法的程序：论文。在法国，这是最重要的大学入学考试之一，但实际上远不止于此；可以说这是一个关系到国家利益的问题。我们邻国的媒体有一个传统，那就是以头条新闻的形式报道高中毕业班学生必须面对的哲学问题：文化是否使我们更具有人性？我所拥有的一切权利都是公正的吗？

如果你想写出一篇好的论文，下列这些是你需要遵循的步骤：

- **界定命题**

  首先要做的是界定和解释你要谈论的命题，为此，可以提出一系列的问题，让你组织和详细说明所要谈论的命题。例如，设想你所要讨论的是经典论题自由问题，就可以提出下列问题：人类是否自由？也就是说，他们是否真的拥有这种"在一生中按照自己的意志行事的能力"？我们所做的选择是践行自由的结果，还是意志被事先"编程"后所做的抉择？如果是被"编程"后所做的选择，是什么或谁对我们的选择进行了"编程"？这也将有助于你定义所论命题中的概念（记住，大多数术语都包含几层意思，所以你需要界定它们的含义）。而就上述例子而言，你应该对自由、意志、选择等进行定义。

- **论题**

  在这一部分，你应该陈述并解释支持其中一种立场的论据。为了从一个论点转到另一个论点，你可以提出一个问题，如此，论证就是你的答案。

  你可以用例子和证据来证明你的论点。佐证你论点的证据：统计数据、新闻、权威人士的意见、历史事实、科学研究，等等。

  我们使用证据是为了让我们的对话者不得不接受我们的论点，也就是说，他或她最后会说"嗯，这是真的"。论证中所举的例子是一种说明，是一种比较，或者是参考对与你辩论的人来说比较熟悉的类似案例。例子使你的论点在别人的头脑中更加清晰。然而，尽管例子往往有帮助，但请记住，你也可以不用这些例子就能完美论证，而单单罗列例子并不是论证。

- **对立论题**

现在轮到提出与原论据相反的对立论题，并对其进行解释了。

- **综合**

这时你应该在两个选项中选择一个，然后给出你选择的理由。不要忘记反驳对方的论点；你可以使用证据和反例。你的结论也可能将在论题和对立面之间采取调和的立场，表明这两者并不矛盾，实际上是相互补充的。

- **结论**

在这最后一步中，应介绍你在论证过程中获得的结果：简短而清晰地梳理一下论文大纲及文中所达成的确定性。记住要解决论题所提出的问题，并明确回答该问题。

- **写论文开头或前言**

只有完成前述几个步骤，才能开始撰写一篇好前言，不能在完成这几步之前就写前言，因为那就像是给剧本还没写好的电影拍预告片一样。在前言中应介绍你所要谈论的论题，简要说明你的立场，并利用一些修辞格来引起注意。为了让论文显得圆满，可尝试将论文的开头和结尾衔接起来，比如，若你是以一段故事给论文开头，就可在结尾部分再回顾一遍这个故事，或者在结论部分给出故事的结尾。

结　语

洞窟之外的生活

若阅读到此处，那么对思想自由的锻炼很可能已使你摆脱了束缚，身处洞窟之外。柏拉图寓言告诉我们，当那个被释放者想起他的同伴时，觉得对不起他们，认为有必要回来和他们分享他的发现。但他的同伴们不愿意质疑他们所处的世界，把被释放者当成疯子，并嘲笑他。注意，因为就像那个被释放者一样，你也可能会被问：为什么不断问问题？为什么要质疑显而易见的事情？有什么必要换位思考？待在洞窟里安逸舒适，谁还需要离开呢？还有，说到底，哲学有何用？

若有人问你哲学有何用？请非常坦率地回答，哲学毫无用处。哲学虽然无用，但有价值。开瓶器有用，但相形之下，夜幕低垂，光阴静谧时，与你的爱人窃窃私语，享用一杯美酒的体验极为珍贵。在知识领域，我们也可以将有用的知识和有价值的区分开。任何教你成为一个合格的商品生产者的知识都是有用的。（尽管你应自问：到底对谁有用？）

另一方面，任何帮助你了解你所生活的世界，使你更易享受生活，并以某种方式让你更接近真、善、美的知识无疑是有价值的。

有些人把教育理解为创造工人的工具；我认为这种想法是错误且危险的。正如哲学家诺姆·乔姆斯基所说，我们应该问的问题是：我们是否希望社会是由具有创造力、自由且独立的个人构成？且这些人都能够欣赏和学习过去的文化成就，并为其做出贡献？还是我们想要的是能增加GDP的人？因为这两者不一定是同一回事。

法国哲学家吉尔·德勒兹说，当有人问起哲学的意义何在时，我们应该给出的答案必须是咄咄逼人的，因为这个问题带讽刺意味，甚至有点恶意。哲学不是任何人的仆人。它既不为国家也不为教会服务。哲学不为任何既定权力服务，也不承认除理性本身以外的任何权威。德勒兹说"哲学是为悲伤服务的"，这是何意？你践行哲学会让谁难过？所有那些不想让你自己思考的人，所有那些想让你顺从、听话和变得愚蠢的人。哲学的作用是拒绝愚蠢；它使变得愚蠢成为一件可耻的事情。

哲学的价值何在？它将教会你提出问题，这些问题或许不能担保你的幸福，但肯定会给你的生活带来深度。

一开始，哲学会教你质疑一切，甚至最神圣的东西。它会鼓动你反抗你迄今为止认为理所当然、已知的，或认定真、善或美的东西。有些人试图从我们的教育系统中去除哲学，因为那些当权者认为它是危险的，而他们是对的：思考一直是危险的。汉娜·阿伦特指出，没有危险的思想，思考本身就是危险的。但是，如果你不害怕危险，如果那些待在洞窟里的人没有成功地向你灌输恐惧，如果你想要的是成为一名哲学家，一旦你彻底改变了一切，意识到时间稍纵即逝，你必须全力以赴地享受这种生活。

因为哲学虽然开始是一种质疑的艺术，但最后却成了一种生活的艺术。正如我们在本书的一个章节中所看到的，在海德格尔看来，大多数人都生活在匿名的存在中，他们生活在一个"他人说了算"和"他人做了算"的世界中，也就是说，他们的所言所行都是从众的。

但你并非他们中的一员。你渴望真实的存在，为自我思考。你已经成为甘冒风险在洞窟外生活的人之一，成为抵制力量的一部分。